〈甲種・乙種〉

防火管理者講習テキスト

防火管理研究会 編著

近 代 消 防 社

発刊にあたって

本防火管理者講習テキストは、単なる講習のためのテキストにならないように、各事業所の安全というものを如何に具体的に高めることができるかという観点で、編集に努めてきました。

しかし、過去の多くの火災及び現在の防火対象物の火災の実情から、防火管理が現実に形骸化していることも懸念されており、改めて防火管理の重要性が認識されています。近年の防火管理に係る法改正の拡大傾向がこのことを如実に表しているところです。その意味では、はじめて防火管理業務に携わるために防火管理者講習を受講される皆様に、確実に防火管理体制の枠組みを理解してもらい、実効性のある防火管理業務を推進してもらう指針が提供される必要があると言わなければなりません。そのためには、一見して防火管理業務の体系が理解できる講習テキストの役割は大きいのではないかと思います。

そのために、テキストの編集にあたっては、このテキストを見て直ぐ防火管理体系が理解してもらえる様な、分かり易い構成に重点を置いた編集に努めました。また、防火管理者に選任されたときには、防火管理の実務に関して「マニュアル」があると非常に便利です。この防火管理者講習テキストは、この点でも、なるべく防火管理業務の推め方を具体的に示し、必要な事項については詳細な記述を行うように心掛けました。

防火管理者の大切な仕事の一つとして、事業所の防火意識を高めるために従業者等に対する教育が極めて重要になります。このテキストには、過去の火災事例や火災事件の刑事、民事判例等も紙数の許す範囲で掲載していますので、実戦的な防火管理教育にも役立てて頂けるものと考えています。

防火管理に積極的に取り組む防火管理者の下では決して火災事故は起きないものです。この防火管理者講習テキストを大いに活用して、より良い防火管理業務が展開されていくことを強く願っています。

平成27年4月

防火管理研究会

目　次

第１章
防火管理の意義と制度の概要

第１ 防火管理の重要性

令和３年中の我が国の火災件数は3万5,222件です。１日当たりの出火件数は96件で、約15分間に１件発生しています。

これらの火災は、76.0％が人のミスで発生しており、ちょっとした不注意から多くの火災が発生しています。また、約11.0％は放火と放火の疑いによって発生していることから、私たちは出火防止に努めるだけでは火災による被害を減らすことができない状況にあります。

火災は、いつ、どこで発生するか分かりません。近年は、地震時の二次被害として建物内における複数個所からの出火についても十分配慮しておくことが大切です。

その意味では、放火や地震による不可抗力によって発生した火災にも対応できるように管理、監督を尽くして被害を最小限に止めることができるような体制づくりをしておく必要があります。

ごく最近の火災を見ただけでも、初期消火、火災通報、避難誘導が行われなかったという火災事例は枚挙にいとまがありません。この章では、近年発生した火災実例をいくつか紹介しながら、防火の管理というものの実態を眺めてみようと思います。

１ 過去の火災の教訓

(1) ホテル・ニュージャパン火災

このホテル火災は、昭和57年２月８日（月）に東京都千代田区で発生しました。

出火した建物は、地下２階地上10階建て、延べ面積約４万6,697㎡で、地階から３階までを宴会場、売店、事務室、駐車場等に使用し、４階以上を客室として使っていました。

炎上中のホテル・ニュージャパン

火災が発生したのは午前３時16分頃で、火災原因は宿泊客の寝たばこによるものではないかと推定されています。９階の客室のベッド付近から出火し、７階、９階、10階及び塔屋等4,186㎡を焼き、宿泊客262名のうち33名が死亡し、34名が負傷しています。

この火災では､次のような問題点が指摘されます。

①　**火災発見時の不適切な対応と初期消火**

仮眠をとろうと９階に行ったフロント係員は、客室から煙が出ているのを発見しましたが、急に一人だけで不安になりその場ですぐに部屋の中の状況を確認できずに、１階のフロントまで戻り、他のフロント係員に火災の発生を知らせました。

再び９階に戻りフロント係員２人で初期消火に努めましたが、消火器１本では足りず８階に他の消火器を取りに行ったり、屋内消火栓を使って消火しようとしたがバルブを開放しなかったことなどの不適切な対応をしているうちに結局、初期消火の時機を失ってしまいました。

②　**火災通報の遅れと組織だった避難誘導の不備**

９階に火災を確認に行った別の従業員から出火している旨を告げられたフロントの係員は、警備室の警備員に火災を確認するよう連絡したものの、火災の状況が分からなかったことから暫く躊躇した後で119番通報を行いましたが、火災発見から約15分後の遅い通報となってしまいました。

また、火災を確認に行った一部の従業員や警備員数名で避難誘導が行われましたが、日常的に教育、訓練が不十分にしか行われていなかったことから、組織だった避難誘導は行われませんでした。加えて、このホテルには外国人の宿泊客が多かったことや、建物内の避難経路が複雑だったことが人的被害を大きくした要因として挙げられます。

③　**スプリンクラー設備の未設置**

このホテルには､消防法の一部改正によりスプリンクラー設備の設置が義務付けられていました。所轄消防署から幾度も設置の指導があったにも関わらず、スクリンプラー設備は設置されていませんでした。

④　**防火設備、防火区画の不備**

この火災では、非常放送設備の故障、防火区画の配管スペースの埋戻しの不完全、防火戸の一部が閉鎖しなかったことなどの不備が指摘されました。また、客室間の間仕切壁の一部分が木製だったことや居室、廊下の床敷物に防炎性がなかったことから延焼拡大を速めることになってしまいました。

（２）特別養護老人ホーム松寿園火災

この施設火災は、昭和62年６月６日（土）に東京都東村山市で発生しました。

出火した建物は、地上３階建て、延べ面積約2,014㎡で、１階を事務室、訓練室、厨房に使い、２階及び３階を利用者の居室として使用していました。

火災が発生した時間は、午後11時23分頃で、２階のリネン室から出火し、２階部分の約450㎡を焼損して、利用者17名が死亡したうえ25名が負傷しています。火災原因は不明ですが、出火場所がリネン室であったことから放火の疑いも否定できないとされています。

この火災でも多くの不備が指摘されています。

①　**自動火災報知設備による火災覚知時の不適切な対応**

当日宿直であった２人の寮母は、自動火災報知設備のベルが鳴ったにも関わらず誤報であると思い込み、ベルを停止した後で現場の確認を行いました。その後、火災が発生していることを覚知したことから119番通報をしようと試みましたが電話がつながらず、結果的に通報が遅れてしまいました。

② 初期消火の不備

２階の宿直室にいた寮母は、リネン室の上部の欄間から煙が噴出していたので、欄間の煙に向かって消火器２本を噴射しましたが、燃焼実態に放射しなかったために消火することができませんでした。また、この施設には屋内消火栓が設置されていましたが、この設備を使用することに寮母２人は全く思い至りませんでした。

③ 防火戸の管理不備

階段に設置してある防火戸は、通常、昼間はロープ、くさび等により解放状態にし、夜間は閉鎖することにしていましたが、火災時には２階の防火戸は閉鎖されておらず開放されたままになっていました。

④ 夜間における防火管理体制の不備

この施設の利用者は、寝たきりの自力避難困難者が多かったわりに、夜間の宿直者が寮母２名だけという状況で少なく、火災発生時の初動対応が極めて脆弱でした。

⑤ 出火防止対策の不備

リネン室など人目につかない場所では、放火を防ぐために施錠されることが求められますが、この施設では施錠がされていませんでした。

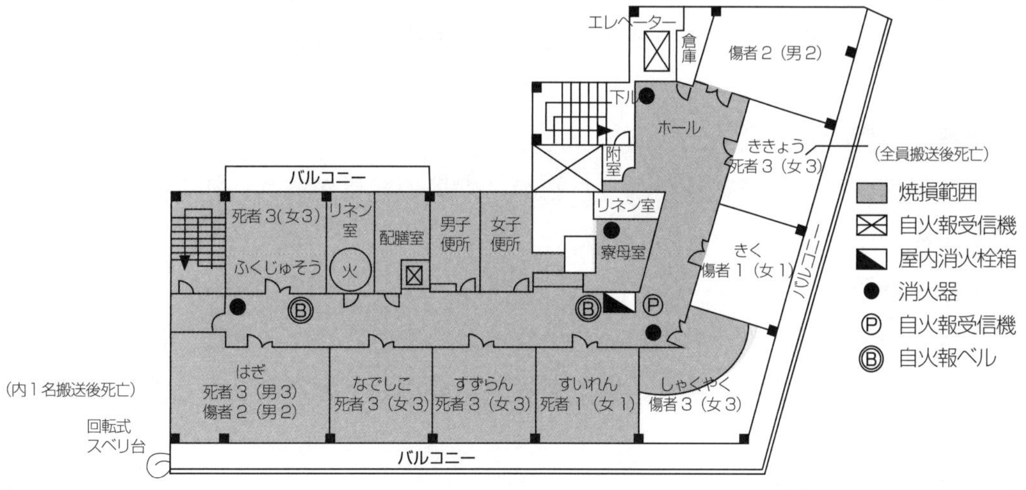

「松寿園」の2階平面図

（３）スーパー長崎屋尼崎店火災

この大規模小売店舗火災は、平成２年３月18日（日）に兵庫県尼崎市で発生しました。

建物は、地下１階地上５階建て、延べ面積5,140㎡で、１階から４階までを売り場に、５階をゲームコーナー、社員食堂、事務所として使用していました。

火災は午後12時37分頃４階売り場から発生し、４階部分814㎡を焼損し、５階にいて逃げ遅れた12名の従業員と客３名を合わせた15名が死亡、６名が負傷しました。火災の原因は不明とされています。

この火災では、次のような点に不備があったと指摘されています。

① 初期消火の不備

４階の寝具売り場付近のカーテンが燃えているのを発見した従業員が、近くに置かれていた消火器で消火しようとしましたが、火災が拡大して大きくなっていたことから効果的な消火は行われませんでした。また、その他の従業員は、屋内消火栓設備のホースを伸ばして初期消火しようとしましたが、濃煙と熱気により消火することができませんでした。

② 防火戸の管理不適

防火戸の付近に物品を置いていたために防火戸が閉鎖せず、上階に煙と熱気が急速に拡散してしまいました。

③ 避難施設に物品の放置

避難経路になる階段や廊下に、物品が放置されていたために避難の障害が起こりました。

（４）明星56ビル火災

このビル火災は、平成13年９月１日（土）に東京都新宿区で発生しました。

建物は、地下２階地上５階建て、延べ面積516㎡で、１階、２階及び５階を事務所に、地下２階及び４階を飲食店として使用し、地下１階及び３階を遊技場として使われていました。

火災は午前０時50分頃、３階エレベーターホール付近から発生し、３階及び４階合わせて160㎡を焼損して死者44名、負傷者３名を出しました。

この火災の出火原因は放火が疑われていますが、放火されてもそれに対して防火対策が必要なことを改めて痛感させられました。このビル火災でも、従来の火災と同じような不備が指摘されています。

① 自動火災報知設備の不作動

自動火災報知設備のベルが鳴動しなかったために火災の発見が遅れ、初期消火、火災通報、避難誘導等の初動措置が殆ど行われませんでした。

② 避難経路が一か所

この火災では、屋内階段が唯一の避難経路になっていましたが、この屋内階段を通して窓のない密室構造の３階及び４階の店内に濃煙、熱気が一気に充満してきたことから多くの客が逃げ遅れました。

③ 避難施設の維持管理不備

３階及び４階の階段室にロッカーやビールケース等の物品が置かれていて、防火戸が閉鎖されず、また、これらの物品が避難や消火活動の障害になってしまいました。

④ 外壁の開口部に障害物

道路に面した外壁面には窓がありましたが、ここにはビニールシートによる広告板が設けられていたことから窓がふさがれ、消防活動はこうした障害物を除去しな

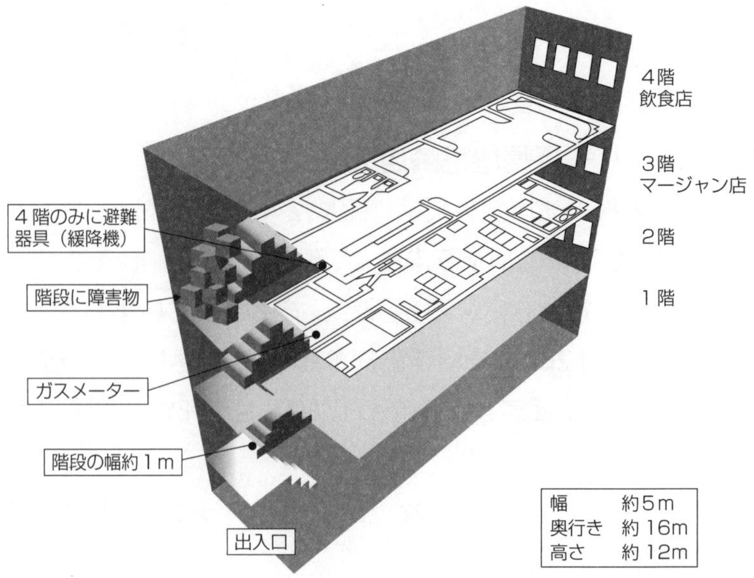

明星56ビル立面図

がら行われたことから阻害されました。

⑤　**消防用設備の維持管理不備**

消防用設備は日常的に点検が行われておらず、維持管理がなされていませんでした。

⑥　**防火管理者未選任**

このビルの各テナントは防火管理者が未選任で、消防計画も定められておらず殆ど防火管理が行われていませんでした。

（５）認知症高齢者グループホームやすらぎの里さくら館火災

この火災は、平成18年１月８日（日）に長崎県大村市で発生しました。

火災発生後の「やすらぎの里さくら館」の外観

施設は、平屋建て、延べ面積279㎡で、窓は二重窓を設けるなど本格的にグループホーム経営を行うことを窺わせる造りとなっていました。

火災は、午前２時19分頃に共用室のソファー付近から発生し、建物は全焼、死者７名、負傷者３名が発生しました。火災原因は、ライターによる着火が疑われています。

この火災では、次のような不備が指摘されています。

①　**夜間の防火管理体制の不備**

夜間１人の従業員が認知症で自力避難困難な利用者を避難誘導すること等は困難なことから、そもそも火災時の対応には無理がありました。

②　**火災通報の不備**

施設の下をとおる道路に出て、通りがかりのトラック運転手の携帯電話を借りて通報したことから、大幅に火災通報が遅れました。

③　**防火管理者の未選任**

防火管理者の選任義務がなかったことから、火災から利用者を保護する措置が全くとられていませんでした。

④　**喫煙管理等の不徹底**

利用者の喫煙等に対して制限が徹底されておらず、出火防止対策に不備がありました。

（６）カラオケボックスビート火災

この火災は、平成19年１月20日（土）に兵庫県宝塚市において発生しました。

建物は、２階建て、延べ面積218㎡で、１階を客室、倉庫、調理場に使用し、２階を客室、倉庫に使っていました。

火災は、午後６時30分頃、１階の調理場から発生して約107㎡を焼損し、死者３名、負傷者５名を出しました。火災の原因は、アルバイト従業員が揚げ物の鍋をかけたまま放置したのが燃え上がったとされています。

この火災でも、従来の火災と同じような防火上の不備が指摘されています。

①　アルバイト従業員の教育不備

この火災当時は、アルバイト従業員1名で揚げ物や食器等の洗い物をしていたことから、揚げ物の最中にその場を離れてしまうことになりました。揚げ物をしている際には、その場を離れないよう徹底するための従業員への教育が行われていませんでした。

②　従業員の初期消火の不備と消火器の維持管理不適

アルバイト従業員は、消火器の使い方を知らず客に消火を依頼しました。また、消火器を渡された客は消火器のレバーを握りましたが消火薬剤は噴射しませんでした。

③　火災通報及び避難誘導の不備

火災の通報は、お客が自らの携帯で行いましたが、アルバイト従業員からの通報や避難誘導は何も行われていません。

④　客室窓の閉鎖

この建物は、2階の客室の窓が石膏ボードやベニヤ板で塞がれていたことから、1カ所しかない屋内階段が煙に包まれて逃げ道を失ってしまいました。

⑤　使用開始の未届出

カラオケボックスに用途変更を行った際、防火対象物の使用開始届出が行われていなかったことから、消防機関の指導を受ける機会がありませんでした。

（7）ホテルプリンス火災

この火災は、平成24年5月13日（日）に広島県福山市において発生しました。

建物は、地上4階建て一部2階建て、延べ面積1,361㎡で、1階を駐車場、事務所、2階及び3

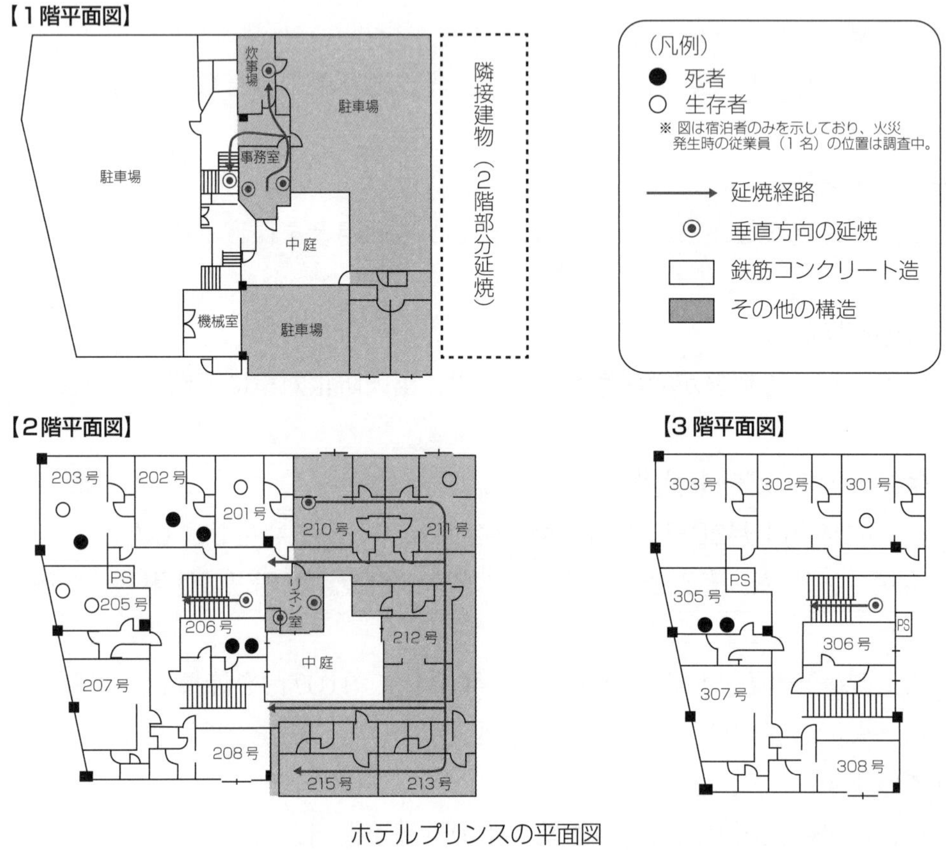

ホテルプリンスの平面図

階を客室、４階を機械室に使用されていました。

火災は、午前６時50分頃１階事務室から出火して建物全体に延焼拡大して全焼し、死者７名と３名の負傷者を出しました。

このホテル火災では、次のような不備が指摘されています。

①　建築構造の不適

建物に一部木造部分があったことから、出火室及びその近傍において上階に燃え上がり延焼拡大しました。

②　階段の竪穴区画不備

階段に竪穴区画がなかったために火煙が階段を経由して上階に拡大し、煙が客室に流入してしまいました。

③　初期消火の未実施

消火器や屋内消火栓を使った初期消火が全く行われませんでした。

④　火災通報・避難誘導の未実施

第一発見者になった従業員による火災通報及び避難誘導は行われませんでした。

⑤　自動火災報知設備の機能不備

自動火災報知設備が２系統に分かれていて、連動していないことから一斉鳴動ができませんでした。

⑥　客室窓の閉鎖

客室の窓がベニヤ板で塞がれていたため、煙の充満が早かったほか、消防活動の障害になりました。

（8）グループホームベルハウス東山手火災

この火災は、平成25年２月８日（金）に長崎県長崎市で発生しました。

施設は地上４階建て、延べ面積約581㎡で、１階を居室、リビング、機械室に、２階を居室、３階を物置、住居、事務所、４階を住居にそれぞれ使用していました。

火災は、午後７時40分頃発生し、１階部分約51㎡を焼損し、５名の死者と７名の負傷者を出しました。この火災の原因は、利用者が使用していた加湿器からではないかと推測されています。

グループホームベルハウス東山手の外観

①　火災通報の不備

火災報知設備が鳴動した後、火災通報装置の操作が行われず、この施設からの火災通報は行われませんでした。

②　初期消火の不備

出火時には、日頃から消防訓練が行われていなかったため、消火器による初期消火は行われませんでした。

③　防火区画の不備

階段の防火戸が建築基準法に違反しており、火災時に有効に機能しませんでした。

（9）安部整形外科医院火災

この火災は、平成25年10月11日（金）に福岡県福岡市において発生しました。

医院の建物は、地下１階地上４階建て、延べ面積約681㎡で、地下１階を倉庫、休憩室、地上１階を診療室、病室、リハビリルームに、２階を病室、厨房、３階を住居、４階を看護師寮にそれぞれ使用していました。

火災は、午前２時20分頃に地上１階診療室から出火し、282㎡を焼損し、死者10名、負傷者５名を出しました。

火災の原因は、地上１階診療室の温熱療法機器からの出火ではないかと推定されています。

この火災では、次のような不備が指摘されています。

①　夜間防火体制の不備

この医院では、夜間３名の宿直で対応することになっていましたが、看護師が１名だけの宿直で、初期対応が不十分だったとされています。

②　実質的な防火管理の欠如

防火管理者が選任されていましたが、高齢のため実質的な防火管理は行われていませんでした。

③　消防訓練の未実施

過去に地震時を想定した避難訓練が行われていたことはありましたが、火災発生を想定した消防訓練が行われていませんでした。

④　防火戸の維持管理不適

階段に設けてある防火戸が火災時に閉鎖しないように物品が置かれていたり、紐でくくられていました。

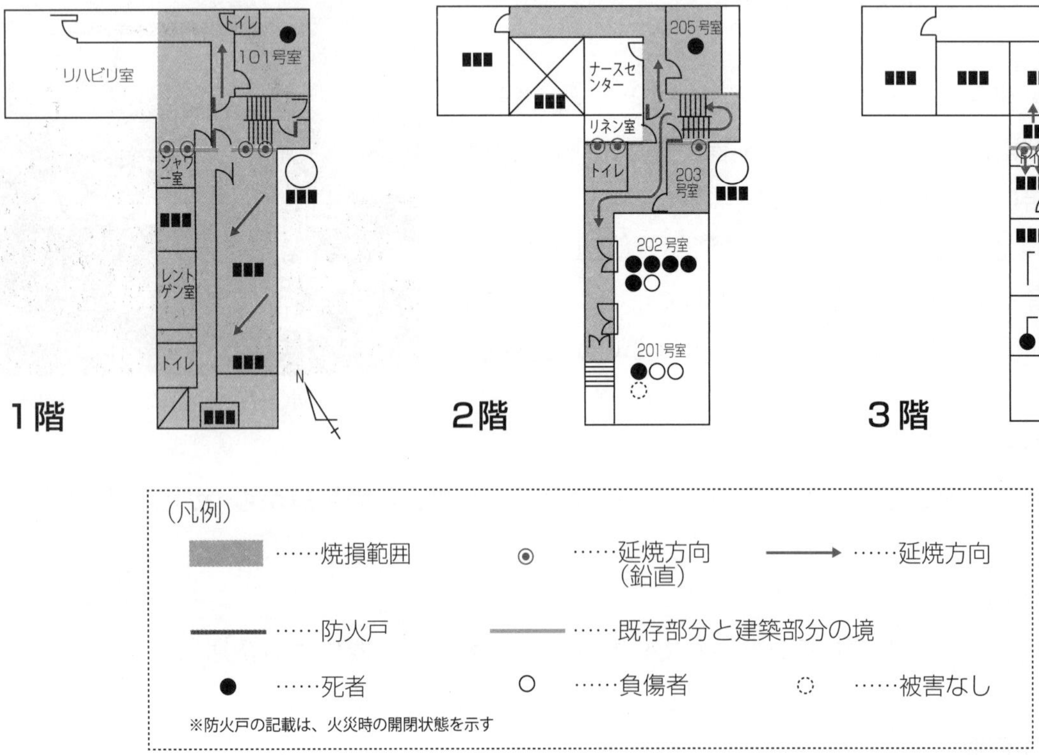

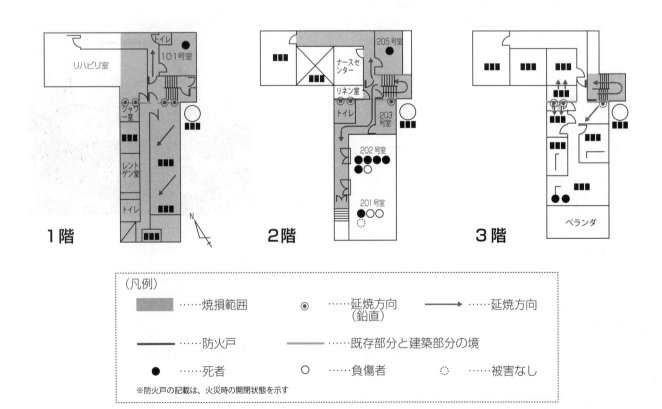

出火当時の在館者の状況

◆用途別の主な火災事例

（百貨店）

	出火年月日	出火場所	事業所名	死者数	負傷者数	損害額（千円）	出 火 原 因
1	昭和48年 9月25日	大阪府高槻市	西武タカツキショッピングセンター	6	14	7,061,300	放火
2	〃 11月29日	熊本県熊本市	大洋デパート	100	124	1,747,396	不明
3	〃 12月 7日	千葉県館山市	いとう屋デパート	－	5	192,400	不明
4	昭和49年 2月17日	兵庫県神戸市	神戸デパート	1	40	1,086,574	放火の疑い
5	〃 7月16日	神奈川県横浜市	京急サニーマート	－	－	247,000	不明
6	昭和51年 1月 2日	奈良県香芝町	香芝中央デパート	－	－	211,720	不明
7	昭和54年 6月22日	滋賀県大津市	丸栄百貨店	－	1	213,266	まきかまど
8	〃 11月 9日	東京都板橋区	イトーヨーカドー	－	4	356,954	不明
9	昭和55年12月23日	北海道倶知安町	ニセコ商事株式会社	－	－	330,228	不明
10	昭和56年 3月 4日	大阪府摂津市	正雀ニューデパート	－	1	353,929	不明
11	平成元年12月23日	三重県四日市市	岡本総本店	－	－	346,434	放火の疑い
12	平成 2年 3月18日	兵庫県尼崎市	長崎屋尼崎店	15	6	174,047	不明
13	平成15年 4月23日	香川県豊中町	メガマート豊中店	－	－	694,645	火遊び
14	平成16年12月13日	埼玉県さいたま市	ドン・キホーテ浦和花月店	3	8	623,442	放火

（旅館・ホテル）

	出火年月日	出火場所	事業所名	死者数	負傷者数	損害額（千円）	出 火 原 因
1	昭和44年 2月 5日	福島県郡山市	磐光ホテル	30	41	1,098,261	石油ストーブ
2	〃 5月18日	石川県加賀市	白山荘	－	16	2,321,732	不明
3	昭和46年 1月 2日	和歌山県和歌山市	寿司由楼	16	15	216,637	不明
4	昭和48年10月11日	兵庫県神戸市	坂口荘	6	5	14,919	たばこの消し忘れ
5	昭和50年 3月10日	大阪府大阪市	千成ホテル	4	64	99,477	不明
6	昭和53年 6月15日	愛知県半田市	白馬	7	24	60,116	不明
7	昭和55年11月20日	栃木県藤原町	川治プリンスホテル	45	22	533,751	アセチレンガス切断機の火花
8	昭和57年 2月 8日	東京都千代田区	ホテルニュージャパン	33	34	1,726,126	たばこ
9	〃 11月18日	富山県庄川町	庄川温泉観光ホテル	2	8	472,780	不明
10	昭和58年 2月21日	山形県山形市	蔵王観光ホテル	11	2	308,563	不明
11	昭和61年 2月11日	静岡県東伊豆町	大東館	24	－	17,120	ガスコンロによる長期低温加熱
12	〃 4月21日	静岡県河津町	菊水館	3	56	112,810	不明
13	昭和63年12月30日	大分県別府市	ホテル望海荘	3	1	3,114	たばこの火の不始末
14	平成 6年12月21日	福島県福島市	若喜旅館本店	5	3	1,024,315	不明
15	平成24年 5月13日	広島県福山市	ホテルプリンス	7	3	29,090	不明

（病院・診療所）

	出火年月日	出火場所	事業所名	死者数	負傷者数	損害額（千円）	出 火 原 因
1	昭和35年 1月 6日	神奈川県横須賀市	日本医療伝導会衣笠病院	16	－	19,122	石油ストーブの消し忘れ
2	〃 3月19日	福岡県久留米市	国立療養所	11	－	1,536	不明
3	〃 10月29日	愛知県守山市	精神科香流病院	5	5	2,270	放火
4	昭和39年 3月30日	兵庫県伊丹市	常岡病院	9	3	7,015	不明
5	昭和44年11月19日	徳島県阿南市	阿南市精神病院	6	5	10,908	放火
6	昭和45年 6月29日	栃木県佐野市	秋山会両毛病院	17	1	2,365	放火
7	〃 8月 6日	北海道札幌市	手稲病院	5	1	2,793	放火
8	昭和46年 2月 2日	宮城県岩沼町	小島病院	6	－	3,782	不明
9	昭和48年 3月 8日	福岡県北九州市	福岡県済生会八幡病院	13	3	57,593	蚊取線香の不始末
10	昭和52年 5月13日	山口県岩国市	岩国病院	7	5	7,178	ローソクの疑い
11	昭和59年 2月19日	広島県尾道市	医療法人社団宏知会青山病院	6	1	1,328	不明
12	平成25年10月11日	福岡県福岡市	安部整形外科	10	5	調査中	トラッキング

（社会福祉施設）

	出火年月日	出火場所	事業所名	死者数	負傷者数	損害額（千円）	出 火 原 因
1	昭和30年 2月17日	神奈川県横浜市	聖母の園養老院	99	9	15,340	かいろの火の不始末
2	昭和43年 1月14日	大分県日出町	みのり学園小百合寮	6	－	2,793	アイロンの使用放置
3	昭和45年 3月20日	山梨県上野原町	泉老人ホーム	4	－	不明	電気コンロの使用不適切
4	昭和48年 3月14日	東京都東村山市	老人ホーム東村山分院	2	－	234	不明
5	昭和61年 2月 8日	青森県弘前市	島光会草薙園	2	6	5,352	たばこ
6	〃 7月31日	兵庫県神戸市	陽気会陽気寮	8	－	56,702	放火の疑い
7	昭和62年 2月11日	静岡県富士市	佛祥院	3	1	14,807	不明
8	〃 6月 6日	東京都東村山市	昭青会松寿園	17	25	71,666	放火の疑い
9	平成18年 1月 8日	長崎県大村市	やすらぎの里さくら館	7	3	34,852	マッチ・ライター
10	平成21年 3月19日	群馬県渋川市	静養ホームたまゆら	10	1	20,055	不明
11	平成22年 3月13日	北海道札幌市	グループホームみらいとんでん	7	2	16,317	ストーブ
12	平成25年 2月 8日	長崎県長崎市	グループホームベルハウス東山手	4	8	調査中	加湿器の不具合

〔複合用途防火対象物（雑居ビル）〕

	出火年月日	出火場所	事業所名	死者数	負傷者数	損害額（千円）	出 火 原 因
1	昭和47年 5月13日	大阪府大阪市	千日デパートビル	118	81	1,649,693	たばこの疑い
2	昭和48年12月19日	三重県津市	大門観光	－	1	256,336	不明
3	昭和50年 3月 1日	東京都豊島区	アサヒ会館	5	17	57,789	不明
4	昭和51年12月 4日	東京都墨田区	国松ビル（サロンうたまろ）	6	2	7,810	放火
5	〃 12月16日	北海道旭川市	今井ビル（二条プラザ）	3	－	10,270	たばこの不始末
6	〃 12月26日	静岡県沼津市	三沢ビル（大衆サロンらくらく酒場）	15	8	38,781	放火の疑い
7	昭和53年 3月10日	新潟県新潟市	今町会館（エル・アドロ）	11	2	10,483	不明
8	〃 11月19日	東京都葛飾区	天狗ビル（和風喫茶古都）	4	3	17,685	たばこの投げ捨て
9	昭和54年11月20日	福岡県岡垣町	パチンコホール（ラッキーホール）	4	2	48,988	不明
10	昭和55年 8月16日	静岡県静岡市	ゴールデン街第1ビル	14	223	554,226	爆発
11	昭和56年 2月28日	島根県松江市	サンパチンコ	3	2	140,964	不明
12	昭和59年11月15日	愛媛県松山市	三島ビル	8	13	68,954	不明
13	昭和61年 6月14日	千葉県船橋市	船橋東武	3	－	1,786,895	不明
14	平成13年 9月 1日	東京都新宿区	明星56ビル	44	3	23,050	放火の疑い
15	平成19年 1月20日	兵庫県宝塚市	カラオケボックス（ビート）	3	5	4,063	ガスコンロによる長期加熱
16	平成19年 6月19日	東京都渋谷区	シエスパB棟	3	8	180,630	天然ガスに引火
17	平成20年10月 1日	大阪府大阪市	桧ビル（個室ビデオ店キャッツなんば）	15	10	3,127	放火の疑い
18	平成21年 7月 5日	大阪府大阪市	パチンコホール（CROSS－ニコニコ）	4	19	44,770	放火
19	平成21年11月22日	東京都杉並区	第8東京ビル（居酒屋石狩亭）	4	12	1,896	炉
20	令和 3年12月17日	大阪府大阪市	堂島北ビル（西梅田こころとからだのクリニック）	24	4	4,224	放火

（令和３年版消防白書より）

2 防火管理の意義

火災の発生を未然に防止し、また、一旦発生した火災から被害を最小限に止めるために、ハード及びソフト対策を駆使して自主的に防火活動を実践することを防火管理といいます。

防火管理はこのように、「自らのところは自ら守る」という自主的な活動ですから、正社員、臨時社員、パート社員、テナントの社員、出入の従業者、工事人等の区別なく施設にいる全ての人が一丸となって出火防止、初期消火、火災通報、避難誘導等の活動に加わり、被害を防ぐように努めなければなりません。

火災発生の危険性はどの建物にも常に存在する

⬇

ハードとソフトの両面の対策が安全を高める

⬇

「自分のことは自分で守る」自主的防火管理を実践する

防火安全性は、ハード対策とソフト対策が車の両輪のように機能して達成されるものです。しかし、近年の小規模建築物の火災は、法的にハード対策が義務付けられていないことから、殆どの火災では唯一ソフト面の対策によって火災安全が確保される仕組みになっているように思えます。ところがソフト面の対策は脆弱化の傾向が強く、ここに小規模建築物の防火管理には新しい視点が求められているようです。つまり、ハード対策が法令で義務化されているかどうかに関わらず、ソフト対策のフェイルセーフ策として自主的なハード対策が脆弱化したソフト部分を補完するよう機能的な防火管理体制を構築することが必要になってきているのです。防火管理に従事させる要員が確保できないときには、できるだけ人手を減らせるよう機械的に自動化されたスプリンクラー設備や火災通報装置システム等の導入等によって、一定水準の防火体制を図ることが求められています。

なお、令和元年７月の京都アニメーション第１スタジオ（京都市）火災や令和３年12月の大阪市北区堂島北ビル火災では、ガソリンを散布して多数の死者を出す放火事件が発生していますが、こうした放火火災についても当然防火管理が実施されなければならないところです。

第２ 防火管理制度の概要

「自分のところは自分で守る」という自主防火管理の基本的な考え方からしますと、建物等の全てにおいて自発的な防火管理が適切に行われる必要があります。

しかし、過去に幾度も繰り返された火災からも分かるように、自主的な防火管理を期待するだけでは、必ずしも十分な火災安全は確保できない場合が多く見られます。

このため消防法第８条では、多数の者を収容する建物等の管理について権原を有する者に防火管理者を定めさせ、防火管理を実施するために必要な事項を消防計画として作成させて、防火管理上必要な業務を行わせるよう義務付けています。

1 防火対象物

(１) 防火対象物とは

防火対象物とは、建築物をはじめ、車両や船舶、その他の工作物、山林など火災予防の対象になるものをいいます。

この防火対象物は、その用途に応じて火災危険等を考慮して消防法施行令別表第１で区分されています。防火管理の実施や消防用設備等の設置に関する基準は、この用途区分によって決められています。

◆防火対象物（消防法施行令別表第１）区分

(1)	イ　劇場、映画館、演芸場又は観覧場 ロ　公会堂又は集会場
(2)	イ　キャバレー、カフェー、ナイトクラブその他これらに類するもの ロ　遊技場又はダンスホール ハ　風俗営業等の規制及び業務の適正化等に関する法律（昭和23年法律第122号）第２条第５項に規定する性風俗関連特殊営業を営む店舗（ニ並びに(1)項イ、(4)項、(5)項イ及び(9)項イに掲げる防火対象物の用途に供されているものを除く。）その他これに類するものとして総務省令で定めるもの ニ　カラオケボックスその他遊興のための設備又は物品を個室（これに類する施設を含む。）において客に利用させる役務を提供する業務を営む店舗で総務省令で定めるもの
(3)	イ　待合、料理店その他これらに類するもの ロ　飲食店
(4)	百貨店、マーケットその他の物品販売業を営む店舗又は展示場
(5)	イ　旅館、ホテル、宿泊所その他これらに類するもの
	ロ　寄宿舎、下宿又は共同住宅
(6)	イ　次に掲げる防火対象物 (1)　次のいずれにも該当する病院（火災発生時の延焼を抑制するための消火活動を適切に実施することができる体制を有するものとして総務省令で定めるものを除く。） (i)　診療科名中に特定診療科名（内科、整形外科、リハビリテーション科その他の総務省令で定める診療科名をいう。(2)(i)において同じ。）を有すること。 (ii)　医療法（昭和23年法律第205号）第７条第２項第４号に規定する療養病床又は同項第５号に規定する一般病床を有すること。 (2)　次のいずれにも該当する診療所 (i)　診療科名中に特定診療科名を有すること。 (ii)　４人以上の患者を入院させるための施設を有すること。 (3)　病院（(1)に掲げるものを除く。）、患者を入院させるための施設を有する診療所（(2)に掲げるものを除く。）又は入所施設を有する助産所 (4)　患者を入院させるための施設を有しない診療所又は入所施設を有しない助産所

	ロ　次に掲げる防火対象物 (1)　老人短期入所施設、養護老人ホーム、特別養護老人ホーム、軽費老人ホーム（介護保険法（平成９年法律第123号）第７条第１項に規定する要介護状態区分が避難が困難な状態を示すものとして総務省令で定める区分に該当する者（以下「避難が困難な要介護者」という。）を主として入居させるものに限る。）、有料老人ホーム（避難が困難な要介護者を主として入居させるものに限る。）、介護老人保健施設、老人福祉法（昭和38年法律第133号）第５条の２第４項に規定する老人短期入所事業を行う施設、同条第５項に規定する小規模多機能型居宅介護事業を行う施設（避難が困難な要介護者を主として宿泊させるものに限る。）、同条第６項に規定する認知症対応型老人共同生活援助事業を行う施設その他これらに類するものとして総務省令で定めるもの (2)　救護施設 (3)　乳児院 (4)　障害児入所施設 (5)　障害者支援施設（障害者の日常生活及び社会生活を総合的に支援するための法律（平成17年法律第123号）第４条第１項に規定する障害者又は同条第２項に規定する障害児であつて、同条第４項に規定する障害支援区分が避難が困難な状態を示すものとして総務省令で定める区分に該当する者（以下「避難が困難な障害者等」という。）を主として入所させるものに限る。）又は同法第５条第８項に規定する短期入所若しくは同条第17項に規定する共同生活援助を行う施設（避難が困難な障害者等を主として入所させるものに限る。ハ(5)において「短期入所等施設」という。） ハ　次に掲げる防火対象物 (1)　老人デイサービスセンター、軽費老人ホーム（ロ(1)に掲げるものを除く。）、老人福祉センター、老人介護支援センター、有料老人ホーム（ロ(1)に掲げるものを除く。）、老人福祉法第５条の２第３項に規定する老人デイサービス事業を行う施設、同条第５項に規定する小規模多機能型居宅介護事業を行う施設（ロ(1)に掲げるものを除く。）その他これらに類するものとして総務省令で定めるもの (2)　更生施設 (3)　助産施設、保育所、幼保連携型認定こども園、児童養護施設、児童自立支援施設、児童家庭支援センター、児童福祉法（昭和22年法律第164号）第６条の３第７項に規定する一時預かり事業又は同条第９項に規定する家庭的保育事業を行う施設その他これらに類するものとして総務省令で定めるもの (4)　児童発達支援センター、児童心理治療施設又は児童福祉法第６条の２の２第２項に規定する児童発達支援若しくは同条第４項に規定する放課後等デイサービスを行う施設（児童発達支援センターを除く。） (5)　身体障害者福祉センター、障害者支援施設（ロ(5)に掲げるものを除く。）、地域活動支援センター、福祉ホーム又は障害者の日常生活及び社会生活を総合的に支援するための法律第５条第７項に規定する生活介護、同条第８項に規定する短期入所、同条第12項に規定する自立訓練、同条第13項に規定する就労移行支援、同条第14項に規定する就労継続支援若しくは同条第15項に規定する共同生活援助を行う施設（短期入所等施設を除く。） ニ　幼稚園又は特別支援学校
(7)	小学校、中学校、義務教育学校、高等学校、中等教育学校、高等専門学校、大学、専修学校、各種学校その他これらに類するもの
(8)	図書館、博物館、美術館その他これらに類するもの
(9)	イ　公衆浴場のうち、蒸気浴場、熱気浴場その他これらに類するもの
	ロ　イに掲げる公衆浴場以外の公衆浴場
(10)	車両の停車場又は船舶若しくは航空機の発着場（旅客の乗降又は待合いの用に供する建築物に限る。）
(11)	神社、寺院、教会その他これらに類するもの
(12)	イ　工場又は作業場 ロ　映画スタジオ又はテレビスタジオ
(13)	イ　自動車車庫又は駐車場 ロ　飛行機又は回転翼航空機の格納庫
(14)	倉庫
(15)	前各項に該当しない事業場
(16)	イ　複合用途防火対象物のうち、その一部が(1)項から(4)項まで、(5)項イ、(6)項又は(9)項イに掲げる防火対象物の用途に供されているもの
	ロ　イに掲げる複合用途防火対象物以外の複合用途防火対象物
(16の2)	地下街
(16の3)	建築物の地階（(16の２)項に掲げるものの各階を除く。）で連続して地下道に面して設けられたものと当該地下道とを合わせたもの（(1)項から(4)項まで、(5)項イ、(6)項又は(9)項イに掲げる防火対象物の用途に供される部分が存するものに限る。）
(17)	文化財保護法（昭和25年法律第214号）の規定によつて重要文化財、重要有形民俗文化財、史跡若しくは重要な文化財として指定され、又は旧重要美術品等の保存に関する法律（昭和８年法律第43号）の規定によつて重要美術品として認定された建造物
(18)	延長50m以上のアーケード
(19)	市町村長の指定する山林
(20)	総務省令で定める舟車

（２）防火管理が義務付けられている防火対象物

①　防火管理の選任

防火管理が義務付けられている防火対象物は、消防法第８条第１項に、学校、病院、工場などの「多数の者が出入りし、勤務し、又は居住する防火対象物で政令で定めるもの」と規定されています。

ここで「政令で定めるもの」とは、消防法施行令第１条の２第３項で定められているもので、特定防火対象物（(16の３)項を除く。）で収容人員が10人以上又は30人以上のものと、非特定防火対象物（(18)項から(20)項を除く。）で収容人員が50人以上のものが指定されているほか、収容人員50人以上の新築工事中の建築物や建造（艤装）中の旅客船が防火管理を行わなければならない防火対象物とされています。

※　特定防火対象物とは、百貨店や旅館、地下街など不特定多数の人が出入りする防火対象物、又は病院、老人福祉施設、幼稚園など火災時に援護を必要とする人を収容する防火対象物で、火災が発生した場合に人命の危険が高いものをいいます。

消防法施行令別表第１の中の(1)項～(4)項、(5)項イ、(6)項、(9)項イ、(16)項イ、(16の２)項、(16の３)項がこれに該当します（消防法第17条の２の５第２項第４号）。

※　非特定防火対象物とは、法令用語ではありませんが、前記の特定防火対象物以外の防火対象物をいいます。

②　防火管理者の共同選任

平成16年３月26日付消防安第43号通知により、消防法施行規則第２条の２第１項第２号関係留意事項として、「消防法の一部を改正する法律等の施行について」（昭和36年５月10日自消甲予発第28号）において複合用途防火対象物について、防火管理者の共同選任を行うことについて示されていたものを、平成16年６月１日以降は、上記43号通知のとおり共同選任を行っている防火対象物のうち、特に防火管理上必要な業務を適切に遂行されていない防火対象物については、令第３条第２項の規定（外部委託）を適用するよう指導することとされています。

特に、小規模テナントなどの防火管理者の選任の際には防火管理の外部委託という制度の趣旨をよく考えて、共同選任を指導することが大切になります。

一部の消防本部では、共同選任（内部選任と呼ばれている場合もある。）について、内規で運用基準を定め、共同選任を「一の防火管理業務対象物において、複数の管理権原者が一人の防火管理者を共同して選任することをいう。」と定義し、下記の様な基準も示めされているところです。

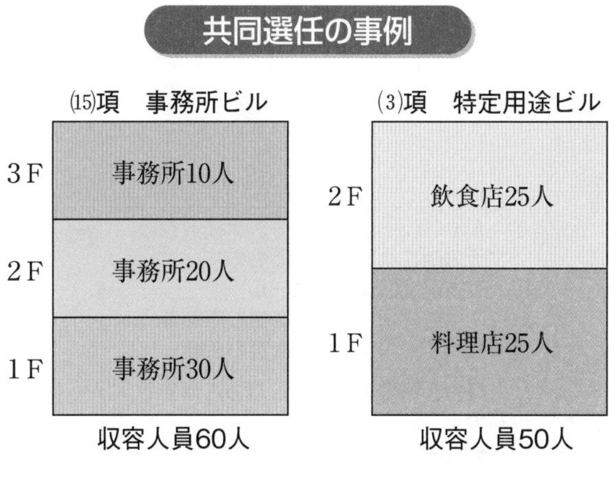

【一部の消防本部の内規の例】

ア　共同選任で防火管理者を選任する条件

(ア)　管理権原者の管理する部分の収容人員が、政令第１条の２第３項に規定する基準未満（防火管理者の属する事業所の管理権原者を除く。）で、次に該当する事業所

a　(1)～(4)項、(5)項イ、(6)項、(9)項イの用途で収容人員30人未満

b　(5)項ロ、(7)項、(8)項、(9)項ロ、(10)項～(15)項の用途で収容人員50人未満

(イ)　自力で避難することが困難な者を収容しない事業所

イ　共同選任を指導する場合の要領

(ア)　共同選任する場合には、所有者又はその従業員を防火管理者として選任すること。

(イ)　前(ア)によることができない場合には、防火対象物内の占有面積が大きい等、防火管理者を選任することが最も適していると認められる占有者又はその従業員を防火管理者として選任すること。

※　現在、消防法令が「防火管理の外部委託」を制度として認めていますので、この外部委託の一つの形態が「防火管理者の共同選任」ということになります。

　また、防火管理者の共同選任も「共同で」選任するのですが、これは統括防火管理者を所定の各管理権原者が共同で選任するのとは基本的に異なるものですから注意が必要です。

（３）収容人員の算定方法

　収容人員の算定は、従業員数や客席などを合計して行いますが、客などの収容者数は、いす席やベッド数によって算定する場合と、主に従業員以外の者が利用する部分の床面積を一定の面積で除して得た数から算定する場合があり、その方法は消防法施行規則第１条の３で具体的に定められています。

◆防火管理者を選任しなければならない防火対象物

消防法施行令別表第１に掲げる防火対象物の区分		消防法施行規則第１条の３による収容人員の算定方法	選任を要する収容人員数
(1)	イ　劇場、映画館、演芸場又は観覧場 ロ　公会堂又は集会場	従業者数＋ (イ) 固定式のいす席を設ける客席の部分については、当該部分にあるいす席の数に対応する数。 （長いす席式のいす席にあっては、$\frac{\text{当該いす席の正面幅}}{0.4\text{m（1未満は切捨）}}$） (ロ) $\frac{\text{立見席を設ける客席の部分の床面積}}{0.2\text{m}^2}$ (ハ) $\frac{\text{ます席、たたみ席等のその他の客席の部分の床面積}}{0.5\text{m}^2}$	30人以上
(2)	遊技場	従業者数＋ (イ) 機械器具を使用して遊技を行うことができる者の数。 (ロ) 固定式のいす席を設ける観覧、飲食又は休憩のための席の部分については、当該部分にあるいす席の数に対応する数。 （長いす席式のいす席にあっては、$\frac{\text{当該いす席の正面幅}}{0.5\text{m（1未満は切捨）}}$）	30人以上
	イ　キャバレー、カフェー、ナイトクラブその他これらに類するもの ロ　遊技場又はダンスホール ハ　性風俗関連特殊営業を営む店舗等 ニ　カラオケボックス等を営む店舗	従業者数＋ (イ) 固定式のいす席を設ける客席の部分については、当該部分にあるいす席の数に対応する数。 （長いす席式のいす席にあっては、$\frac{\text{当該いす席の正面幅}}{0.5\text{m（1未満は切捨）}}$） (ロ) $\frac{\text{その他の客席の部分の床面積}}{3\text{m}^2}$	30人以上
(3)	イ　待合、料理店その他これらに類するもの ロ　飲食店		30人以上
(4)	百貨店、マーケットその他の物品販売業を営む店舗又は展示場	従業者数＋ 従業員以外の者の使用する部分 (イ) $\frac{\text{飲食又は休憩の用に供する部分の床面積}}{3\text{m}^2}$ (ロ) $\frac{\text{(イ)以外の部分の床面積}}{4\text{m}^2}$	30人以上

(5)	イ　旅館、ホテル又は宿泊所	従業者数＋ (イ) 洋式の宿泊室については、ベッドの数に対応する数。 (ロ) 和式の宿泊室については、 (i) $\frac{\text{当該宿泊室の床面積}}{6\text{m}^2}$ (ii) 簡易宿泊所及び主として団体客を宿泊させるものについては $\frac{\text{当該宿泊室の床面積}}{3\text{m}^2}$ (ハ) 集会、飲食又は休憩の用に供する部分 (i) 固定式のいす席を設ける部分については、当該部分にあるいす席の席に対応する数。 $\left(\text{長いす席式のいす席にあっては、}\frac{\text{当該いす席の正面幅}}{0.5\text{m（1未満は切捨）}}\right)$ (ii) その他の部分　$\frac{\text{その他の部分}}{3\text{m}^2}$	30人以上
	ロ　寄宿舎、下宿又は共同住宅	居住者の数	50人以上
(6)	イ　病院、診療所又は助産所	従業者数（医師、歯科医師、助産師、薬剤師、看護師その他の者）＋ 病床の数＋$\frac{\text{待合室の床面積}}{3\text{m}^2}$	30人以上
	ロ　老人短期入所施設、養護老人ホーム、特別養護老人ホーム等	従業者数＋要保護者数（老人、乳児、幼児、身体障害者、知的障害者その他の者）	10人以上
	ハ　老人デイサービスセンター、軽費老人ホーム、老人福祉センター、老人介護支援センター等		30人以上
	ニ　幼稚園又は特別支援学校	教職員数＋幼児、児童、生徒の数	30人以上
(7)	小学校、中学校、高等学校、中等教育学校、高等専門学校、大学、専修学校、各種学校その他これに類するもの	教職員数＋児童、生徒、学生の数	50人以上
(8)	図書館、博物館、美術館その他これらに類するもの	従業者数＋$\frac{\text{閲覧室、展示室、展覧室、会議室、休憩室の床面積}}{3\text{m}^2}$	50人以上
(9)	イ　公衆浴場のうち蒸気浴場、熱気浴場その他これらに類するもの	従業者数＋$\frac{\text{浴場、脱衣場、マッサージ室、休憩室の床面積}}{3\text{m}^2}$	30人以上
	ロ　イに掲げる公衆浴場以外の公衆浴場		50人以上
(10)	車両の停車場又は船舶若しくは航空機の発着場（旅客の乗降又は待合いの用に供する建築物に限る。）	従業者の数	50人以上
(11)	神社、寺院、教会その他これらに類するもの	従業者数＋$\frac{\text{礼拝、集会、休憩の用に供する部分の床面積}}{3\text{m}^2}$	50人以上
(12)	イ　工場又は作業場 ロ　映画スタジオ又はテレビスタジオ	従業者の数	50人以上
(13)	イ　自動車車庫又は駐車場 ロ　飛行機又は回転翼航空機の格納庫		50人以上
(14)	倉庫		50人以上
(15)	前各項に該当しない事業場	従業者数＋$\frac{\text{主として従業者以外の者の使用に供する部分の床面積}}{3\text{m}^2}$	50人以上
(16)	イ　複合用途防火対象物のうち、その一部が（1）項から（4）項まで、（5）項イ、（6）項又は（9）項イに掲げる防火対象物の用途に供されているもの	各項の用途と同一の用途に供されている当該防火対象物の部分をそれぞれ１の防火対象物とみなして前項の規定を適用した場合における収容人員を合算して算定する。	30人以上
	ロ　イに掲げる複合用途防火対象物以外の複合用途防火対象物		50人以上

(16の2)	地下街	⒃項に同じ	30人以上
(17)	重要文化財、重要有形民俗文化財等	床面積 / 5㎡	50人以上

小規模テナントの特例
注・甲種防火対象物でその管理について権原が分かれている場合において、当該部分の収容人員が特定用途にあっては30人未満、非特定にあっては50人未満であるものについては、甲種又は乙種防火管理講習の課程を修了した者とすることができる。

その他の防火対象物	収容人員の算定方法	選任を要する収容人員数
新築工事中の建築物 外壁及び床又は屋根を有する部分が①～③の規模以上である建築物で、電気工事中等の工事中のもの ①　地階を除く階数が11以上で、かつ、延べ面積が１万平方メートル以上 ②　延べ面積が５万平方メートル以上 ③　地階の床面積の合計が5,000平方メートル以上	従業員の数（工事期間中で１日の工事従業員の数が最大となる数）	50人以上
新築工事中の建築物で、上記に該当し、かつ 建築基準法第７条の６第１項第１号若しくは第２号又は第18条第24項第１号若しくは第２号の規定による「仮使用認定」を受けたもの	次に掲げる数を合算して算出 １　「仮使用認定」を受けた部分は、前表の各項で算出した数 ２　従業員の数	
建造中の旅客船 進水後の旅客船でぎ装中のもので、かつ、甲板数が11以上	従業員の数（工事期間中で１日の工事従業員の数が最大となる数）	50人以上

（４）防火管理の実施単位

防火管理の義務があるかないかの判断は、事業所単位で行うのではなく、防火対象物全体の収容人員によって行わなければなりません。これは、火災が発生した場合、個々のテナントや事業所に止まらず防火対象物全体が運命共同体として被害を受けることになるからです。

したがって、防火対象物全体の収容人員によって防火管理を義務付けられることになれば、この防火対象物内の全ての管理権原者は、個々のテナントや事業所の収容人員の数が仮に少数でも防火管理の義務を負うことになります。

また、同一敷地内に管理権原者が同一複数の防火対象物がある場合は、これら複数の防火対象物を一の防火対象物とみなして収容人員によって防火管理が義務付けられます（次頁図参照）。

２ 管理権原者

（１）管理権原者とは

防火管理の義務は管理権原者が負います。この管理権原者というのは、通常、防火対象物の所有者や賃借人等を指しますが、管理権原者に係る消防法上の義務内容が、防火管理者の選任及び権限の付与がありますから先ず人事管理権を有し、次に、防火管理を進めていくためには経費が掛かりますから経費支出権が必要になります。そして最後に、防火対象物自体や設備を管理する施設管理権というものを備えていなければなりません。この様に、管理権原者というのは、人事管理権、経費支出権、施設管理権といった三つの権限を持っている人（法人や自然人）のことを指しています。

ちなみに、平成24年２月14日付消防予第52号通知では、管理権原者について次のような運用方針が示されています。

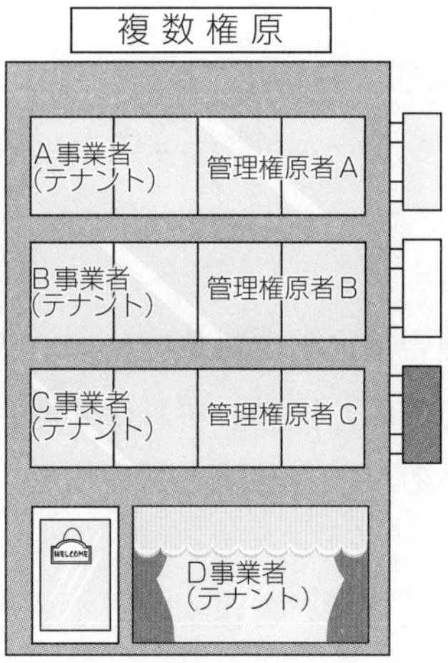

複合用途防火対象物

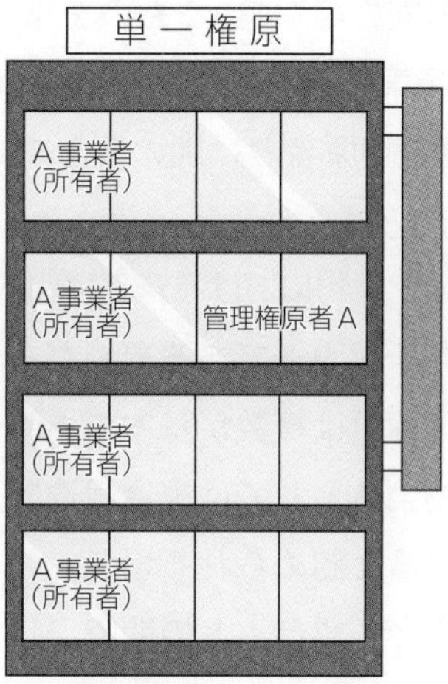

単一用途防火対象物

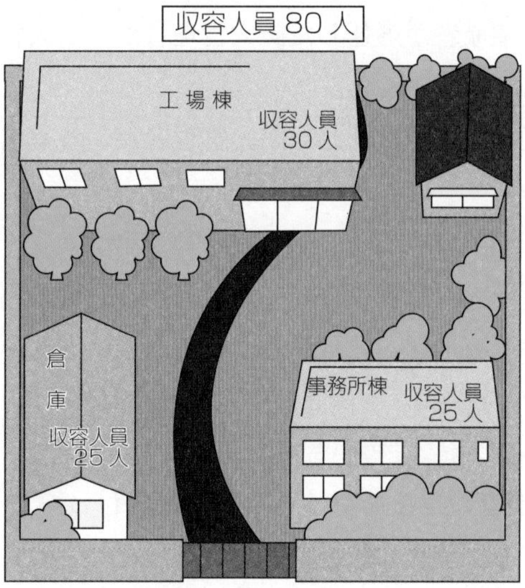

収容人員(80人)＝工場棟(30人)＋倉庫(25人)＋事務所棟(25人)

同一敷地内の防火対象物

【参考】

1　防火対象物等の「管理について権原を有する者」について

（１）「管理」及び「権原」

「管理について権原を有する者」(以下「管理権原者」という。)のうち、「管理」とは、防火対象物又はその部分における火気の使用又は取扱いその他法令に定める防火についての管理をいい、「権原」とは、ある法律行為又は事実行為を正当ならしめる法律上の原因をいう。

（２）「管理について権原を有する者」

（１）を踏まえると、管理権原者とは、「防火対象物又はその部分における火気の使用又は取扱いその他法令に定める防火の管理に関する事項について、法律、契約又は慣習上当然行うべき者」をいう。代表的な例としては、防火対象物の所有者、占有者等が想定される。

ただし、この判断に当たっては、防火対象物又はその部分の所有形態、管理形態、運営形態、契約形態のほか、「管理権原者の代表的な例」(19頁の表参照)を踏まえて総合的に判断する必要がある。また、「その他法令」とは、消防法第８条(以下「法」という。)や消防法施行令(以下「令」という。)第４条等の防火管理上必要な業務(防火管理に係る消防計画の作成、当該計画に基づく消火、通報及び避難の訓練の実施等）に係るものを指す。

なお、法第17条第１項等に規定する消防用設備等を適切に設置及び維持管理すべき「防火対象物の関係者」は、管理権原者とは別の概念であり、必ずしも同一人が該当するとは限らないことに留意する必要がある。

（３）複合用途防火対象物における管理権原者

管理権原者の判断が困難である事例が多く見られる複合用途防火対象物については、上記の整理により、その管理権原は複数が基本であり、単一となるのは、次のいずれかの場合と考えられる。

ア　防火対象物全体としては複合用途防火対象物であるが、当該防火対象物を１人の管理権原者が使用していると認められる場合

イ　管理権原者と各賃借人との間で、以下のように防火管理の責務を遂行するために必要な権限がすべて付与される取り決めが確認でき、統一的な防火管理を行うことができる場合

㈠　管理権原者が、各賃貸部分を含め防火対象物全体の防火に関する権限を有していること。

㈡　管理権原者又は管理権原者が選任した防火管理者が、防火管理上、必要な時に防火対象物の部分に立ち入ることができること。

㈢　管理権原者又は管理権原者が選任した防火管理者が、各賃借人に対する防火に係る指示権限を有していること。

（４）複合用途防火対象物以外の防火対象物における管理権原者

複合用途防火対象物以外の防火対象物についても、管理権原者の判断に当たっては、上記のように防火対象物又はその部分の所有形態、管理形態、運営形態、契約形態などを踏まえて総合的に判断する必要がある。

（５）建築物その他の工作物における管理権原者

法第36条に基づき防災管理者の選任を行うこと等が義務付けられている建築物その他の工作物における管理権原者についても、防火対象物における管理権原者の整理に準じるものとする。

２　「新築の工事中の建築物等における防火管理及び防火管理者の業務の外部委託等に係る運用について（平成16年３月26日付け消防安第43号）」における留意点

共同住宅等管理的又は監督的な地位にあるいずれの者も防火管理上必要な業務を適切に遂行することが困難な防火対象物については、消防法施行令の一部を改正する政令（平成16年政令第19号。以下「改正政令」という。）等の施行により、防火管理者の業務の外部委託等をすることができることとなっている。また、平成16年６月１日以降は、共同選任等を行っている防火対象物のうち、特に防火管理上必要な業務を適切に遂行されていない防火対象物については、「新築の工事中の建築物等に係る防火管理及び防火管理者の業務の外部委託等に係る運用について（平成16年３月26日付け消防安第43号。以下「外部委託通知」という。）」により、令第３条第２項の規定を適用するよう指導することとされている。しかし、管理権原が複数である防火対象物について、管理権原ごとの防火管理者の選任を指導すべきところ、共同選任により防火管理者を選任することを促す指導を行っている事例が引き続き見受けられることから、改正政令及び外部委託通知の趣旨を踏まえた指導を行うよう十分に留意されたい。なお、防災管理者の業務の外部委託等についても、防火管理者の業務の外部委託等の例に準じるものとする。

（２）管理権原者の責務

管理権原者には、消防法第８条第１項の規定により、防火管理者を定め、防火管理上必要な業務を行わせなければならないという責務が課されています。

この管理権原者の責務は、防火対象物に複数の管理権原者があったとしても、それぞれの管理権原者は防火管理者を選任しなければなりません。

①　管理権原者の管理責任

管理権原者は、防火管理義務の主体として、建築物、施設、防火管理体制等を適切に管理する義務があります。

②　防火管理者の選任・届出

管理権原者は、防火管理業務を行わせるために、防火管理者を選任して、所轄消防長又は消防署長に届出なければなりません。これを解任したときも同様です。

ただし、防火管理者を選任しても管理権原者の防火管理責任が免責されないことに注意する必要があります。仮に、防火管理者を選任しない場合には、選任するまでの間は管理権原者自身が防火管理業務を行わなければなりません。

③　管理権原者の監督責任

管理権原者は、防火管理の最終責任を負う者ですから、防火管理者をはじめ従業者に対して防火管理上必要な場合には指揮監督する義務があります。

◆管理権原者の代表的な例

形　　態	管理権原者	
	共有部分	専有部分
○所有者自身が管理する場合（防火及び防災業務の一部を委託する場合、総合ビル管理会社に管理全般を委託する場合を含む。） ○親会社所有の防火対象物等を子会社に管理委託する場合	・防火対象物等の所有者	・防火対象物等の所有者・所有者との賃貸借契約により入居している事業主
○所有者からビルを一括して不動産会社等が長期間借り上げて（マスターリース）、管理・運営を行うとともに、借り上げた不動産会社等が第三者に賃貸契約を結び転貸（サブリース）する場合	・防火対象物等の所有者 ・ビルを一括して借りる事業主	・防火対象物等の所有者 ・ビルを一括して借りる事業主との賃貸借契約により入居している事業主
○区分所有や共有の場合	・防火対象物等の所有者 ・管理組合 ※契約において区分所有者が組合等を設置し、その代表者にビル管理・運営に関する権限を与えている場合	・防火対象物等の所有者 ・所有者等との賃貸借契約により入居している事業主

○信託する場合（所有権が所有者から信託会社に移転の場合）	・信託会社	・信託会社との賃貸借契約により入居している事業主
○不動産証券化の場合	・信託銀行 ・特定目的会社(投資法人) ・アセットマネージャー（不動産経営）等 ※ 管理・運営状況等で判断	・信託銀行等との賃貸借契約により入居している事業主
○指定管理者制度の場合	・地方公共団体 ・指定管理者 ※条例において管理・業務の範囲が指定されることから、その業務内容から判断	・地方公共団体 ・指定管理者 ※条例において管理・業務の範囲が指定されることから、その業務内容から判断
○PFI事業の場合	・地方公共団体 ・特定目的会社 等 ※事案ごとに、PFI事業契約等の内容から判断	・地方公共団体 ・特定目的会社 等 ※事案ごとに、PFI事業契約等の内容から判断

3 防火管理者

（1）防火管理者とは

防火管理者とは、消防法第８条第１項の規定に基づき、管理権原者から選任される防火管理の責任者です。

防火管理者は、防火管理を全て一人で行わなければならないのではなく、多くの従業者等を指揮、監督して防火管理業務を円滑に実施していくことになりますから、管理的又は監督的な立場になければなりません。

（2）防火管理者の条件

防火管理者になるには、次の条件が備わっていなければなりません。

① 防火対象物において防火管理上必要な業務を行うことができる管理的又は監督的な地位にある者でなければなりません。

具体的に、大きな施設では、総務部長、安全課長、管財課長などが該当し、小規模な施設では、社長、専務、支配人、事務長などが当てはまります。

ただし、共同住宅その他総務省令（消防法施行規則第２条の２）で定める防火対象物で、管理・監督的な立場の者が遠隔地に勤務している等の事由により、防火管理上必要な業務を適切に行うことができないと消防長又は消防署長が認めた場合は、管理権原者から防火管理上必要な業務の内容を明らかにした文書を交付されており、かつ、当該事項について十分な知識を有していること、又は当該防火対象物の位置、構造及び設備の状況その他防火管理上必要な事項について説明を受けており、かつ、当該事項について十分な知識を有していること等の一定の条件を満たすものも防火管理者として選任することができます。

② 防火管理に関する知識、資格を有しなければなりません。

防火管理者の資格取得講習を修了した者、又は一級建築士等のように防火管理に関する学識経験と一定の実務経験を有する者などでなければ防火管理者になることはできません。

③　防火管理上必要な業務を行うために必要な権限が付与されていることなどの要件を備えている必要があります。

上記①のただし書きの場合、「管理権原者から防火管理上必要な業務の内容を明らかにした文書を交付されており、かつ、当該事項について十分な知識を有していること、又は当該防火対象物の位置、構造及び設備の状況その他防火管理上必要な事項について説明を受けており、かつ、当該事項について十分な知識を有していること等」の一定の要件を満たしておくことが求められています。

（３）防火管理者の資格

防火対象物は、その用途と規模によって甲種防火対象物と乙種防火対象物に区分され、防火管理者の資格もこれに対応して甲種と乙種に区分されています。

なお、甲種防火対象物で管理について権原が分かれている場合において、その権原に属する部分において当該部分の収容人員が、特定用途に供されるものにあっては30人未満（消防法施行令別表第１⑹項ロにあっては10人未満）、非特定用途に供される部分にあっては50人未満については、これらの部分に必要とされて防火管理の実情がある程度簡素化できることから、甲種防火管理講習の修了者のほか、乙種防火管理講習の修了者の中からも防火管理者を選任できます。

防火管理に必要な知識及び技能は、防火対象物の状態によって様々ですが、防火管理者の資格を付与するための防火管理講習は、防火対象物の区分に応じた必要な知識及び技能を習得させるために行われています。

①　甲種防火管理新規講習

甲種防火管理講習の修了者は、用途、規模、収容人員に関わらず全ての防火対象物の防火管理者になることができます。

②　甲種防火管理再講習

近年の防火対象物の使用形態が複雑化し、高度化しているなどの状況に鑑み消防法令も頻繁に改正が行われることから、防火管理者にとっても防火管理上必要な知識及び技能の更新が必要となっているため、収容人員300名以上となる比較的規模の大きな特定用途防火対象物の甲種防火管理講習を修了した防火管理者は、一定期間内（原則として、甲種防火管理講習又は再講習を受講した最初の４月１日から起算して５年以内）に再講習を受講しなければなりません。

ただし、法令上乙種防火管理者をもって防火管理業務を行うことができる防火対象物又は防火対象物の管理権原部分の防火管理者として甲種防火管理者が選任されている場合には、当該甲種防火管理者は再講習の受験義務を負いません。

③　乙種防火管理講習

乙種防火管理講習の修了者は、特定用途防火対象物で延べ面積が300㎡未満、非特定用途防火対象物で延べ面積が500㎡未満の乙種防火対象物、又は甲種防火対象物で管理権原が分かれているテナント部分で収容人員が、特定用途に供されるものにあっては30人未満（消防法施行令別表第１⑹

項ロにあっては10人未満）、非特定用途に供される部分にあっては50人未満の防火管理者になることができます。

◆用途区分と防火管理者の資格

用　途　区　分	収容人員	延べ面積	選 任 資 格
(6)項ロ又は(16)項イ及び（16の2）項で（(6)項ロの用途に供する部分が存するもの）	10人以上		甲種防火管理者
〔特定用途防火対象物〕 (1)項～(4)項、(5)項イ、(6)項イ、ハ、ニ、(9)項イ、(16)項イ、（16の2）項	30人以上	300㎡以上	甲種防火管理者
		300㎡未満	甲種又は乙種防火管理者
〔非特定用途防火対象物〕 (5)項ロ、(7)項、(8)項、(9)項ロ、(10)項～(15)項、(16)項ロ、(17)項	50人以上	500㎡以上	甲種防火管理者
		500㎡未満	甲種又は乙種防火管理者
新築中の建物（選任が必要なもの）	50人以上		甲種防火管理者
建造中の旅客船（選任か必要なもの）	50人以上		

◆防火管理義務の対象物での各テナントの防火管理者の資格

用　途　区　分	各テナントの収容人数	選 任 資 格
特定用途［(6)項ロもの］	10人未満	甲種又は乙種の防火管理者
特定用途［(6)項ロ以外のもの］	30人未満	
非特定用途	50人未満	

（4）防火管理業務

管理権原者が、防火管理者を選任して行わせなければならない防火管理上必様な業務は、消防法第８条第１項で次のようなものだと規定されています。

① 消防計画の作成

② 消防計画に基づく次のような防火管理上必要な業務

ア　自衛消防の組織を明確化

イ　消火、通報及び避難訓練の定期的な実施

ウ　消防の用に供する設備、消防用水又は消火活動上必要な設備の点検及び整備

エ　火気の使用又は取扱いに関する監督

オ　避難施設又は防火上必要な構造及び設備の維持管理

カ　収容人員の管理

キ　防火上の教育の実施

ク　火災、地震災害等の場合の消火活動、通報連絡及び避難誘導

ケ　防火管理についての消防機関との連絡

コ　その他防火管理上必要な業務

上記の防火管理上必要な業務を分類すると、災害予防管理と災害活動管理の二つに分けることができます。

※災害予防管理

火災を予防する立場から任務を分担し、予防管理体制の確立を図り、出火防止のための火気管理、建築物や設備等の点検や検査などの維持管理、収容人員の適正管理、従業員の防火教育のほか、防火管理上必要な業務を行います。

※災害活動管理

火災その他地震等の災害の場合に備えて自衛消防隊の教育、訓練を行うと共に、これらの事態が発生したときには自衛消防隊によって災害活動を行います。

（５）防火管理業務の一部委託

①　防火管理業務のうちの一部を委託できる。

近年、防火管理業務の一部を警備会社やビルメンテナンス会社に委託されるケースが増えています。委託された警備会社等は警備員を派遣し、常駐して業務に当たったり（常駐方式）、夜間など無人となった建物を巡回したり（巡回方式）、センサーなどによる機械監視（遠隔移報方式）を行ったりして防火管理業務にあたります。

②　一部委託しても防火管理責任に変更はない。

防火管理業務の一部が委託されても、防火管理業務に係る責任はあくまで管理権原者にあります。したがって、委託した業務とその他の防火管理業務は、密接に関連して一体的に行われなければなりません。そのためには日頃から派遣された警備員等も含めた指揮命令系統を確立しておき、消防計画に基づいた防火管理業務を行えるようにしておく必要があります。このため、防火管理業務を一部委託する場合には、次の事項を消防計画の中で明確にしておかなければなりません。

ア　受託者の氏名及び住所（法人にあっては名称及び主たる事務所の所在地）

イ　受託者の行う防火管理上必要な業務の範囲及び方法

（６）防火管理者の業務の外部委託

①　外部委託ができる場合

防火管理業務は、「自分のところは自分で守る」という基本的な理念から、自己の管理する防火対象物において、管理又は監督的な地位にある者のうちから防火管理者を選任して行わせることになっています。しかし、共同住宅、同一の管理権原者が管理している複数の防火対象物、同一防火対象物で複数の管理権原が分かれ、それぞれが少人数の防火対象物部分又は証券化された防火対象物等では、遠隔地での勤務やその他の事由によって、現に管理又は監督的な地位にある者を防火管理者に選任して、防火管理業務を行わせることができない場合が生じることがあります。そのために消防長又は消防署長が認めた場合に限り、外部の者に防火管理者の業務自体を委託することができるとされています。

②　外部委託できる要件

外部委託を行うには、次の要件が必要です。

ア　防災管理上必要な業務を行うための権限が管理権原者から付与されていること。

イ　管理権原者から防火管理上必要な業務の内容を明らかにした文書を交付されており、かつ、当該内容について受託する者が十分な知識を有していること。

ウ　管理権原者から防火対象物の位置、構造及び設備の状況その他防火管理上必要な事項について説明を受けており、かつ、当該事項について十分な知識を有していること。

（７）防火管理者の責務

防火管理者が防火管理上必要な業務を行うにあたって、遵守しなければならない事項等について消防法施行令第３条の２では、次のようことが定められています。

①　消防計画の作成と届出

防火管理者は、消防法施行規則第３条に定める事項について、消防計画を作成し、消防長又は消防署長に届出なければなりません。

消防計画は、防火管理の基礎となるものです。火災の発生を防ぎ、もし火災が発生した場合も被害を最小限にするために、それぞれの防火対象物に対応した消防計画を作成します。

②　消防計画に基づく火災予防業務

防火管理者は、消防計画に基づいて、次のような業務を行わなければなりません。

ア　消火、通報、避難訓練の実施

イ　消防用設備等、消防用水又は消火活動上必要な施設の点検及び整備

ウ　火気の使用又は取扱いに関する監督

エ　避難又は防火上必要な構造及び設備の維持

オ　収容人員の管理

カ　その他防火管理上必要な業務

③　適正、誠実な防火管理業務の遂行

防火管理者は、防火管理業務を行うに際しては、必要に応じて管理権原者に指示を求め、誠実にその職務を遂行しなければなりません。

④　防火管理従事者等への指示、監督

防火管理者は、消防の用に供する設備、消防用水若しくは消防活動上必要な施設の点検及び整備、又は火気使用若しくは取扱その他防火管理上必要な業務に関する監督を行うときは、火元責任者等の防火管理業務従事者（消防設備点検資格者等も含む。）に対して、必要な指示を与えなければなりません。

第３ 統括防火管理者制度

1 統括防火管理者とは

複数の事業所やテナントなどが同一の防火対象物に入居し、使用されているときには、防火管理業務の責任主体である管理権原者は複数存在することになります。この様な場合、それぞれの管理権原者は自己が管理する防火対象物の部分については、自ら防火管理者を選任して防火管理業務を行っていかなければなりませんが、万一、火災が発生したときには各事業所、テナントなどが予め連絡・協力体制を構築しておかないと、一つの運命共同体ですから、各管理権原者がバラバラな対応をしたのでは防火対象物全体で大きな被害を被ってしまうことになります。そこで、防火対象物全体の一体的な防火管理体制をつくり、防火管理の役割分担を明確にするため、それぞれの管理権原者が協議して防火対象物全体の防火管理業務を行う「統括防火管理者」を選任することが、消防法第８条の２で義務付けられています。

統括防火管理者は、防火対象物全体の消防計画の作成、消火、通報及び避難訓練の実施、廊下、階段、避難口その他避難上必要な施設の管理、その他防火対象物の全体についての防火管理上必要な業務を行います。

なお、複数の防火対象物において、同一の統括防火管理者を重複して選任することも可能ですが、防火対象物全体についての防火管理上必要な業務について、責務を果たすことができる者を選任しなければなりません。

2 統括防火管理者を定めなければならない防火対象物

統括防火管理者を定めなければならない防火対象物は、管理権原が分かれているもので、次に該当するものとなっています。

共同選任を、統括防火管理者制度と混同されている場合がありますので、注意が必要です。

① 高さ31mを超える高層建築物

② 特定防火対象物のうち、地階を除く階数が３以上で、かつ収容人員が30人以上のもの

※⑹項ロの用途に供する部分を含む特定防火対象物については、地階を除く階数が３階以上で収容人員が10人以上のものとなります。

③ 消防法施行令別表第１⒃項ロの複合用途防火対象物のうち、地階を除く階数が５以上で、かつ収容人員が50人以上のもの

④ 消防法施行令別表第１（16の３）項に定められた準地下街

⑤ 消防法施行令別表第１（16の２）項で消防長又は消防署長の指定した地下街

3 統括防火管理者の要件

統括防火管理者にあっては、防火対象物全体についての防火管理上必要な業務を適切に遂行する

ために必要な権限及び知識を有するものとして、次の要件を満たしていなければなりません。

つまり、管理権原者から以下の権限等が与えられている必要があります、

(1)　それぞれが有する権限のうち、防火対象物全体についての防火管理上必要な業務を適切に遂行するために必要な権限が付与されていること。

(2)　防火対象物全体についての防火管理上必要な業務の内容について説明を受けており、かつ、内容について十分な知識を有していること。

(3)　防火対象物の位置、構造及び設備の状況その他防火対象物の全体についての防火管理上必要な事項について説明を受けており、かつ、その事項について十分な知識を有していること。

4 統括防火管理者の資格

統括防火管理者に選任されるための必要な資格は、次の表のように区分されます。

◆統括防火管理者に必要な資格と防火対象物

<table>
<tr><th>資格</th><th colspan="2">防火対象物の区分</th><th>階数・延べ面積・収容人員</th><th>資格詳細</th></tr>
<tr><td rowspan="6">甲種防火管理者</td><td colspan="3">高層建築物</td><td rowspan="6">①甲種防火管理者
②大学又は高等専門学校において総務大臣の指定する防災に関する学科又は課程を修めて卒業し、かつ、１年以上防火管理の実務経験を有する者
③市町村の消防職員で、管理的又は監督的な職に１年以上あった者
④①～③に掲げる者に準ずる者で、総務省令で定めるところにより、防火管理者として必要な学識経験を有すると認められる者</td></tr>
<tr><td colspan="2">⑹項ロ、⒃項イ（⑹項ロの用途に供される部分が存するものに限る。）</td><td>地階を除く階数が３以上で、かつ収容人員が10人以上のもの</td></tr>
<tr><td colspan="2">⑴項～⑷項、⑸項イ、⑹項イ、ハ、ニ、⑼項イ、⒃項イ（⑹項ロの用途に供される部分が存するものを除く。）</td><td>地階を除く階数が３以上で、かつ収容人員が30人以上のもの</td></tr>
<tr><td colspan="2">⒃項ロ</td><td>地階を除く階数が５以上で、かつ収容人員が50人以上のもの</td></tr>
<tr><td colspan="2">（16の3）項</td><td>全て</td></tr>
<tr><td colspan="2">地下街</td><td>全て</td></tr>
<tr><td rowspan="3">乙種防火管理者</td><td rowspan="2">高層建築物</td><td>⑴項～⑷項、⑸項イ、⑹項イ、ハ、ニ、⑼項イ、⒃項イ（⑹項ロの用途に供される部分が存するものを除く。）</td><td>延べ面積が300㎡未満のもの</td><td rowspan="3">次のいずれかに該当するもの
①乙種防火管理者
②上欄の①～④に掲げる者</td></tr>
<tr><td>⑸項ロ、⑺項、⑻項、⑼項ロ、⑽項～⒂項、⒃項ロ、⒄項</td><td>延べ面積が500㎡未満のもの</td></tr>
<tr><td colspan="2">⑴項～⑷項、⑸項イ、⑹項イ、ハ、ニ、⑼項イ、⒃項イ（ただし⑹項ロの用</td><td>地階を除く階数が３以上で、かつ収容人員が</td></tr>
</table>

	途に供される部分が存するものを除く。）	30人以上で、延べ面積が300㎡未満の対象物	
	⒃項ロ	地階を除く階数が５以上で、収容人員が50人以上で、かつ延べ面積が500㎡未満の対象物	
	（16の3）項（ただし⑹項ロの用途に供される部分が存するものを除く。）	延べ面積が300㎡未満のもの	
	地下街（⑹項ロの用途に供される部分が存するものを除く。）	延べ面積が300㎡未満のもの	

5 統括防火管理者の選（解）任届出

統括防火管理者を選任した場合には、協議会の各管理権原者の連名（例外的に協議会の代表者名などでも可能な場合がある。）で消防長又は消防署長へ選任の届出を行う必要があります。解任の場合も同様です。

※　従来から、防火管理者の業務を外部委託していた場合には、総務省令で定める要件を満たしていれば、当該防火管理者も統括防火管理者として選任することが認められます。

6 統括防火管理者の責務

統括防火管理者は、各防火管理者と協力して、防火対象物全体の防火管理業務を推進するため、次のような責任と任務を負います。

（１）防火対象物全体にわたる消防計画の作成と届出

統括防火管理者は、消防法施行規則第４条に定める事項について、全体にわたる消防計画を作成し、消防長又は消防署長に届出なければなりません。

（２）防火上必要な業務の実施

統括防火管理者は、消防計画に基づいて、消火、通報及び避難訓練の実施、防火対象物の廊下、階段、避難口、その他必要な施設の管理、その他防火対象物全体についての防火管理上必要な業務を行わなければなりません。

（３）誠実な職務の遂行

統括防火管理者は、防火対象物全体についての防火管理上必要な業務を行うときは、必要に応じて防火対象物の管理権原者の指示を求め、誠実にその業務を遂行しなければなりません。

なお、この場合、管理権原者の指示を常に求める必要はなく、また、防火対象物に関係する全ての管理権原者に対して指示を求めなくとも、最も必要と認められる管理権原者に指示を求めれば足ります。

7 統括防火管理者とテナント等の防火管理者との関係

統括防火管理者は、各事業所、テナントなどの防火管理者に対して、防火対象物の全体の防火管理業務を推進するにあたって支障がある場合には、権限の範囲内で必要な措置を指示することができるようになっています。

なお、統括防火管理者が各防火管理者に行う指示の内容は、概ね次のようなものです。

(1)　廊下等の共用部分の物件の撤去について

(2)　防火対象物全体の消火、通報、避難訓練の不参加者に対して参加を促すこと。

8 その他必要事項

統括防火管理者制度の運用にあたっては、次のようなことにも注意することが大切です。

(1)　各管理権原者が協議して統括防火管理者を定める場合の協議方法は、任意に委ねられていることから、防火対象物に応じた事情に適合する方法で行えば足ります。

(2)　統括防火管理者が作成する消防計画は、各テナント等の防火管理者が作成する消防計画と整合している必要がありますが、そのためには統括防火管理者が作成する全体の消防計画が各管理権原者の確認を受け、各防火管理者と調整されなければなりません。また、全体の消防計画の内容は各管理権原者に周知することが極めて大事です。

(3)　防火対象物全体の消防計画には、各管理権原の範囲が明確になるように明示し、必要に応じて図面等を添付しておく必要があります。

(4)　防火対象物全体で行う防火上必要な訓練は、統括防火管理者の責務として行うもので各管理権原者ごとに行われる訓練とは別のものです。しかし、各管理権原者等の事情も考慮して全体の訓練と各管理権原者の行う訓練を合同で行うことも可能です。

第４防火対象物定期点検報告制度

1 防火対象物定期点検報告制度の意義

特定防火対象物に対しては、従来から防火管理者を選任して防火管理業務を行うことが義務付けられたり、複数の事業所、テナントなどが入居する防火対象物では共同防火管理が進められてきました。しかし、平成13年９月に発生した東京都新宿区歌舞伎町の雑居ビル火災では、防火管理者の未選任、消防計画の未作成、消防訓練の未実施の他、消防用設備等の維持管理の不備が認められるなど、数多くの防火管理上必要な業務が行われていなかったことから44名の犠牲者を発生させることになり、消防機関による立入検査や防火指導が徹底され難い状況の中で、これまでの防火管理や共同防火管理制度だけでは、防火管理の徹底を図ることは到底困難ではないかとの反省から、専門的知識を有する資格者に防火管理の状況を定期的に点検させる「防火対象物定期点検報告制度」が、平成14年４月の消防法の一部改正で創設されることになりました。

防火対象物定期点検報告制度は、「一定の特定防火対象物の管理権原者が１年に１回、高度な知識を有する防火対象物点検資格者に防火対象物の防火管理の状況を点検させ、その結果を消防機関に報告する」ものです。

この制度には、法令の遵守状況が優良な防火対象物には、点検と報告義務を免除する特例認定制度も併せて設けられています。

2 防火対象物の定期点検報告

（１）定期点検報告を行わなければならない防火対象物

消防法第８条第１項に該当する特定防火対象物のうち、消防法第８条の２の２第１項及び消防法施行令第４条の２の２に定められた、次のいずれかに該当する防火対象物が定期点検報告の義務を負います。

①　収容人員300名以上のもの

②　収容人員が300名未満のもののうち、地階又は３階以上の階に特定用途部分があり、その部分から地上に通じる階段が１系統（その階段が屋外階段、特別避難階段又は消防庁長官が認める屋内階段である場合を除く。）である防火対象物

（２）定期点検報告

前（１）の①、②に掲げる特定防火対象物の管理権原者は、１年に１回防火対象物点検資格者に、点検基準に従って防火管理上必要な業務や消防用設備等の維持、その他火災予防上必要な事項を点検させ、その結果を「防火対象物点検結果報告書」によって消防機関に報告しなければなりません。

防火対象物点検資格者の資格は、防火管理者や消防設備士としての実務経験が３年以上あるなどの要件を満たす者が、講習を修了することで取得できます。

また、防火対象物の防火管理者自身がこの資格を取得して、自らが管理する防火対象物の防火管

理状況等を点検することもできます。ただし、この場合には自身が行っている防火管理状況等を自ら評価するという面から、甘い点検結果になってしまう可能性が高いので注意が必要です。

（３）点検基準

定期点検を行うに当たっては、消防法施行規則第４条の２の６に定める以下のような点検基準に従って、点検を行います。ただし、点検項目に係る消防法令の基準が、当該防火対象物にない場合にはその項目について点検する必要はありません。

① 防火管理者の選任（解任）届出と消防計画の届出が消防機関に行われていること。

② 自衛消防組織の設置を要する防火対象物にあっては、自衛消防組織設置（変更）届出が行われていること。

③ 定められた消防計画に基づき、所定事項が適切に行われていること。

④ 統括防火管理者の選任が義務付けられている防火対象物では、防火対象物全体についての防火管理に係る消防計画と統括防火管理者の選任又は解任が消防機関に届出されていること。

⑤ 避難通路、避難口、防火戸等の管理について、避難の支障となる物件が放置され、又はみだりに存置されていないこと。

⑥ 防炎対象物品の使用を要する対象物品に、防炎性能を有する表示がされていること。

⑦ 圧縮アセチレンガスや液化石油ガス等、火災予防又は消火活動上重大な支障を生ずるおそれのある物質を貯蔵し、又は取扱っている場合には、その届出がされていること。

⑧ 消防用設備等が防火対象物の用途、構造及び規模等に応じて設置されていること。

⑨ 消防用設備等を設置した場合、必要な届出がされ消防機関の検査を受けていること。

⑩ その他、消防法又は消防法に基づく命令に規定する事項で、市町村長が定める基準に適合していること。

（４）点検結果の記録・保存

管理権原者は、点検の結果を消防法施行規則第４条の２の４第２項に定める防火管理維持台帳に記録し、保存しなければなりません。

3 定期点検報告の特例認定

定期点検報告義務が課せられている防火対象物にあっても、過去３年間継続して法令の遵守状況が優良な場合には、管理権原者が消防機関に申請し、検査を受けることによって特例認定を受けることができ、３年間点検と報告義務が免除されます。

（１）特例認定の要件

定期点検報告義務の免除を受けるための特例要件は、消防法第８条の２の３第１項で次のように定められています。

① 管理権原者が、当該防火対象物の管理を開始した日から３年以上経過していること。

② 過去３年以内において、消防法令に違反したことにより命令を受けたことがなく、又受ける

べき事由がないこと。

③　過去３年以内において、特例認定の取り消しを受けたことがなく、又受けるべき事由が現にないこと。

④　過去３年以内において、防火対象物の定期点検報告による点検報告を怠ったり、虚偽の報告を行ったことがないこと。

⑤　過去３年以内において、点検結果が基準に適合していると認められていること。

⑥　総務省令の定めるところにより、消防法令の遵守状況が優良なものとして一定の基準に適合していると認められること。

（2）特例認定の失効

特例認定を受けた防火対象物でも、次のような事由が生じた場合には特例認定が失効します。

①　認定を受けてから３年が経過したとき。

※３年の認定失効に際しては、改めて特例認定の申請をし、検査に合格すれば新たな特例認定を受けられます。

②　管理権原者が変更になったとき。

※管理権原者の変更があった場合には、変更前の管理権原者が消防機関にその旨を届ける必要があります。

（3）特例認定の取消し

次のいずれかの事由に該当する場合には、特例認定が取り消されます。

①　偽りやその他不正の手段で特例認定を受けたことが判明したとき。

②　防火対象物の位置、構造、設備又は管理の状況が法令に違反し、命令を受けたとき、又は受けるべき事由があるとき。

③　特例認定の基準に適合しなくなったとき。

4 防火セイフティマーク

防火対象物の定期点検で点検基準に適合していると認められるときは「防火基準点検済証」を、特例認定を受けたときは「防火優良認定証」を表示することができます（次頁参照）。

5 防火対象物に係る表示制度

この制度は、ホテル・旅館等からの申請に対して消防機関が審査を行い、消防法令等の防火基準に適合している防火対象物に「表示マーク」を交付するものです（次頁参照）。

表示マークの掲出はあくまでも任意で法令違反の問題は生じませんが、表示マークが掲出されている防火対象物は、一定の防火基準に適合しており、その情報を利用者に提供することを目的としていますので、ホテル・旅館等の関係者は積極的に表示マークの掲出に努めるべきです。

防火対象物定期点検報告制度等に基づく表示及び適用基準

<table>
<tr><td colspan="2" rowspan="3">制度ごとの表示
対象等</td><td colspan="2">防火対象物定期点検報告制度</td></tr>
<tr><td colspan="2">（防火セイフティマーク）</td></tr>
<tr><td>

消防機関が検査した結果、建物全体が過去3年間消防法令を遵守している旨のマーク。</td><td>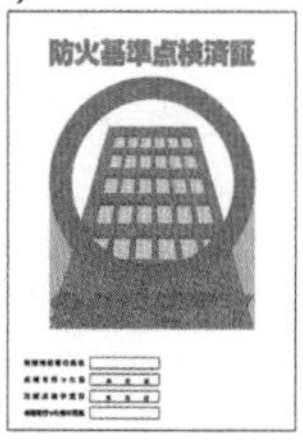

点検資格者が点検した結果、建物全体が点検基準に適合している旨のマーク。</td></tr>
<tr><td colspan="2">期　　間</td><td colspan="2">平成15年10月1日～</td></tr>
<tr><td rowspan="2">法定対象物</td><td>特例認定対象</td><td>特例認定基準</td><td>－</td></tr>
<tr><td>点検報告対象</td><td>－</td><td>法定点検基準</td></tr>
<tr><td colspan="2">法定外対象物</td><td>－</td><td>－</td></tr>
</table>

法定対象物　：防火対象物定期点検報告制度の適用を受ける旅館ホテル等
法定外対象物：防火対象物定期点検報告制度の適用を受けない旅館ホテル等

表 示 マ ー ク

<table>
<tr><td>金マーク</td><td>銀マーク</td></tr>
<tr><td>
</td><td>
</td></tr>
<tr><td>有効期間（交付から３年）</td><td>有効期間（交付から１年）</td></tr>
</table>

第2章

火気取扱いの基本知識

第1 火災に関する基礎知識

1 火災の基礎知識

(1) 燃焼現象

燃焼とは、一般的に「酸化反応に伴う発熱によって温度が上昇し、その結果として発せられる熱幅射線の波長及び強さが光として肉眼に感じるもの」とされていますが、言い換えれば「発熱・発光を伴う激しい酸化現象」と言えます。

(2) 燃焼条件

燃焼が起こるためには、**可燃物**(燃えるもの)・**酸素**(空気など)・**熱エネルギー**(点火源)が必要で、これを燃焼の三要素と言います。

燃焼するには、この三要素が同時に存在することが必要です。そしてこの中の一つでも欠ければ燃焼は起こらず、その継続も不可能となります。

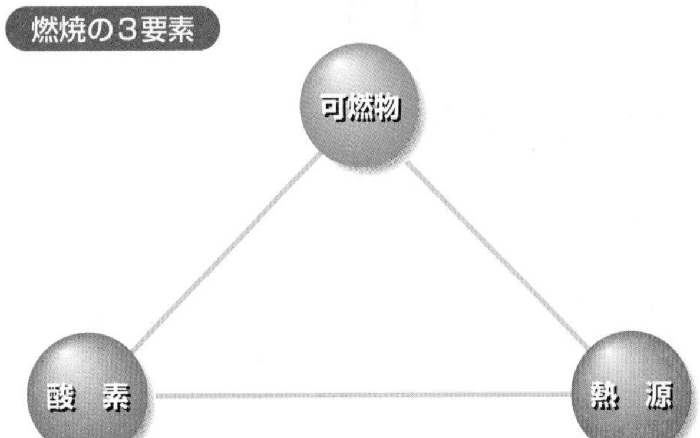

可燃物　木材、灯油、プロパンガスなどのように、燃え易く酸化され易いものを可燃物と言いますが、酸化されにくいもの、また、水や二酸化炭素などのようにすでに酸素と化合している物質は、不燃性物質として、可燃物と区別されます。

酸素　通常の燃焼において、燃焼に必要な酸素は空気中の酸素によって供給されます。空気には5分の1の酸素が含まれているので、燃焼の発生及び継続は空気の供給と密接な関係があります。

熱エネルギー　火気はもちろんのこと、電気、静電気、摩擦、衝撃などによる火花や自然発火の原因となる酸化熱など、物理的又は化学的な現象によって熱エネルギーとなるものは、われわれの身辺いたる所に存在しています。

（3）燃焼の形態

可燃物の性状や物質の特性に応じて、次のような燃焼の形態に分類されます。

◆燃焼の形態

燃焼区分		燃焼物例	状態	燃焼形態
定常燃焼	混合燃焼	ガスバーナーの燃焼、ガスの爆発燃焼	気体	あらかじめ可燃性気体と空気中の酸素を混合したものを噴出して燃焼する。
	非混合燃焼			可燃性気体が大気中に噴出して燃焼する。
非定常燃焼				可燃性気体と空気との混合ガスが密閉容器中で点火されると、燃焼の速さが急激に増加して爆発的に燃焼する。
分解燃焼		木材・石炭	固体	固体が加熱されて熱分解が起こり可燃性蒸気を発生し、空気中の酸素と混合して燃焼する。
自己燃焼		火薬・セルロイド		分解燃焼のうち、空気中の酸素を必要としないで、その物質中に含まれている酸素によって内部燃焼する。
蒸発燃焼		ナフタリン・しょう脳		固体そのものが燃えるのではなく、個体が加熱されることによって可燃性蒸気を発生し、空気中の酸素と混合して燃焼する。
表面燃焼		木炭・コークス		固体の表面が高温を保ちながら燃焼する。
蒸発燃焼		ガソリン・エーテル	液体	液体そのものが燃えるのではなく、液体から蒸発する可燃性蒸気が空気中の酸素と混合して燃焼する。

（4）燃焼範囲

可燃性ガスや可燃性液体の蒸気は、空気と適度な割合で混合した場合に限り燃焼します。可燃ガス等の濃度が濃すぎても又逆に薄すぎても燃焼しません。この様な燃焼の起こる濃度の範囲を「**燃焼範囲**」又は「**爆発範囲**」といいます。

（5）引火と発火

物が燃えるきっかけには、**引火**によるものと**発火**によるものがあります。

①　**引火**

引火とは、ものに火源を近づけたときに炎を発して燃え始めることをいいます。木材等の固体が熱分解して発生した可燃ガスや可燃性液体が蒸発して、これらのガス又は蒸気が燃焼範囲の下限の濃度になったときの温度を引火点と呼んでいます。

②　**発火**

発火とは、ものを加熱していくと、火源がなくても自ら炎を発して燃え始める現象のことをいいます。

われわれの生活は依然として「紙と木」の文化を愛好し、かつ切り離されないのですから、紙はともかくとして、木がどうして燃えるのかという基本的な理解は必要で、この理解が深まることにより場合によっては、当該防火対象物の火災を未然に防止することが可能になるかもしれません。それでは次に簡単に、木材の燃焼のメカニズムを示します。

木材の着火と引火　木材が何らかの火源で加熱されると、加熱の状態に応じた速さで内部に熱が伝わり、100℃程度になると水分が放出され乾燥状態になります。さらに加熱が続くと熱分解が進み、一酸化炭素（CO）、水素（H）、メタン（CH4）などやタールなどの可燃性気体や液体が生成されます。この熱分解は温度が高くなるほど反応も激しくなり、これが空気ともに可燃性混合気を形成し、これは口火によって引火し、これによって木材は炎を上げて燃焼するようになります。

このときの温度は（240 ～ 270℃）で、一般的には引火点とされ、さらに加熱が続けば、口火がなくても自然に燃え出します。この温度は（400 ～ 470℃）であり、一般的には発火点と言われています。この点、プラスチックなどの燃焼は異なり、引火点が融点より高いものがあって、火災現場などでは炎に炙られ、溶けて滴り落ちながら燃えるという特異な燃え方をします。

木材の無炎着火　木材は通常、加熱されれば炎を上げて燃えるのですが、しかし、加熱温度が低かったり、酸素が不足するような場合、あるいは加熱による生成ガスが拡散するような場合には、加熱しても引火、着火は起こらず、木材自身が消し炭状態となるような場合があります。しかし、燃焼はしているのですから、酸素が供給されれば発火し、急速に燃え出すような場合があるので注意が必要です。布団にたばこ火を落としたような場合には、このような燃え方をします。

木材の長期低温出火　木材の出火機構として特徴的なものに、低温による長期加熱による発火があります。この理由の一つに、木材が低温（100 ～ 280℃）で長期にわたって加熱された場合、緩やかではあるが徐々に熱分解を起こして炭化が進み､内部では中心部に熱が蓄積されるようになり、やがて外周温度より高くなって発火に至るというものがあります。

木材からの出火は一般には、裸火のような炎に直接曝されなければ起こらないように思い、つい油断するのですが、木材の発火温度以下でも長期に加熱されると出火に至る場合があるのです。暖房用スチームパイプに木材が接触していて出火した事例や、サウナ風呂で電熱器を熱源としているような場合、火災が頻発したのもこのような出火メカニズムによるものでした。旅館等の厨房から火気が使用されていないのに、深夜出火したという事例はかなりあるのですが、それは前夜の団体客等の宿泊により、長時間火気を使用したことが一つの引き金となって、炭化が進んでいた木材部分から出火したという理由も十分考え得るのです。

◆引火・発火及び燃焼・爆発範囲

名　　称	引火点（℃）	発火点（℃）	燃焼範囲（爆発範囲）（%）		蒸気比重（空気＝1）
			下限	上限	
ガソリン	－40以下	300	1.4	7.6	3～4
灯　　油	40～60	255	1.1	6	4.5
プロパン	ガス	466.6	2.2	9.5	1.56
エチルアルコール	12.8	422.7	3.3	19	1.59
水　　素	ガス	584.8	4	75	0.069
一酸化炭素	ガス	651.2	12.5	74	0.967

（6）爆発

爆発とは、物質が物理的又は化学的に**反応して急激に膨張**することによって、高い圧力を発生し、周辺のものを破壊したり変化させる現象をいいます。

爆発には、都市ガス、プロパンガス、水素ガスなどの可燃性ガスによるものを「ガス爆発」、砂糖、小麦粉、石炭の粉のような微粒子が空気中に浮遊しているものによるものを「粉じん爆発」、酸化性物質と還元性物質のように、２種類以上の物質が混じり合うことによって起こる「混合爆発」などがあります。

名称		燃焼範囲（爆発範囲）（%）	
		下限	上限
都市ガス	13A	4.1	18.0
	12A	5.3	16.6
	6A	8.1	39.5
	5C	5.6	42.4
	L1（6B・6C・7C）	4.9	41.4
	L2（5A・5B・5AN）	6.7	39.9
	L3（4A・4B・4C）	7.0	49.3

2 消火方法

消火するとは、燃焼の連続を遮断すればよいのですから、燃焼の三要素すなわち、①可燃物、②酸素、③熱エネルギーのうちの、一要素を取り除けばよいということになります。その他には、燃焼の連続を遮断するため、酸化反応に直接関係のない物質を加えて、酸化反応を断ち切る作用を利用した負触媒消火法というものもあります。一般の消火においては、各々の消火方法が組み合わされることとなります。

（1）除去消火法

燃焼の一要素である可燃物を取り去って消火する方法です。例えば、ガスの元栓を閉めればガスの供給が断たれ可燃物は完全に除去されて燃焼は止まります。

（2）窒息消火法

燃焼の一要素である酸素の供給を断つことによって消火する方法です。一般に、酸素は空気から供給される場合が多いので、この供給を断てば当然燃焼は継続しません。このようにして消火するのが窒息消火法であり、不燃性の泡、ハロゲン化物、二酸化炭素または不燃性固体を用いる方法などがあります。

（3）冷却消火法

燃焼の一要素である熱エネルギーから熱を奪い、燃焼物を引火点又は固体の熱分解による可燃性ガス発生温度以下にすることによって、燃焼の継続を遮断する方法です。すなわち、消火剤を用いて燃焼物を冷却し消火するのが冷却消火法です。

（4）希釈消火

可燃性ガス等の濃度を燃焼範囲以下に薄めることによって消火する方法で、燃焼しているアルコールのような水溶性液体を水で薄めて消火する方法等がこれに該当します。

（5）その他の消火方法

燃焼は物質が酸素と反応して起こる化学反応の一つですから、ハロゲン化物などのように、その反応を抑制する効果を発揮（負触媒効果）する物質を用いて消火する方法があります。前記のような消火方法を物理的作用による消火方法としますと、これは化学的消火方法ということができます。

3 火災の性状

（1）火災の定義

火災とは、「人の意図に反して発生し、若しくは拡大し、又は放火により発生して消火の必要がある燃焼現象であって、これを消火するために消火施設又はこれと同程度の効果のあるものの利用を必要とするもの、又は人の意図に反して発生し、若しくは拡大した爆発現象」をいいます。

（2）建物火災の性状

近年、建築物の不燃化が進み、従来とは異なってその防火性能は格段に向上しています。

しかし、建築物内で使用される什器等の収容物には石油化学製品等の燃え易い物も多く、そのため火災の際の発煙量を多くして、有毒ガスを発生させ避難行動に支障を及ぼしている状況がある一方、建物の燃焼自体にも大きな影響を与えています。

建物火災は、構造の違いによって壁や屋根等の躯体の燃え易さなどから、概ね次のような特性があります。

◆火災の特性

木造・防火造の建物	○耐火建物火災に比べて燃焼速度が速く、短時間で最盛期になる。 ○建物全体から炎を噴出することもあり、他の建物へ延焼しやすい。 ○壁体の間を炎が伝わり、気づかないうちに建物全体へ燃え広がることがある。 ○窓ガラスの破損等により新鮮な空気が流入し、一気に火勢が強まる。 ○火災の最盛期以降は外壁のはく離、倒壊が起こりやすい。 ○外壁、軒・屋根裏に火が残ることがある。 ○飛び火することがある。 ○火災により可燃性ガスが発生し、そのガスに引火して一瞬のうちに炎が広がるフラッシュオーバー現象が起きることがある。
耐火建物	○気密性が高く空気不足になるため、木造建物に比べて燃焼速度は緩やか。 ○煙が外部に出にくく、建物内に濃煙、熱気がこもりやすい。 ○開口部の窓ガラスなどが破損すると、新鮮な空気が流入して急速に燃焼するバックドラフト現象が起きることがある。 ○階段、エレベーター、パイプスペースなどを伝わって上階へと延焼し、立体的な火災に進展する。

4 火災による煙の危険性

火災が発生したとき、炎と共に非常に恐ろしいのが煙です。多くの火災では火災の発生初期に発生する煙によって逃げ場を失ったり、煙に含まれる有毒ガスによって死亡するケースが増えています。

煙は、火災時の燃焼に伴って発生する多様なガスと煤などの微粒子を含んだ熱気流ですが、一般に煙の危険性として注意が必要なのは、主に一酸化炭素の毒性と見通しの阻害ということです。

（1）煙の速度

不幸にして初期消火に失敗したり、あるいは防火戸や防火シャッターが閉鎖されなければ、火災によって生じた大量の煙は、四周及び上階（階段、ダクト等を経て）に伝播します。まず廊下に流れ出た煙は水平に移動します。特にフラッシュオーバー以降は、火勢が強くなって煙の量も急激に増えるのですが、火災室から流れ出す煙の水平動速度は、通常、0.3 ～ 0.8m／秒とされています。この場合火災初期の間では、火災室に流れ込む新鮮空気が明瞭な二層流となるので、姿勢さえ低くすれば煙を吸わずに脱出する可能性はあります。しかし廊下に流れ出た煙の層は、次第に厚くなり煙層は天井面から床に向かって下がり、次いで階段あるいはパイプシャフトなどがあれば、その浮力効果によって竪穴の最上部まで一気に上昇することになります。このときの垂直の上昇速度は３～５m／秒とされています。

（2）煙と有毒性

火災のときに発生する有毒ガスは、燃焼現象によって必ず発生する一酸化炭素（CO）を多量に含んでいるのですが、しかし現在使用されている数多くのいわゆる「新建材」や、プラスチック等の日用品などから、シアンガス（HCN）や塩化水素ガス（HCl）等も少量発生するので、これらの相乗効果によって「煙死」する危険性がさらに高くなるとされています。右図は火災実験による一酸化炭素（CO）等の変化を示しています。

火災室ガス濃度

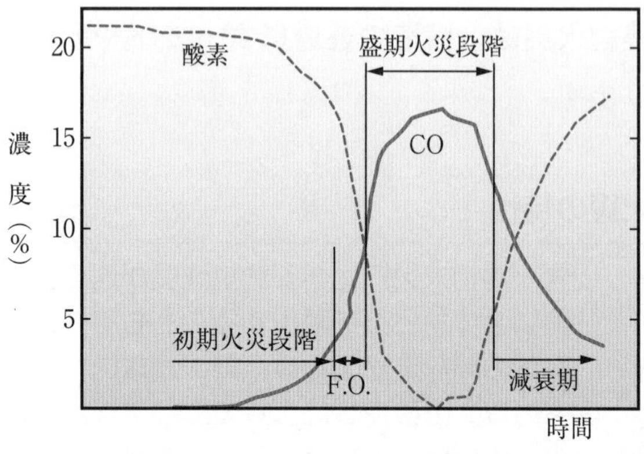

堀内三郎『新版建築防火』

この実験結果によれば、出火後にフラッシュオーバーが起きるとともに、一挙にCOが増加することも、O_2（酸素）も急激に低下していることを示しています。このことからもフラッシュオーバー以後、出火室では人間が生存し得ないことがよく分かります。特にこれらの中でも注意が必要なのはCOで、たとえ微量であっても人間の生理機能に致命的障害を与えかねません。COが体内に吸収されると血液中のヘモグロビンと結合し、血液中のO_2の運搬を阻害して、その結果、脳の中枢神経がO_2不足となり頭痛・めまい・失神の後、死亡に至るとされています。

次表に示すようにCO濃度が１％程度で数分間呼吸すれば死亡するとされるのですから、フラッシュオーバー以後は火災室から噴出された濃煙が新鮮空気によって希釈されるとしても、これにも限界があって、このため上階の在館者もフラッシュオーバー以後は極めて危険な状態にさらされると言わざるを得ません。まだ煙が来ないからなど安心するのは間違いで、煙が来たときにはすでに遅いのです。

◆急性一酸化炭素中毒症状

空気中CO濃度（%）	吸入時間	CO-Hb濃度	影　　響
0.01 ～ 0.02%		10 ～ 20%	比較的強度の筋肉労働時呼吸促迫。時に軽い頭痛
0.02 ～ 0.03%		20 ～ 30%	頭痛、耳鳴り、眼失閃発
0.03 ～ 0.06%	4～5時間	30 ～ 40%	激しい頭痛、悪心、嘔吐、外表の鮮紅色、やがて運動能力を失う
0.07 ～ 0.10%	3～4時間	40 ～ 50%	頻脈、呼吸数増加、やがて意識障害
0.11 ～ 0.15%	1.5 ～3時間	50 ～ 60%	チェーンストーク呼吸、間代性痙攣を伴い、昏睡
0.16 ～ 0.30%	1 ～ 1.5時間	60 ～ 70%	意識消失、失禁
0.50 ～ 1.00%	1 ～2分	70 ～ 80%	反射低下、呼吸障害、死亡

酸素濃度低下と人間の反応（昭和大学医学部山口裕教授による）

酸素濃度	21～18%	16～14%	12～10%	8～7%	6%以下
状　態				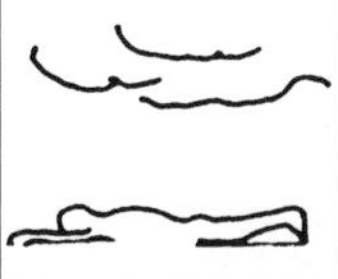	
反　応	急ぎ脱出可能	呼吸、脈拍増、はきけ、頭痛、めまい	全身脱力、意識もうろう、おう吐、失神	失神、昏倒 7～8分以内に死亡	瞬時に昏倒、呼吸停止、けいれん、6分で死亡

（3）煙と見通し距離

このように煙の毒性によって、避難の際に大勢の人が死亡するという例が多いのですが、もう一つ避難にとって大きな障害となるものに煙中の見通し距離の問題があります。

避難は煙濃度がなるべく薄い火災初期に避難することが大切なのですが、その限度は減光係数Csと見通し距離Dとによって、次のような関係にあるとされています。

煙中実験の主婦たち

ちなみにCs 0.1というのは減光率10%と同じで、煙がうっすらという段階です。さて次表の③欄はどの程度の煙濃度まで人は耐えられるかを実験室で見たものですが、Cs 0.1 ～ 0.15で一般人は心理的動揺が激しく、中には耐え切れず思わず実験室から飛び出した人さえいたと報告されています。従って、一般にはこのあたりがパニックを起こさない限度と言えるでしょう。さらにその時の歩行速度は１m／秒程度ですから、やっと煙の水平移行速度に追いつかれない程度しか歩けないとになります。

また次表の①欄はCsと見透し距離の関係を示していますが、例えば、Cs 0.15では最大26m前後がその煙中での見透し距離となります。従って、避難するにはおよそCs 0.1あたりまでだと考えておく必要があります。つまりこの程度の煙なら、そう不安も覚えず、そこそこの速さで煙中を突き切って避難することは可能です。特にフラッシュオーバー以後は煙が一挙に増えるのが特徴ですから、まだ煙がこの程度ならとか、あるいはもう一度、大事な物を取りに行ってなどという行動は、死を意味することになりかねないのです。

◆煙濃度（減光係数Cs）とその影響

①	減光係数Cs（l／m）と 見透し距離D（m）の関係	誘導標識の見透し $D=\frac{2\sim4}{Cs}$（室内照明40ＬＸ） 誘導灯の見透し　$D=\frac{5\sim10}{Cs}$（室内照明80ＬＸ）	
②	歩行速度V（m／s）	Cs＝0.2以下　V＝1　（最も遅い者の速さと同調） Cs＝0.5以上　V＝0.3（暗中歩行と同じ）	
③	心理的動揺の開始 （血圧などにより測定）	Cs＝0.1～0.15	一般人の被験者の場合
		Cs＝0.3～0.5	煙実験について詳しく説明を受けた被験者

5 火災時の心理と行動

予期せぬ事態に直面したとき、人は不安や恐怖によって理性的な判断ができなくなり、感情的な行動や本能的な対応をすることがあります。火災時においても煙が漂ってきたのを見て、自制心を失い、恐怖心にさいなまれるという感情に陥り、わけもなく悲鳴を上げ騒ぎ立てて人を押しのけて周囲の人達を危険に晒すという行動をとることもあります。また、火災時の避難行動には特性もあると言われていますので、こうした行動特性を防火管理に生かす工夫が大切になってきます。

（1）正常性バイアス（正常化の偏見）

災害時の人の心理の一つに正常性バイアスというものがあります。一般には、正常化の偏見、正常への偏向、日常性バイアスと呼ばれることもあります。

これは、異常事態が発生しても、それを正常な範囲内のことと捉え、心を平静に保とうとする働きを指し、火災時にこうした心理から避難行動を起こさないということが起こります。例えば、火災報知設備等のベルが鳴っている非常事態のときに、それを異常と認識せず、避難行動が遅れてしまうということがあります。

実際、避難を必要とする人達や避難誘導を行うべき従業員らが正常性バイアスに陥り、結果的に被害を大きくするということも少なくないのです。日頃から、早い段階の避難行動をとれるような対策を講じておくことが重要です。

（2）火災時の行動特性

人は煙が漂ってきて火災の発生を認識すると、恐怖や苦痛から逃れようとして避難行動をするとき、一定の特性があると言われています。その行動特性を知った上で避難対策をとることも必要です。

① **帰巣性**……不案内な建物の中などでは､入ってきた経路を逆戻りしようとすることがあります。

② **日常動線志向性**……恐怖のあまり、日頃から使っている通路、階段等を避難しようとする傾向があります。

③ **向光性**……夜間の火災や停電によって暗くなった中では、できるだけ明るい方向に避難しようとします。

④ **危険回避性**……煙や炎の見えない方向へ方向へと避難し、目前の危険性だけに着目して行動をとる傾向があり、火炎に追いつめられると高所や窓から飛び降りるという行動をとります。

⑤ **追従性**……自分で避難方向を判断できず、闇雲に大勢が逃げる方向についていく傾向があります。

⑥ **その他**……恐怖のあまり体が硬直したり、動けなくなってしまい速やかに避難行動がとれないことが起こります。

（3）パニック

火災などに際して激しい恐怖や不安を感じ、人々がヒステリックになって一斉に駆け出したり、意味もなく右往左往するような混乱を引き起こすことをパニックといいます。あるいはこの様な行動にでる前の差し迫って緊迫した心の混乱状況をパニックということもあります。

火災時に避難口に殺到してアーチアクションを生じ､円滑な避難行動を阻害することがあり､却って整然と並んで出入り口を通過した方が、短時間で避難できたということもあります。群集が狭い場所に一気に押し寄せることで「群衆なだれ」を発生させ、特に高齢者や幼児などの運動能力が低い人たちを押しつぶしたり、階段から落としてしまうことがあります。このような状態を発生させないためにパニックの起こる要因を知って、適切な避難誘導の方法を検討することが大切になってきます。

火災避難に際して起こる群衆のパニックは、概ね次のような要因によって発生すると言われています。

① 緊迫した状況で生命の危険が目前に迫っていると多くの人たちが認識している。

② 何とか危険から逃れることができる可能性があると皆が認識している。

③ 避難時間や避難口等に制限があり、早くそこを抜け出さないと間に合わなくなるという様な強い不安を持っている。

④ 何が起こっているのか情報が全く入ってこないために人々が何も分からない。

そこで以上のようなパニック要因に対応して、次のような具体的な避難対策をとることが望まれます。

ア　①、②の要因に対して、火災から「必ず助かる」という安心放送や連絡を行う。

イ　③の要因に対して、「十分に時間に余裕があるから、冷静に避難行動をとって下さい。」といった明確な指示を、避難誘導を行う従業者が具体的に行う。

ウ　建物の中でどういう火災が発生しているのか出火情報を放送等で知らせる。

エ　部屋の出口では、「急ぐほど避難が遅くなる」ことから、殺到してアーチを作らないよう整理してゆっくり避難させる。

第3章
出火防止と収容人員の管理

第1　火気使用設備・器具等の維持管理と火気使用取扱いの監督

防火管理の中で基本的な業務は、出火防止という観点で火気の管理とその指導、監督です。火気使用設備・器具の設置や維持管理をはじめ、喫煙等の様な火気の取扱いに関して積極的に注意を払っていくことが求められています。

1 火気使用設備・器具に関する規制

消防法第９条では、ボイラー、給湯湯沸設備その他直接火を使用する設備又はその使用に際し、火災の発生のおそれのある設備に係る位置、構造、管理、こたつ、移動式ストーブ等の火を使用する器具又はその使用に際し、火災の発生のおそれのある器具の取扱いに関する事項は、政令で定める基準に従い**市町村条例**で定めることになっています。

2 火気使用設備・器具等の種別

火気使用設備・器具等は、その形態、性状、使用燃料等によって次のように大別されます。

（1）形態、性状による分類

①　火を使用する設備

日常、設置後固定されるなど容易に移動できない状態で使用される設備で、炉、ボイラー、固定式ストーブ、壁付暖炉、風呂釜、温風暖房機、厨房設備、乾燥設備、サウナ設備、簡易湯沸設備、給湯湯沸設備などを挙げられます。

②　火を使用する器具等

容易に移動できる状態で使用される器具で、移動式ストーブ、コンロ、アイロン、ドライヤー、電熱器などが挙げられます。

③　使用に際し、火災の発生のおそれのある設備・器具

この設備・器具で直接火を使うことはありませんが、その使用に際して火災の発生のおそれがあるもので、グラビア印刷機、ゴムスプレッダー、起毛機、反毛機、製綿機、受変電設備等の電気設備、避雷設備、火消しつぼなどがあります。

(2) 使用燃料による分類

① 液体燃料を使用する設備・器具

② 固体燃料を使用する設備・器具

③ 気体燃料を使用する設備・器具

④ 電気を熱源とする設備・器具

◆出火原因別の火災発生状況

(1) 全火災

原因別	件数	構成比	前年比	増減率(%)
たばこ	3,104	8.9%	▲477	−13.3%
たき火	2,824	8.1%	▲106	−3.6%
こんろ	2,792	8.0%	▲126	−4.3%
放火	2,497	7.2%	▲260	−9.4%
火入れ	1,684	4.9%	▲74	−4.2%
電気機器	1,611	4.6%	▲22	−1.3%
放火の疑い	1,555	4.5%	▲255	−14.1%
電灯電話等の配線	1,398	4.0%	▲178	−11.3%
配線器具	1,206	3.5%	▲146	−10.8%
ストーブ	1,076	3.1%	▲68	−5.9%
排気管	641	1.8%	▲64	−9.1%
電気装置	585	1.7%	▲84	−12.6%
マッチ･ライター	571	1.6%	4	0.7%
交通機関内配線	358	1.0%	▲18	−4.8%
灯火	354	1.0%	▲73	−17.1%
溶接機・切断機	335	1.0%	▲84	−20.0%
火あそび	321	0.9%	▲103	−24.3%
焼却炉	303	0.9%	▲43	−12.4%
取灰	253	0.7%	29	12.9%
煙突・煙道	156	0.4%	▲45	−22.4%
風呂かまど	136	0.4%	▲43	−24.0%
内燃機関	120	0.3%	▲7	−5.5%
衝突の火花	111	0.3%	15	15.6%
炉	98	0.3%	▲42	−30.0%
ボイラー	54	0.2%	3	5.9%
かまど	46	0.1%	▲7	−13.2%
こたつ	38	0.1%	▲5	−11.6%
その他	6,244	18.0%	▲485	−7.2%
不明・調査中	4,220	12.2%	▲228	−5.1%
計	34,691	100%	▲2,992	−7.9%

(2) 建物火災

原因別	建物火災		うち住宅火災	
	件数	構成比	件数	構成比
こんろ	2,735	14.1%	1,809	17.1%
たばこ	1,858	9.6%	1,297	12.3%
電気機器	1,228	6.3%	522	4.9%
放火	1,149	5.9%	674	6.4%
配線器具	1,062	5.5%	544	5.1%
ストーブ	1,047	5.4%	815	7.7%
電灯電話等の配線	1,027	5.3%	530	5.0%
放火の疑い	578	3.0%	308	2.9%
たき火	430	2.2%	148	1.4%
電気装置	386	2.0%	64	0.6%
灯火	343	1.8%	288	2.7%
マッチ･ライター	255	1.3%	177	1.7%
溶接機・切断機	185	1.0%	16	0.2%
取灰	164	0.8%	86	0.8%
火入れ	159	0.8%	46	0.4%
煙突・煙道	140	0.7%	84	0.8%
火あそび	134	0.7%	89	0.8%
焼却炉	133	0.7%	26	0.2%
風呂かまど	132	0.7%	118	1.1%
炉	87	0.4%	6	0.1%
排気管	42	0.2%	6	0.1%
ボイラー	40	0.2%	22	0.2%
かまど	39	0.2%	13	0.1%
こたつ	37	0.2%	37	0.4%
交通機関内配線	29	0.1%	7	0.1%
内燃機関	18	0.1%	6	0.1%
衝突の火花	2	0.0%	0	0.0%
その他	3,420	17.7%	1,320	12.5%
不明・調査中	2,506	12.9%	1,506	14.3%
計	19,365	100%	10,564	100%

【令和２年（1月～12月）火災の状況】

3 火気使用設備・器具等ごとの日常の安全管理

火気使用設備・器具の具体的な管理方法は前述した種別ごとや使用環境などによって異なりますが、基本的な管理基準は市町村の条例で次のように規定されています。

（１）火を使用する設備

① 設備周囲の安全環境を維持すること。

これらの設備の周囲は、周囲の可燃性物件から火災予防上安全な距離を確保し、可燃物を存置しないよう整理・清掃しておくことが大切です。

② 設備の構造を維持すること。

火気使用設備や付属設備は、必要な点検、整備を行い、火災予防上有効に保持すること。特に、破損箇所を見つけても「まだ使える」と安易に考えて修理をしないというようなことは極めて危険です。

③ 設備周辺は、設備を破損するおそれのある物件や可燃物が倒れたり、落下しないように注意すること。

④ 設備に応じた適正な燃料を使用すること。

⑤ 燃料の性質などによって異常燃焼を生じるおそれのある設備については、使用中は監視人を置くか、又は異常燃焼防止のための安全装置を設置するなどの措置を講じておくこと。

（２）火を使用する器具等

① 建築物及び可燃物から火災予防上安全な距離として以下に定められている距離以上の距離を保って使用すること。

　ア　各市町村の火災予防条例

　イ　対象火気設備等及び対象火気器具等の遠隔距離に関する基準

② 可燃性のガス又は蒸気が滞留するおそれのない場所で使用すること。

③ 地震等により器具が容易に転倒や落下したり、また可燃物が落下するおそれのない場所で使用する。

④ 不燃性の床又は台の上で使用する。

⑤ 故障や破損したものを使用しない。

⑥ 本来の目的以外の不適当な使用をしない。

⑦ 本来の燃料以外の燃料を使用しない。

⑧ 器具の周囲には燃料等の可燃物を放置せず、常に整理・清掃に努める。

⑨ 燃料漏れがないかどうか確認してから点火する。

⑩ 使用中は器具を移動させたり、燃料を補給したりしない。

⑪ 展示会その他の多数の者の集合する催しに際して火を使用する器具を使うときは、消火器の準備を行うこと。

⑫ 漏れたりあふれたりした燃料を受けるための皿を設ける。

⑬ 必要な点検及び整備は、知識と技術を有した者に行わせ、火災予防上有効に保持する。

⑭　通電した状態でみだりに放置しない。
⑮　安全装置をみだりに外したり、器具と不適合なものに取り替えたりしない。
⑯　その他取扱説明書等に記載された注意事項を守って使用する。

（３）使用に際し、火災の発生のおそれのある設備

①　設備周囲の安全な環境を維持する。
内容については、前（１）①に同じ。
②　設備の構造を維持する。
内容については、前（１）②に同じ。
③　グラビア印刷機などの火花を生じ、かつ、可燃性の蒸気又は微粉を放出する設備のある室内では、常に整理・清掃に努めるとともに有効に換気し、みだりに火気を使用しないこと。
④　変電設備や発電設備などの電気設備のある室内は、常に整理・清掃に努め、油ぼろその他の可燃物をみだりに放置しないこと。また、有効に換気し、水の侵入や浸透がないかチェックするとともに、係員以外の者をみだりに出入りさせないこと。
⑤　電気設備は、必要な知識及び技術を有する者に点検・整備させること。

４ 火気使用取扱いの監督

防火管理者の重要な業務の一つに、「火気使用取扱いの監督」があります。防火管理者は、火気使用取扱いの監督に当たっては、条例に定める火気使用設備・器具の管理の基準や火の使用の制限等を守らせるとともに、防火担当責任者や火元責任者に対して適切な指示を行わなければなりません。この場合、出火危険箇所の見回り、チェックリストの作成等により組織的な出火防止体制を確立することができる様に最大限努めることが重要です。

（１）一般的留意事項

火気使用の取扱いの監督を行ううえで、次のような点について留意します。
①　火気使用場所を一覧表又は配置図等により明らかにしておき、それぞれの場所ごとに火元責任者を指定する。
②　臨時に火気を使用する場合は、防火管理者の承認（許可）を受け、使用内容に応じた安全対策を講じる。
③　取扱者には当該設備・器具又は取扱行為に精通している者を指名し、新たな設備等を使用する場合や未熟な者が取扱う場合は十分に教育する。
④　使用し又は取扱う火気に応じ、安全な使用取扱方法を定める。
⑤　使用開始前に当該設備等の状態や周囲の整理・清掃状況を確認する。
⑥　燃料、使用目的等に応じた正しい使い方をする。
⑦　火気使用中は、当該使用場所をみだりに離れず、監視を続ける。
⑧　異常を発見した場合は、直ちに防火管理者又は火元責任者に報告する。
⑨　火気使用後は、確実な消火やガス栓等の閉止を励行する。

⑩　終業時には、火元責任者等が元栓の閉止状況や電源の遮断状況等を再度確認する。
⑪　その他火気使用設備・器具の取扱基準等を遵守する。

(2) 喫煙管理

出火原因の上位は喫煙に関連しています。出火の経緯を見ると、吸殻のポイ捨てや吸いかけのたばこの置き忘れといったような、喫煙者のマナーや習慣に問題があるものが多くなっていますが、従業員等に対する喫煙管理の不徹底や、客に対する配慮が欠けていた点も見られ、防火対象物に出入りするすべての人に対する喫煙管理の徹底が不可欠です。

喫煙の管理には次のような事項に十分留意する必要があります。

①　喫煙場所と喫煙禁止場所を明確に指定し、掲示等により徹底を図る。
②　歩行中の喫煙、くわえたばこ、寝たばこ等は厳禁する。
③　喫煙場所には、しっかりとした大きめの灰皿を必要個数配置するとともに、灰皿には必ず水を入れておく。
④　終業時等における点検体制を確立し、灰皿の後始末は、可燃物と分離した吸殻専用の不燃性容器に吸殻をまとめ、水をかけて二重の安全を図る。
⑤　終業時等における点検は、灰皿の後始末はもとより、廃棄物集積場所、ダストシュート、物置、器具置場等たばこの不始末の予想される場所、たばこの吸殻が可燃物とともに集積される場所等を重点的にチェックする。
⑥　旅館等においては、宿泊客の退出後は客室を必ず点検し、押入れ等も確認する。

(3) 劇場、百貨店等における喫煙等の制限

万一火災が発生した場合に特に人命の危険が大きいことから、不特定多数の人が出入りする以下に掲げるような消防長（消防署長）が指定する場所では、喫煙したり、裸火を使用したり、火災予防上危険な物品を持ち込んではならないとされています。

また、このような場所には「禁煙」「火気厳禁」「危険物品持込み厳禁」等の標識を掲げて周知しなければならないと定められています。

消防長（消防署長）が指定する場所

①　劇場、映画館、演芸場、観覧場、公会堂若しくは集会場の舞台又は客席
②　百貨店、マーケットその他物品販売業を営む店舗又は展示場の売り場又は展示部分
③　文化財保護法の規定によって重要文化財、重要有形民俗文化財、史跡若しくは重要な文化財として指定され、又は旧重要美術品等の保存に関する法律によって重要美術品として認定された建築物の内部又は周囲
④　その他火災が発生した場合に人命に危険が生ずるおそれのある場所

このような場所で、業務上やむを得ず喫煙や裸火を使用したり、危険物品を持ち込んだりする場合には、消防機関の承認を受け、承認条件となる火災予防上必要な措置をとらなければなりません。

(4) たき火などの制限

たき火も、たばこと並び、毎年、出火原因の上位を占めています。たき火が出火原因となるケー

スの多くは、たき火の周囲の可燃物に炎を近づけたり、火の粉が飛んだということにより出火しています。

また、きちんと消火せずに放置したり、残り火の処置が不十分であったために出火する例も多く見られ、たき火を行う場合は、徹底した管理を行わなければなりません。

①　通常の気象状況下でたき火を行う場合の遵守事項

たき火を行う場合に必要な措置は、市町村の条例によって規定されていますが、一般的には次のような事項をまもらなければなりません。

ア　風向き、風速などの気象条件を考慮して、周囲の可燃物との距離を十分に保つ。

イ　突風などによって、予想以上に火炎が延びたり、火の粉が飛ぶことがあるので、常に監視を怠らない。

ウ　たき火を行う場合は、水バケツ、消火器などを準備し、残り火の始末を完全に行う。

エ　火の粉や火のついたものが飛ばないように、なるべく金属缶などの容器を用いて行い、残り火は完全に消火する。

オ　火災と紛らわしい煙や炎を発する場合は、あらかじめ消防長又は消防署長に届け出る。

②　火災警報発令時の規制

湿度が低く、風が強い場合には、市町村長は消防法第22条に基づき、火災に関する警報を発することができます。

火災警報が発令されると、市町村条例により、たき火などの火の使用が制限されます。

火災警報が発令された場合においてのたき火など火の使用については、一般的には以下のように規制されます。

ア　山林、原野等において火入れをしない。

イ　煙火（花火）を消費しない。

ウ　屋外において火遊び又はたき火をしない。

エ　屋外においては、引火性又は爆発性の物品その他の可燃物の付近で喫煙しない。

オ　山林、原野等の場所で、火災が発生するおそれが大であると認めて市町村長が指定した区域において喫煙しない。

カ　残り火（たばこの吸殻を含む。）、取灰又は火の粉を始末する。

キ　屋内において裸火を使用するときは、窓、出入口等を閉じて行う。

（5）屋外における催しの防火管理

祭礼、縁日、花火大会その他の多数の者の集合する屋外での催しのうち、大規模なもので、対象火気器具等（ガスコンロなど）を使用することで火災予防上危険であると認めて消防長等が指定したものを開催するときは、その主催者は防火担当者を定め、指定を受けた催しを開催する日の14日前までに火災予防上必要な業務に関する計画を定め（届出が必要）、当該計画に基づく防火管理業務を行わせることを、条例によって定められています。

第２ 工事中の防火管理

建物の改装などにおいては、溶接・溶断における火花の発生、塗装作業での溶剤の取扱い、作業員の喫煙など、火災の原因となる行為が数多くあります。

また、建物の一部を使用しながら工事をする場合、スプリンクラー設備や自動火災報知設備等の機能を一時的に停止することもあり、火災の発見や初期消火が遅れることも起ります。

防火管理者は、工事中における出火の危険性が高いことを承知し、工事関係者へ火災時の対応など、管理の徹底をしなければなりません。

工事期間中は、塗料・溶剤等が多量に持ち込まれることがあるので、火災予防条例等の少量危険物など必要な届出を行っておく必要があります。

1 溶接作業など

溶接の火花は3,000 ~ 6,000℃といわれるほど高温です。

溶接や溶断作業、グラインダーなどの火花を発する作業、トーチランプ等による加熱作業、アスファルトなどの溶解作業を行う場合、溶炎や火花の飛散による火災を防止するため、次のような作業の制限や火災予防上必要な措置を講じる必要があります。

①　可燃物の付近では作業をしない。やむを得ない場合は、不燃材料で遮へい、移動可能な可燃物は除去する。

②　引火性又は爆発性のある物品の場所では作業をしない。

③　建物内で可燃性蒸気や粉じんのあるところでは、換気や除じん、清掃を十分に行い、火気の取扱いを制限する。

④　消火器等の消火準備をするとともに、作業をする周辺の事前の点検、作業の監視を十分に行う。

⑤　作業終了後の点検を十分に行う。

2 喫煙管理等

工事現場には、木材などの可燃性の材料やくず、危険物品などが多量に存在することから、喫煙に配慮し管理を徹底しなければなりません。

①　作業現場では、火災予防上安全な場所に水を入れた吸殻入れを設置し、喫煙場所以外での喫煙は禁止する。

②　作業中のくわえたばこは厳禁とする。

③　採暖用のストーブを使用する場合は、耐震装置付きのものを火災予防上安全な場所に設置し、管理を徹底する。

3 可燃物の管理

工事現場では、塗料や接着剤などの引火性の物品、アセチレンガスや酸素などの高圧ガス、木材などの可燃性資材が多量に持ち込まれます。

また、内装工事などで塗料や接着剤などを使う場合には、室内に引火性の蒸気が滞留して、わずかな火や火花でも引火するおそれがあります。火気の取扱いの管理を徹底し換気を十分に行う必要があります。

また、危険物品の持込みは、工事の工程に伴って必要となる最小限の量とし、火災予防上安全な場所に保管することが望まれます。

4 工事中の放火防止対策

放火が原因による工事現場の火災も多く発生していますので、次のようなことに注意が必要です。

①　工事資材の整理・整頓を心掛ける。

②　関係者以外は立入禁止とし、出入口等の施錠を確認する。

第３ 防火材料・防炎物品

火気を使用する場所には、出火及び火災拡大を防止するために燃えにくい材料や物品を使用することが大切です。

1 不燃材料等

建物の壁や天井等の部分に可燃性の材料が用いられていると、出火と同時に短時間に延焼拡大し、又は多量の発煙によって初期消火や避難行動が阻害されることがあります。そのため、建物の居室やその他の部分の内装等に不燃材料、準不燃材料、難燃材料等が使用されています。

(1) 不燃材料

通常の火災による火熱が加えられた場合、加熱後20分間、次の要件を満たす材料をいう。

①　燃焼しない。

②　防火上有害な変形、溶融等がない。

③　避難上有害な煙、ガスが発生しない。

例…コンクリート、レンガ、瓦、鉄鋼、せっこうボード（厚さ12mm以上）など

(2) 準不燃材料

通常の火災による火熱が加えられた場合、加熱後10分間、上記①～③の要件を満たしている材料をいう。

例…せっこうボード（厚さ9mm以上）、木毛セメント板（厚さ15mm以上）など

(3) 難燃材料

通常の火災による火熱が加えられた場合、加熱後５分間、上記①～③の要件を満たしている材料をいう。

例…難燃合板（厚さ5.5mm以上）、せっこうボード（厚さ７mm以上）など

2 防炎物品

出火延焼防止の観点から、カーテン、カーペット等に容易に着火せず、たとえ着火しても燃え広がらないように防炎性能を持たせたものを防炎物品といいます。

高層建築物や特定防火対象物等で使用するカーテン、じゅうたん等は、消防法第８条の３で防炎物品の使用が義務付けられています。

<table>
<tr><th colspan="3">防炎物品の種類</th><th>防炎表示の様式</th></tr>
<tr><td colspan="3">1　布製のブラインド、展示用の合板、どん帳その他これに類する舞台において使用する幕、舞台において使用する大道具用の合板及び工事用シート並びにこれらの材料</td><td>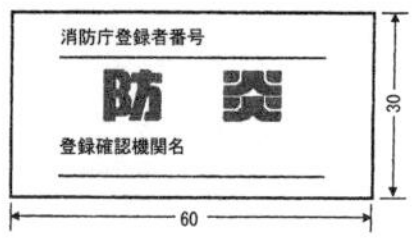
</td></tr>
<tr><td colspan="3">2　じゆうたん等及びその材料</td><td>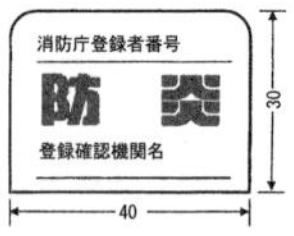
</td></tr>
<tr><td rowspan="4">3　1及び2に掲げる防炎物品以外の防炎物品（カーテン、暗幕）</td><td rowspan="3">イ　消防庁長官が定める防炎性能に係る耐洗濯性能の基準に適合するもの</td><td>(1)　水洗い洗濯及びドライクリーニングについて基準に適合するもの</td><td>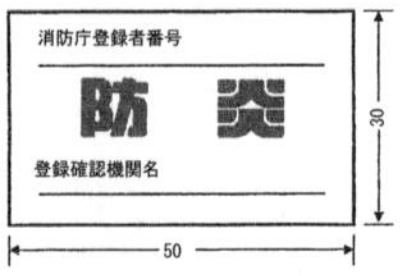
</td></tr>
<tr><td>(2)　水洗い洗濯について基準に適合するもの</td><td>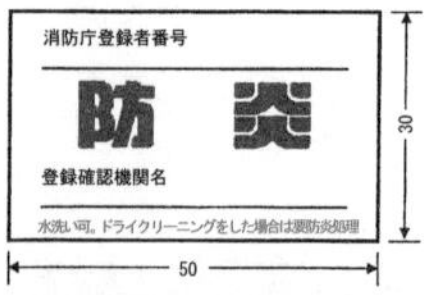
</td></tr>
<tr><td>(3)　ドライクリーニングについて基準に適合するもの</td><td>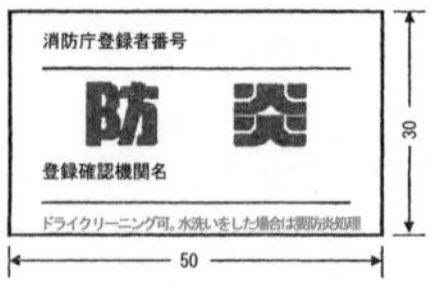
</td></tr>
<tr><td colspan="2">ロ　イに掲げるもの以外のもの</td><td>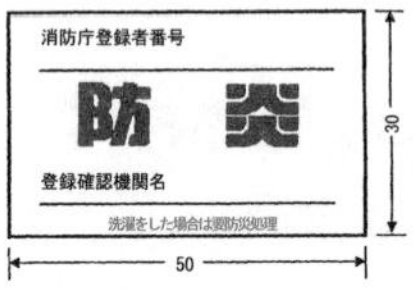
</td></tr>
</table>

第４ 放火防止対策

1 放火火災の現況

放火（放火の疑いを含む。）による出火件数は、毎年増える傾向にあります。全体の火災のうち約１割が放火若しくは放火の疑いによるものです。

放火された場所は、建物内部では居間・廊下・階段・物置・車庫等、外部では外壁・軒下・門・塀など、多くが建物とその周辺のものに放火されています。これらの場所は、部外者の出入りが容易か、人目につかないところです。

また、放火と放火の疑いによる火災の出火時刻は、20時以降翌朝６時頃までの夜間から明け方にかけて特に多くなっています。

2 放火火災の防止対策

（1）一般的留意事項

放火火災を防止するためには、事業所の状況に応じた対策を講じて放火される危険性をなくすことが重要です。人の出入りが自由な防火対象物では、次のような事項について常に気をつけます。

① 廊下・階段室・洗面所など死角となりやすい場所の整理・整頓として、可燃物を置かない。
② 物置・倉庫・空室など普段人がいない場所には鍵をかけて、出入りができないようにする。
③ 出入口をなるべく限定し、入出者の確認・監視等を行う。
④ アルバイト・パート・出向者等の臨時従業員を把握し、不法侵入を防ぐ。
⑤ 客と従業員のトイレを共用するなど不審者の発見に努める。
⑥ 死角となる場所には、監視カメラを設置したり、巡回監視を行う。
⑦ 内装材・装備品には不燃材・防炎物品を使用する。

（2）就業時間外の留意事項

① 敷地内・建物内への侵入防止対策を講じる。
② 最終帰宅者・火元責任者が火気の後始末・施錠を確実に行う。
③ 事情により放火されやすい状況になる場合、時期的に監視を行う等臨機応変な対策を講じる。
④ 夜間・休日も巡回を行い、放置可燃物を整理・整頓・撤去する。
⑤ 複数人で合い鍵を使う場合、保管場所を察知されて侵入されないよう鍵の管理に気をつける。

第５ 収容人員の適正管理

1 収容人員の管理の必要性

防火対象物には、用途・規模等によってそれぞれ収容できる人数に限界があります。これは、防火対象物の避難施設等の能力に限界があるためで、高層建築物等では、建築基準法で収容人員に見合う避難上必要な施設の数や幅員を定めています。

したがって、防火対象物やその部分に過剰な人員を収容すれば、災害時には混乱のために避難行動が妨げられ、避難効率が落ちて、状況によってはパニックを引き起こしてしまう可能性もあります。

こうしたことから、防火管理者は、消防法施行規則第１条の３に規定される収容人員を参考にして、それを超える人数を収容することがないよう適正に管理しなければなりません。

2 客席等の避難管理

劇場、キャバレー、百貨店等の不特定多数の人を収容する施設では、従業員以外の人の出入りする通路、客席等の部分について、市町村条例で一定の基準を定めています。これに従って避難管理を徹底する必要があります。

◆避難管理の項目（条例により規定）

劇場、映画館、演芸場、観覧場、公会堂又は集会場	
●座席の間隔、幅及びいすの固定等 ●客席部分における避難通路の設定	●立見席の位置、奥行き及び手すりの設置等 ●定員管理
キャバレー、カフェ、ナイトクラブ、飲食店	
●客席部分における避難通路の設定	
百貨店、マーケットその他の物品販売店舗、展示場	
●売場又は展示場部分における避難通路の設定	●避難の用に供する屋上広場の管理等

3 主な用途別定員管理と避難管理

（１）百貨店等

百貨店、マーケットその他の物品販売店舗、展示場、博物館、美術館等においては、消防法施行規則第１条の３に定められた収容人員を目安に、通路部分に人があふれたりしないよう管理します。

① 防火管理者は、各階の売場や催物会場等に収容できる人員を、売場面積や構成等を考慮して事前に定め、従業員等に徹底しておく。

② 催事場及び特売場の開設に伴い混雑が予想される場合は、必要の都度、掲示板や放送等によ

り入場規制を行うとともに、避難通路の確保、避難誘導の配置など必要な混乱防止措置をとる。
③　避難口、避難階段を明示した館内案内板を出入口、階段口など要所に掲示する。
④　火災時の避難経路、避難要領について必要に応じ館内放送を行う。

（2）旅館・ホテル等

旅館、ホテル、宿泊所等の就寝施設を有するものについては、宿泊者数の適正管理はもちろん、宿泊者等の状況に適応した避難管理を徹底して行う必要があります。

①　消防法施行規則第１条の３に定められた人員を目安に各室ごとに定員を定め、当該定員を超えて宿泊させない。
②　最大定員の決定に当たっては、補助ベッドの数や一時的に宿泊室として使用する室についても考慮し、特に和式宿泊室の最大定員については厳密に定めておく。
③　宿泊客名簿等で当日の宿泊者数を把握することはもちろん、その在館、外出の別を常に把握するよう努める。
④　高齢者や身体不自由者などの宿泊室は、災害時には安全、確実、迅速な避難が可能となるよう配慮する。
⑤　宿泊室の見やすい場所に、当該宿泊室から屋外へ通ずる避難経路を明示した避難経路図を掲出するとともに、宿泊者の到着時に、従業員は宿泊者に対して避難口、避難方法（二方向以上の避難経路）を、速やかに教示する。
⑥　高齢者や障害者等がしっかりした福祉施設に入れず、そこから溢れて防火機能の劣る宿泊所等に入居している状況もあるので、実質的に福祉施設と同程度の対応が必要になる。

（3）病院・社会福祉施設等

病院、社会福祉施設等で、就寝施設を有するものにおける身体的弱者の避難管理については、次の項目によって徹底しなければなりません。

①　入院患者、入所者等の収容管理

ア　重症患者、高齢者、乳幼児など自力で避難することが困難な者は、できるだけ低い階に収容する。
イ　より重症度の高い患者等は、同一階においても、ナースステーションや避難口の近くに収容する。
ウ　やむを得ず自力避難が困難な患者等を高い階に収容する場合は、非常時に職員がどのような方法、避難経路によって救出するか事前に定めておくなど特別に配慮する。

②　入院患者、入所者等の把握

ア　入・退院のチェックを励行し、患者等の数・氏名等を病棟又は施設ごとに常に把握するとともに、介護者や見舞客の出入りについても把握するよう努める。
イ　管理日誌、外出許可証等によって長期療養を必要とする入院患者等の外出・外泊を確認する。

③　入院患者、入所者等の避難区分

ア　入院患者等を病状、障害の程度等に応じて、自力避難できない者、介添え等により避難可能な者、自力避難が可能な者に事前に区分し、病室の入口やベッド等に避難区分を明確に表示する。

イ　各病棟及び施設の責任者（看護師長、院長等）は、常に避難区分を把握し、看護師、介護者、一般職員等に周知徹底する。

④　**避難施設の案内**

ア　入院・入所時に、重症者を除く歩行可能な患者等に対して、非常口扉の開放を確認させるなど具体的な避難方法を教示しておく。

イ　病室等の見やすい位置に、病室等から屋外へ通じる避難経路（二方向以上の避難経路）を明示した避難経路図を掲出する。

4 催物の開催時における避難管理

防火対象物によっては、期間を限定して本来の用途と、使用目的が異なった用途に一時的に使用される場合があります。

このように、一時的に防火対象物の一部を映画、集会、物品販売、展示等のために使用する場合、臨時に行われるために従業員や主催者が不慣れな場合も多く、人員や避難の管理がおろそかになるおそれがあります。

したがって、事前に十分な検討を行い、使用用途に応じた避難対策を講じ、適正に管理しなければなりません。

第4章

施設・設備の維持管理

第1 施設・設備の維持管理の必要性

消防法や建築基準法では、防火対象物の用途、構造、規模及び収容人員に応じて、一定の消防用設備等や、避難階段、防火戸等の防火施設の設置について義務付けを行っています。しかし、どれ程防火機能の優れた消防用設備等や防火・避難施設が設置されていたとしても、それらが適正に維持管理されていなければ、万一火災が発生したときに、早期に火災の発生を知らせたり、初期の段階で消火を行い、迅速に避難することさえ不可能になるばかりか、消防機関の消火活動すら十分に展開できない事態になることも起こってきます。そうなれば、折角の消防用設備等や防火・避難施設は、最初から設置していなかったのと同じことになってしまいます。

また、消防用設備等には、いつ火災が発生しても保有する機能を発揮しなければならないことから、品質を確保するために検定制度が設けられています。

以上のようなことから、消防用設備等や防火・避難施設が本来持っている機能を十分発揮できるように、維持管理の徹底を図ることが極めて重要だということを理解できると思います。

1 消防用設備等の種類と役割

火災が発生したとき初期消火を行うためには、消火手段が必要です。このため消防法では、防火対象物の用途、規模、構造等に応じて、それぞれ必要な消火設備の設置を義務づけています。このほか出火を早期に感知したり、あるいは火災であることをいち早く対象物内全体に知らせる設備としての警報設備や、避難の際に必要な避難設備もそれぞれ設置しなければならないのですが、消防法ではこれらを総称して「消防用設備等」と呼んでいます。

防火管理者にとって、自分の管理する防火対象物にどのような消防用設備等が設置されているのか、あるいはその消防用設備等が、どのような機能を持っているのかを知っておくことは、初期消火の成否を直接左右するばかりでなく、通報・避難誘導等にも直ちにかかわってきます。従って、平素から消防用設備等の点検・維持管理等は、防火管理者の業務の中でも重要なものの一つとなるのです。

次に「消防用設備等」の概要をみてみることにします。なお、消防法令に規定されている「消防用設備等」を設置していれば、必ず安全であるとも言えない場合もあるのですから、各防火対象物に応じた安全対策を常に考えておく必要があります。法律が安全を守ってくれるわけではありません。

消防用設備等のいろいろ

- 消防の用に供する設備
  - 消火設備
    - ・消火器及び簡易消火用具（水バケツ、水槽、乾燥砂、膨張ひる石又は膨張真珠岩）
    - ・屋内消火栓設備　・スプリンクラー設備　・水噴霧消火設備　・泡消火設備
    - ・不活性ガス消火設備　・ハロゲン化物消火設備　・粉末消火設備　・屋外消火栓設備
    - ・動力消防ポンプ設備
  - 警報設備
    - ・自動火災報知設備　・ガス漏れ火災警報設備　・漏電火災警報器
    - ・非常警報設備（非常ベル、自動式サイレン、放送設備）
    - ・非常警報器具（警鐘、携帯用拡声器、手動式サイレンその他の非常警報器具）
    - ・消防機関へ通報する火災報知設備
  - 避難設備
    - ・避難器具（すべり台、避難はしご、救助袋、緩降機、避難橋等）
    - ・誘導灯及び誘導標識
- 消防用水
  - ・防火水槽又はこれに代わる貯水池その他の用水
- 消火活動上必要な施設
  - ・排煙設備　・連結散水設備　・連結送水管　・非常コンセント設備　・無線通信補助設備
- 必要とされる防火安全性能を有する消防の用に供する設備
  - ①屋内消火栓設備の代替えとしてパッケージ型消火設備
  - ②スプリンクラー設備の代替えとしてパッケージ型自動消火設備
  - ③特定共同住宅等における消防の用に供する設備
    - ア　住宅用消火器
    - イ　共同住宅用スプリンクラー設備
    - ウ　共同住宅用自動火災報知設備
    - エ　住戸用自動火災報知設備及び共同住宅用非常警報設備
    - オ　共同住宅用連結送水管
    - カ　共同住宅用非常コンセント設備
  - ④　特定小規模施設用自動火災報知設備
  - ⑤　排煙設備としての加圧防排煙設備
  - ⑥　複合型住居施設用自動火災報知設備
  - ⑦　特定駐車場用泡消火設備
- 特殊消防用設備等
  - ①　総合操作盤に代えて複数の総合操作盤を用いた総合消防防災システム
  - ②　排煙設備に代えて加圧防煙システム
  - ③　ハロゲン化消火設備に代えてドデカルオロ－２－メチルペンタン－３－オンを消火剤とする消火設備（ＦＫ－５－１－12）
  - ④　自動火災報知設備に代えて火災温度上昇速度を監視する機能を付加した防災システム
  - ⑤　スプリンクラー設備に代えてインバーター制御ポンプを使用するスプリンクラー設備
  - ⑥　スプリンクラー設備に代えて空調配管兼用スプリンクラー設備
  - ⑦　駐車場用の散水設備に代えて NF システム

（1）消火設備

①　消火器

ア　設置基準

消火器は最も簡易な消火設備で、防火管理者にとってもそれだけなじみの深いものですが、消防法では建物の用途、規模等によりその設置が義務づけられています。その他、水バケツ、水槽、乾燥砂等の簡易消火用具も法令上認められている消火器具ですが、消火器、簡易消火用具は炎が天井面に立ち上る前までの、火災のごく初期段階の消火設備として威力を発揮します。それ以上の火災では消火器具等で消火するのは困難であり危険ですから、後で述

消火器の設置基準例
（消防法施行令第10条参照）

劇場、キャバレー等（2）項、飲食店等（3）項（火気使用設備設置対象物のみ）、病院等（有床）、短期入所等施設等、地下街、準地下街、重要文化財	面積に関係なく必要
公会堂、飲食店（火気使用設備が設置されていないもの）、デパート、老人デイサービスセンター等、幼稚園、旅館、ホテル、共同住宅	150㎡
学校、事務所	300㎡

べる屋内消火栓等の設備の活用を図らねばなりません。

消火器は法令上、建物の各階ごとに、かつ各消火器に至る歩行距離が20m以下となるように、必要能力単位以上のものを配置しなければなりませんが、その建物の用途により火気使用部分、共用廊下部分等誰でも目につき、いざというとき実際に使用可能な場所に配置しておかなければなりません。そのため法令上も消火器の設置場所を床面から、1.5m以下に設けることとされており、消火器の設置場所の付近に消火器具である旨の標識を設けることが規定されています。

イ　種類・構造

消火器の種類には粉末消火器、強化液消火器、泡消火器、二酸化炭素消火器、ハロゲン化物消火器等があります。粉末消火器は本体容器内に粉末の薬剤が、容器に加圧用ガス容器が取りつけてあり、この容器の安全ピンを抜きレバーを握ることによってカッターで加圧用ガス容器の封板を破り、加圧用ガスをガス導入管を通じて容器内に放出させ、その圧力で消火薬剤をかくはんし、サイホン管、ホース、ノズルを通じて放射させるものです。また、粉末と強化液の消火器には、特例により樹脂製のものがあります。

粉末消火器

強化液消火器

泡消火器

◆消火器の構造と種別

<table>
<tr><th></th><th>蓄圧式消火器</th><th>加圧式消火器</th></tr>
<tr><td>内部の構造等</td><td>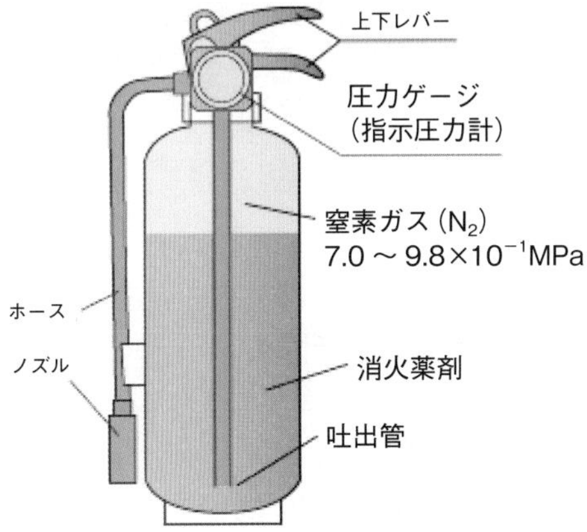
</td><td>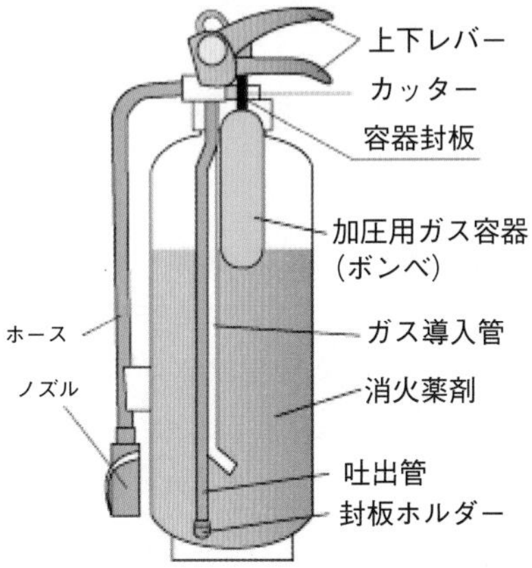
</td></tr>
<tr><td>機　能</td><td>容器内に、消火薬剤とともに、放射圧力元となる窒素ガスが充圧されており、その圧力を示すゲージ（指示圧力計）が付いています。
レバーの操作によって、バルブが開き消火薬剤がサイホン管からホースを通り、ノズルより放出されます。
一度レバーを握っても、レバーを離せば放射を止めることができます。</td><td>レバーを握ることにより、内蔵されている加圧用ガス容器内のガスが、ガス導入管を経由して消火器内部全体に広がり、消火薬剤がサイホン管からホースを通り、ノズルより放出されます。
一度ノズルを握ると、内部の圧力が下がるまで（薬剤を放出し終わるまで）放射は止まりません。
平常時は、本体容器に圧力はかかっていない。</td></tr>
<tr><td>容器腐食時の安全</td><td colspan="2">本体容器に、放射時に急激に圧力が加わる「加圧式」の消火器より、常時から圧力がかかっている「蓄圧式」の方が、本体容器が老化・腐敗しても、内圧が徐々に外に漏れるため、破裂による事故等の危険性が少ないと言われています。</td></tr>
</table>

ウ　機能

粉末消火器はリン酸アンモニウムを主剤とする、いわゆるＡＢＣ消火器と称されるもので、油火災、電気火災その他一般の火災にも有効で広く普及しています。泡消火器は消火器を転倒することにより、外筒のＡ剤（重炭酸ナトリウム）と内筒のＢ剤（硫酸アルミニウム）を混合させて化学反応を起こし、発生した炭酸ガスにより泡と圧力が発生し、その泡が炎を覆うことにより消火するものです。消火器の薬剤は永久的なものではなく、標準的には粉末消火剤で約５年、泡消火剤で約１年程度を目途に、詰め替える必要があります。また消火器本体の耐用年数も、概ね８年から10年と考えられています（㈳日本消火器工業会）。製造年から10年を超えるものは、耐圧試験を行うか、取り替えが必要です（次頁の型式失効と水圧試験シミュレーション参照）。

使用方法

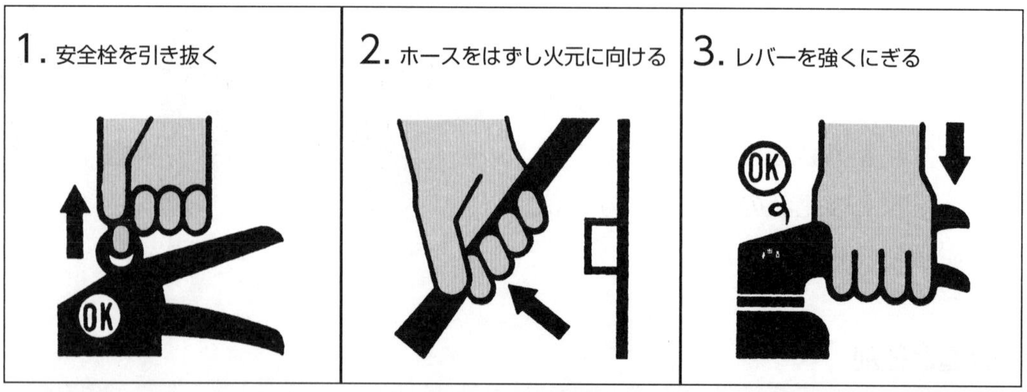

使用上のご注意

この消火器は、操作すると急に容器全体に圧力がかかります。
さび、腐食、変形、キャップのゆるみがあるもの、また、廃棄されたものは危険ですから使用しないでください。（上記ラベル又は表示に十分注意してください）

◆消火器の表示と適応火災

適応する火災の区分	A火災（電気火災を除く。）	B火災（電気火災を除く。）	電気火災
旧・表示	普通 火災用	油 火災用	電気 火災用
新・表示			
適応する火災	木材・紙・繊維類等による火災	灯油・ガソリンによる火災	配電盤・変圧器・電気配線等の火災

（注）泡消火器など２種類の色しか表示されていないものもあり、すべての火災に使用できない場合もあるので注意が必要です。

エ　使用上の注意

消火器は一般的には粉末式の消火器が普及しています。しかし安全栓などが各メーカーによって少しずつ違い、必ずしも使い方は同一と決まっていませんでした。しかし、現在は規格が統一され、すべて上抜き型になっています。前頁図はその使用方法を示しています。落ち着いて使用すれば何でもないのです。消火訓練に実際使ってみることも大切です。

次にもう一つ大切なことは、消火器の消火能力を過信しないことです。あくまでも消火器で消せるのは小火災まで、と考えてください。天井に着火しているような火災では消火器を使用せず、むしろこのような場合にはバケツの水が有効です。

そして屋内消火栓があれば、なによりもその使用を考えることです。しかし、そうは言ってもなかなか冷静な判断はむずかしいのですが、そのために日頃の訓練が大切なのです。

粉末消火器の種類

粉末（ABC）消火器　ABCいずれに火災にも適用（薬剤は淡紅色系）
粉末（Na）消火器 …BC火災に適用（薬剤は白色）
粉末（K）消火器　…BC火災に適用（薬剤は紫色系）
粉末（KU）…………BC火災に適用（薬剤はネズミ色）

◆型式失効と水圧試験シミュレーション

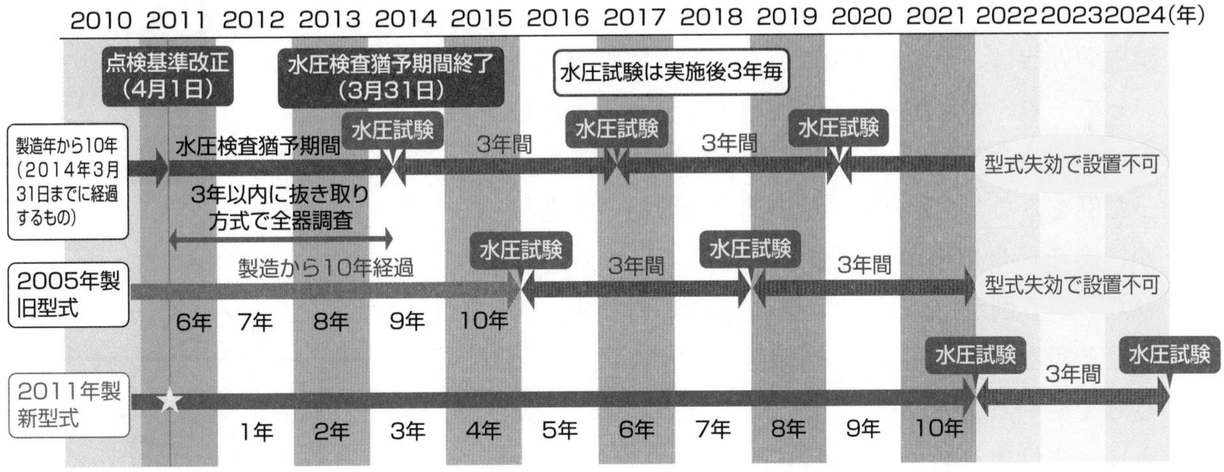

② 屋内消火栓設備

屋内消火栓設備は消火器と異なり、大きな消火効果を発揮します。火災を初期のうちに消火するためには、日常の保守管理、訓練等により火災を発見した人が有効に使いこなすようにしておかなければなりません。このような日常の努力を怠ると、いざという時に使用出来ず、せっかくの設備が無駄に終ってしまうことにもなりかねないのです。

ア　設置基準

屋内消火栓設備の主な設置義務防火対象物を次に示しましたが、この基準未満であっても、設置したほうがよい場合もあります。

イ　構造

屋内消火栓設備は、図のように水源、加圧送水装置、配管、消火栓ボックス等により構成されています。常時は高架水槽からの水で満たされており（凍結のおそれのある地域では配管を水で満たしていない場合もある。）、火災時には消火栓の起動ボタンを押すか又は開閉弁の操作若しくはホースの延長でポンプが起動し、放水するものです。

屋内消火栓設備の設置基準例
（消防法施行令第11条参照）

飲食店	2,100㎡
デパート、マーケット	2,100㎡
旅館、ホテル	2,100㎡
共同住宅	2,100㎡
学　校	2,100㎡
事務所	3,000㎡
病　院	1,000㎡
短期入所等施設	1,000㎡

（注）耐火構造で内装難燃以上の場合

屋内消火栓設備構成図

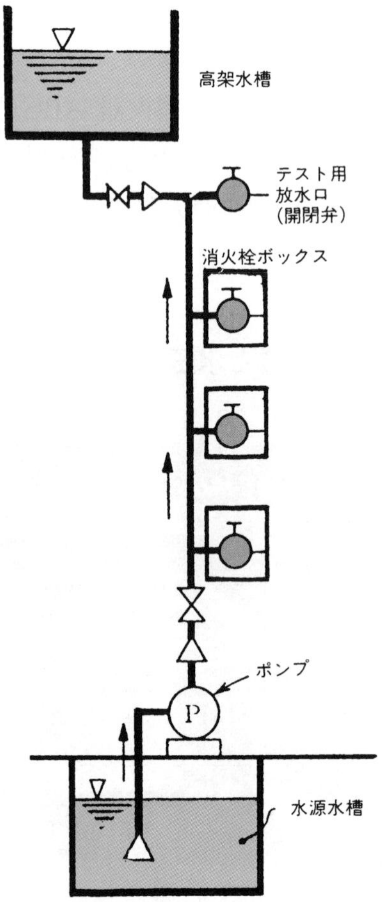

ウ　機能

屋内消火栓設備には、二人で放水操作を行う「１号消火栓」と、一人で操作できる「易操作性１号消火栓」、「２号消火栓」、「広範囲型２号消火栓」の四つの種類があります。

「１号消火栓」以外は、工場、作業場、倉庫、指定可燃物が貯蔵又は取扱われている防火対象物に設置することが制限されています。

エ　使用上の注意

屋内消火栓は、その放水量、放水圧力、放水射程等からいって一般の人々が火災時に使用する消火手段として最適であると言えます。ところが従前の火災で大火になった例をみると、殆どこの屋内消火栓の使い方を誤ったか、あるいは屋内消火栓設備のあることさえ知らなかったという例が、二、三にとどまらないのです。

なぜそうなるかと言えば、消火設備については平素、どうしても“なじみ”が薄くなりがちで、いざ、火災と言う場合にはすぐ消火器を使おうとするのでしょうが、消火器の消火能力には限界があるのですし、さらには屋内消火栓使用を思いつかず、初期消火に失敗するのです。

昭和57年２月８日（月）に発生したホテル・ニュージャパンの火災でも、せっかく屋内消火栓で消火しようとし、ホースを延長したのですが、その後の取扱いが悪かったので初期消火ができなかったのです。昭和54年に発生した日本坂トンネル火災で、屋内消火栓から水が出なかったのは、起動ボタンを押さなかったのではないかと言われています。もし、このとき水が出ていたら、きわめて小さな火災ですんでいたはずなのですが、失敗すると大きな被害を出すことになります。

このような意味で、屋内消火栓は全ての人が使いこなせなくてはならないのですが、それには平素の訓練による以外には方法はありません。現在、ホースがリール式等の収納装置に収納され、ホースの延長、開閉操作が１人で出来る「２号消火栓」「易操作性１号消火栓」などの屋内消火栓が開発されて普及しています。

◆消火栓の性能比較

区　分	1号消火栓	易操作性1号消火栓	2号消火栓	広範囲型2号消火栓
設置できる防火対象物の区分	設置対象となる「すべて」防火対象物又はその部分		次の防火対象物又はその部分には設置できません。 ① ⑿項イ〔工場、作業場〕 ② ⒁項〔倉庫〕 ③ 指定可燃物を750倍以上貯蔵し、又は取り扱うもの	
配置（水平距離）	25m以下		15m以下	25m以下
水源水量（1個毎）	2.6m^3以上		1.2m^3以上	1.6m^3以上
〃　（最大）	5.2m^3以上		2.4m^3以上	3.2m^3以上
放水圧力（ノズル）	0.17MPa以上		0.25MPa以上	0.17MPa以上
放水量（毎分）	130ℓ以上		60ℓ以上	80ℓ以上
ポンプ吐出量（毎分）	150ℓ以上		70ℓ以上	90ℓ以上
立上り管の径	呼び50m/m以上		呼び32m/m以上	呼び40m/m以上
開閉装置（ノズル）	なし	容易に開閉できる装置		
ホースの収納方法	消防用平ホース、長さ15m×2本にノズルが結合され折りたたまれて収納。ホースを全部引き出さないと放水できない。	一人で容易に延長及び操作ができるよう、断面が円形に保たれる保形ホースがリールにまかれ収納されている。 ホースを全部延長しなくても放水ができる。		
使用ホースの径	呼び40m/m	呼び30m/m	呼び25m/m	呼び25m/m
使用ホースの長さ	30m程度		20m程度	30m程度

１号消火栓

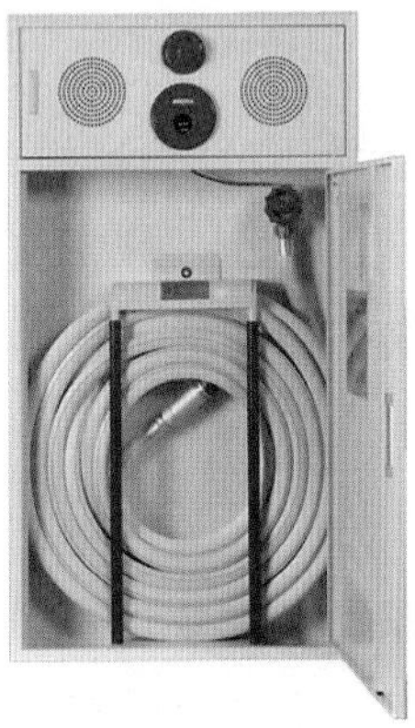
易操作性１号消火栓

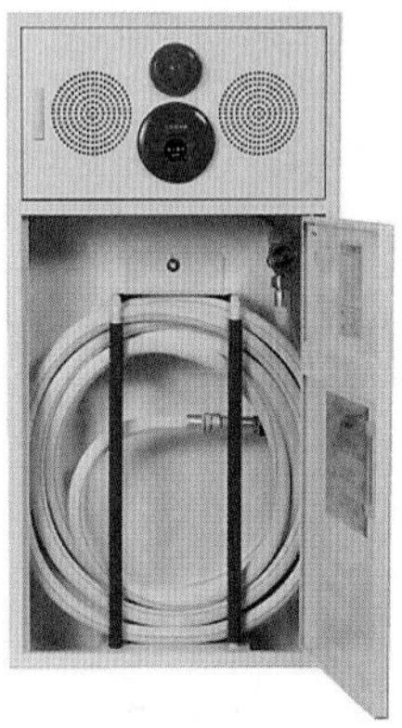
２号消火栓

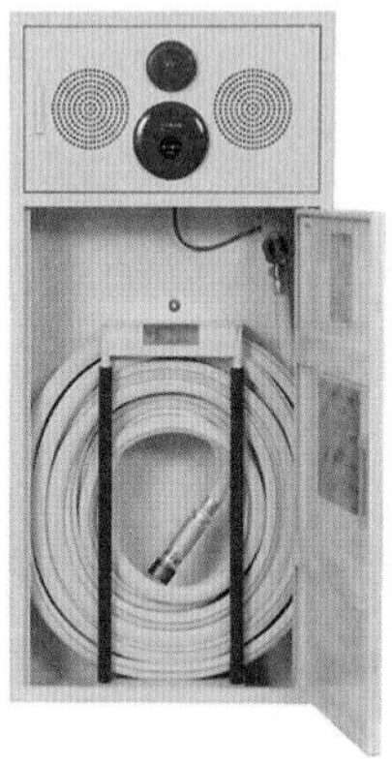
広範囲型２号消火栓

◆消火栓の操作手順

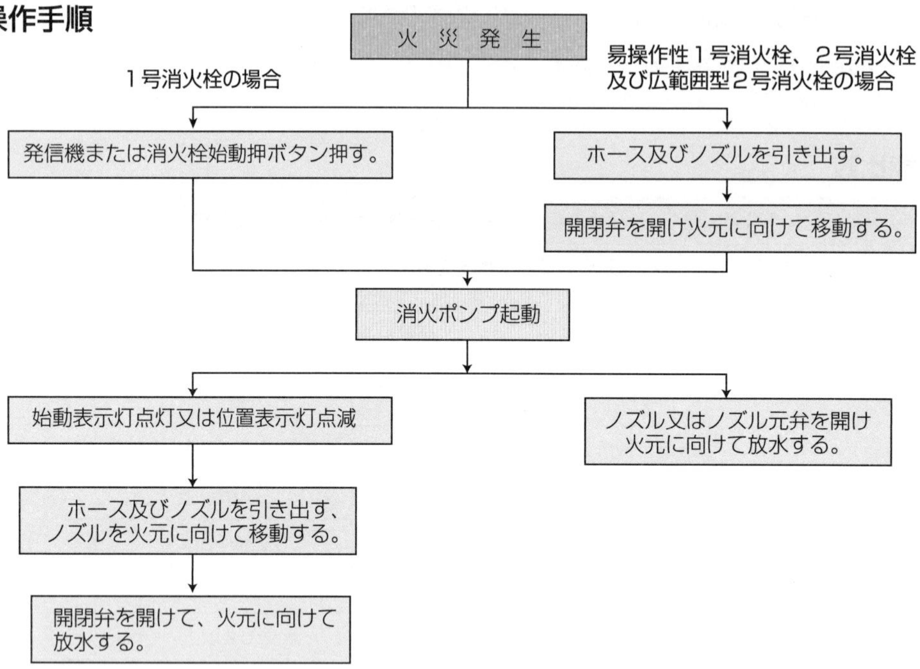

③　屋外消火栓設備

屋外消火栓は、隣接建物への延焼防止及び建物外部からの消火を目的としたものです。地階や高層階に対して効果的に使用することは困難なために、１階、２階に限って有効とされています。

ア　設置基準

消防法施行令別表第１に掲げる建築物（地下街、準地下街は除く。）で比較的大規模対象物（１階の床面積又は１、２階の床面積の合計が、耐火造で9,000㎡、準耐火造で6,000㎡、木造で3,000㎡以上）に設置しなければなりません。

イ　機能及び構成

消火栓は地上式又は地下式のものがあり、消火栓の近くに消火栓箱を設け、ホースやノズルを収納しておきます。放水能力は0.25MPa以上、放水量は350ℓ／分以上となっています。屋内消火栓より能力が大きくなっているので取扱いに注意が必要です。

④　スプリンクラー設備

スプリンクラー設備は、スプリンクラーヘッドを取りつけてある天井面下から火災が発生した場合に、自動的に感熱作動し火災を初期のうちに消火することを目的としています。スプリンクラー設備の歴史はきわめて古く、1673年イギリスのジョン・グリーンが自動消火装置を発明して、特許を受けていたという記録があります。その後さらに改良が加えられ、1878年アメリカのヘンリー・パーマリーにより、今日使用されているものに近いものが考案され実用化されました。わが国においてスプリンクラー設備がはじめて設置されたのは、1877年（明治10年）頃で綿紡績業界で火災予防措置として使用された記録が残っています。

ア　設置基準

スプリンクラー設備は次の表のように不特定多数の人が出入りする、比較的大規模の建物、グループホームのような避難困難者を収容する小規模な施設に設置が義務づけられています。

イ　構成

スプリンクラー設備は構成図のように水源、加圧送水装置、自動警報装置、配管、スプリンクラーヘッド、送水口等から構成されています。一般的に設置されている方式は、常時配管に充水された閉鎖式（寒冷地等では、凍結防止のため管内を一定圧空気（又は不瀕液）を満たしてあるものもある。）です。天井面に取りつけられたスプリンクラーヘッドが火源からの高温気流により、ヘッドのヒューズが溶けると、バネが飛び、散水口が開口して、圧力チャンバーによって加圧されている配管内の水が放出されます。この水を流水検知装置が感知し、出火場所を電気信号により表示するとともに警報を発します。この流水により圧力チャンバー内の圧力が下がり、これを圧力スイッチで検出し、この信号をポンプ制御盤に送り、ポンプが起動します（圧力チャンバー方式）。

スプリンクラー設備は自動的に消火してくれますが、水を止めるのは関係者が行わなければなりません。消火されたことが確認されれば、制御弁を閉鎖し水損防止に努める必要があります。

また、消防法施行規則の一部が改正され（平8.10.1）、スプリンクラーヘッドの種類及び機能が細分化されました。従前から用いられていた閉鎖型ヘッドは標準型ヘッドと名称を改め、他に設置場所に応じて小区画型ヘッド、側壁型ヘッド、放水型ヘッドといったものや、ヘッドの感度種別に応じた高感度型ヘッドといった類が開発され、その選択の幅が広がりました。

ウ　機能

１個の標準型スプリンクラーヘッドからは、一般的に毎分80ℓ以上、圧力0.1 MPa ～ 1 MPaの水が放出され、これらの放水が20分間継続して放水可能なように水源の量も規定されています。ヘッドの配置間隔は対象物によって

スプリンクラー設備の設置基準例
（消防法施行令第12条参照）

飲食店	6,000㎡
デパート、マーケット	3,000㎡
旅館、ホテル	6,000㎡
病　院（下記を除く）	3,000㎡
学　校	11階以上の階
事務所	11階以上の階
病院等・短期入所等施設（火災発生時の延焼を抑制する機能を備える構造を有する以外） ・(6)項イ(1)及び(2) ・(6)項ロ(1)及び(3)	面積に関係なく必要
・(6)項ロ(2)、(4)及び(5)で介助がなければ避難できない者を入所させる施設	275㎡

※延べ面積1,000㎡未満の施設では、「特定施設水道連結型スプリンクラー設備」を設置することができる。

閉鎖型スプリンクラー設備構成図

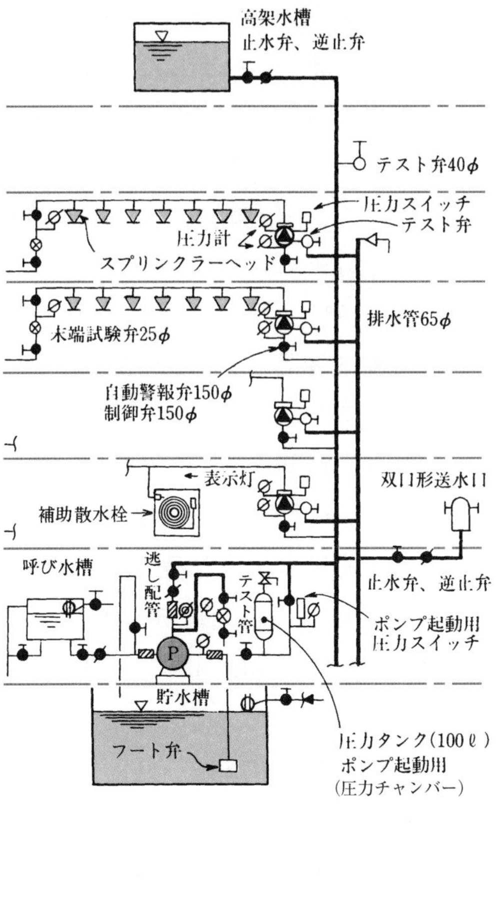

スプリンクラーヘッドの種類

異なりますが、一般的にはヘッドを中心として半径2.3mで防護物が包含されるように配置されています。ヘッドの近くに散水を妨げるような物があれば、有効に感熱散水しないので散水障害のないように常に注意しなくてはなりません。

小区画型ヘッドは、共同住宅、旅館・ホテルや病室といった小居室用に開発されたスプリンクラーヘッドであり、ヘッド１個当たり毎分50ℓ以上と小水量の放水で消火を行うものとされています。さらにこういった場所の廊下等にあたる部分には専用の側壁型スプリンクラーヘッド（毎分80ℓ以上／個）を設置することとされました。

また、高天井部分については、従来からのヘッドでは感熱できない場合も考えられるため、高天井専用の放水型ヘッドと称するスプリンクラーヘッドが開発されました。このヘッドの受け持つ範囲１㎡当たり５ℓ以上の放水量を必要とし大水量が放水されるため、その放水による避難障害を防ぐため、設置範囲については排水措置が必要とされています。

逆に、高感度型ヘッドについては、一般的にヘッドの配置間隔が半径2.6mで包含されるように配置されることとなります。

なお、消防法施行令の一部を改正する政令（昭和62年、政令343号）により、スプリンクラーヘッドの未警戒部分を補完するために「補助散水栓」が設けられることになりました（構成図参照）。機能については屋内消火栓設備の２号消火栓と殆ど同様です。

エ　究極の安全設備

一般にスプリンクラー設備による消火の奏功率は97.8％（「スプリンクラーの普及および効果に関する研究」日本損害保険協会）といわれています。しかも、１～２個のスプリンクラーヘッドの放射で火災の93％（前同）を消火しているのです。さらにスプリンクラーの奏功率を高めることができれば、殆ど100％の安全が確保できることになります。なお、スプリンクラーヘッドの近くに散水障害となるような棚やロッカー、また、天井から吊り下げた幕などがあると消火効果が低下します。

スプリンクラーポンプ室

放水型ヘッド（放水銃）

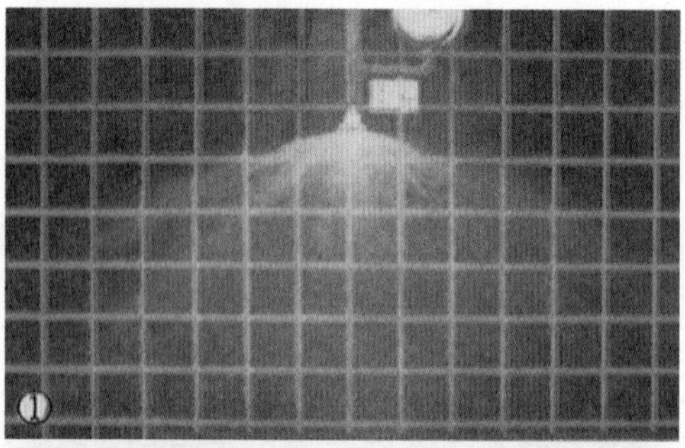

スプリンクラーヘッドからの放射

オ　奏功例

㈠　平成14年11月30日（土）、延べ面積約70,000㎡の百貨店（地上11階地下３階建て）において、商品のストック場において出火した火災において、出火後数分でスプリンクラーが作動し直ちに消火しました。これは、スプリンクラー消火設備という自動消火設備の頼もしさです。出火当時は、約3,000人の在館者がいましたが早期に消火でき、大きな混乱もなく避難もできました。

炎上する日生ビル、幸いはしご車が接近できた

㈡　平成14年６月６日（木）、延べ面積約40,000㎡の複合用途（地上30階地下２階建て）の３階部分のテナント（エステティックサロン）において出火した事案で、自動火災報知設備が作動後、約10分でスプリンクラーが作動し消火しました。火災による被害は、電気乾燥機や電気洗濯機などで抑えることができましたが、残念なことに消火後スプリンクラーの制御弁を閉鎖することが遅れたため、水による損害が大きくなってしまいました。これは、防災センターに勤務する者がスプリンクラーの制御弁の場所を知らなかったため、消防隊が到着し制御弁を閉鎖するまで水が出たままであったためです。スプリンクラーが作動した場合は、火災が鎮火すれば必ず制御弁を閉めるということを念頭に置いておかなければなりません。

㈢　平成元年５月６日（土）、納骨堂（地上２階、延べ面積11,000㎡）の１階でローソクの消し忘れで出火、係員が現場に駆け付けたところ、濃煙で近寄れず火源も確認できない間にスプリンクラー３個が作動、直ちに消火したという事例もあります。

⑤　不活性ガス消火設備

不活性ガス消火設備には、二酸化炭素を消火剤とする消火設備と、イナートガス〔①窒素100％②窒素、アルゴンとの容積比が50：50の混合物（IG-55）③窒素、アルゴンと二酸化炭素との容積比が52：40：8の混合物（IG-541）の３種類〕を消火剤とする消火設備があります。次に二酸化炭素を消火剤とする二酸化炭素消火設備について紹介します。

ア　設置基準

二酸化炭素消火設備は、次のように一定規模以上の駐車場や変電室等にハロゲン化物消火設備等とともに選択的に設置を義務づけられています。

不活性ガス消火設備、ハロゲン化物消火設備の設置基準例（消防法施行令第13条参照）

駐車場（１階）	500㎡
駐車場（地階、２階以上の階）	200㎡
変電室等	200㎡
ボイラー室	200㎡
通信機室	500㎡

イ　構成

二酸化炭素消火設備の構成図を次に示しています。

ウ　機能

　二酸化炭素を消火剤として利用する場合の消火効果は、窒息効果を利用するものです。つまり、一定体積の区画内の酸素濃度を二酸化炭素を放出することにより下げ、燃焼の継続を不可能にするものです。

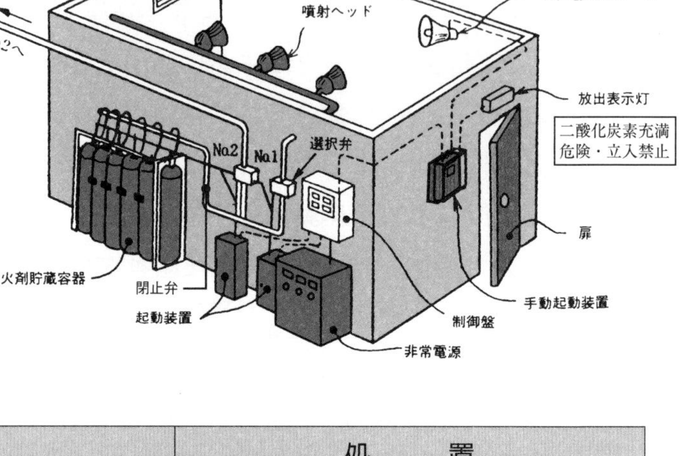

◆二酸化炭素の人体に及ぼす影響

CO_2濃度（%）	症　　状	処　　置
1.0	公衆衛生上の許容限度	無　害
2.0	数時間の吸入で症状がない。	〃
3.0	呼吸の深さが増す。	長時間吸うことは好ましくない。換気を必要とする。
4.0	粘膜に刺激を感じ、頭部に圧迫感、数時間で頭痛、耳鳴、血圧上昇、吐気を催す。	早く新鮮な空気を吸うこと。
6.0	呼吸数は著しく増す。	〃
8.0	呼吸困難	〃
10.0	２～３分で意識喪失	30分以内に外にかつぎ出し、人工呼吸。

エ　使用上の注意

　二酸化炭素消火設備は消火効果が大きく、汚損、破損等の二次的被害が少ない反面、ガスの性質として二酸化炭素が高濃度の空間に人がいた場合、当然窒息し場合によっては死に至る危険性を持っています。このため火災が発生した場合は、二酸化炭素の起動ボタンを押す前に火災室の中に人がいないことを確かめる必要があり、消火後も火災室のガスを十分排出しないで

①二酸化炭素消火設備の設けられた立体駐車場

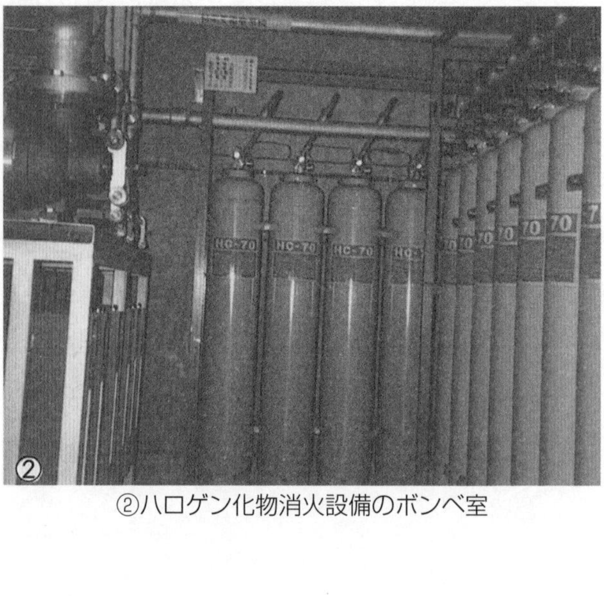

②ハロゲン化物消火設備のボンベ室

入ることは人命に危険があると同時に、普段からその取扱いについて関係者に十分注意しておくとともに、防護区画等についてもその点検を常に行う必要があります。近年、点検中の作業員の誤操作などによりガスを噴出させ、死亡事故も発生しています。

⑥　ハロゲン化物消火設備

ア　設置基準

ハロゲン化物消火設備は、不活性ガス消火設備と同じように駐車場や通信機器室等の一定規模以上の対象物やその部分に設置が義務づけられています。

イ　構成

ハロゲン化物消火設備は、全域放出方式、局所放出方式、移動式と３方式がありますが、一般的には防護区画全域に放出する全域放出方式が使われています。全域放出方式は下図のように消火薬剤貯蔵容器、配管、噴射ヘッド、起動装置、音響装置、保安装置等から構成されています。原則的には起動方式は人が手動により直接起動させる方式ですが、夜間無人となるような場合は､防護区画内に設置された感知器により､自動的に起動することも操作盤の切替スイッチで可能です。しかし、24時間の管理体制で火災時に人が確実に判断し、手動で操作する方法が誤動作もなく確実です。

一般的には起動ボタンが収納されているボックスの扉を開けるとサイレンが鳴り、音声で「火事です。ハロンガスを放出します。……」とガス放出を知らせますが、起動ボタンを押す前に火災室に人がいないことを確認しなければなりません。次に起動ボタンを押すのですが、ガスはすぐには出ません。これは予めタイマーでセットされた20秒以上の遅延装置が働いているからです。このタイマーセット時間後にガスは放出しますが、この間に、万一、人が中にいることが分かったときには、非常停止ボタンを押せば、ガスは放出しません。ガス放出時、ガスの一部がピストンレリーザーに送られて、防護区画を貫通している空調ダクトのダンパー

全域放出方式ハロン 1301 消火設備の構成図

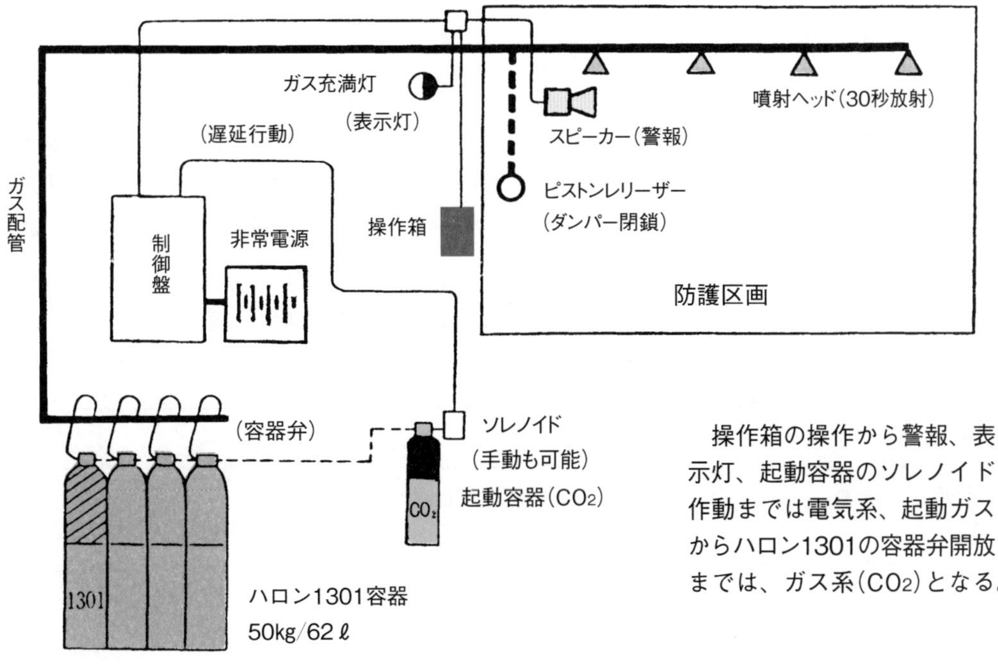

操作箱の操作から警報、表示灯、起動容器のソレノイド作動までは電気系、起動ガスからハロン1301の容器弁開放までは、ガス系（CO_2）となる。

を作動させ閉鎖します。さらにガス圧で圧力スイッチが働き、火災室出入口の表示灯が「ハロンガス放出中」を表示します。

ウ　機能

ハロゲン化物消火設備として法令上認められているのは、ハロン1301（ハロン1211、ハロン2402は、既存の消火設備に限って使用可能）と、ハロン代替消火剤のハロカーボン系消火剤としてHFC—23、HFC—227ea、FK—5－1－12です。ハロゲン消火剤は、負触媒作用によって二酸化炭素と比較しても消火に必要なガスの濃度が低く、２分の１から４分の１程度で消火することができます。

また、スプリンクラー設備等の水系と違い、電子計算機室等の水分を嫌う場所に適しています。

ハロンは熱分解によって強い毒性ガスを生じます。二酸化炭素と比較すると、毒性は次表のとおりです。

◆CO_2とハロン1301の毒性比較（『設備と管理』（昭54．12月号、オーム社）

<table>
<tr><th>項目</th><th>濃度
%</th><th>二酸化炭素（CO_2）生理的反応</th><th>濃度
%</th><th>ハロン1301（CF_3 Br）生理的反応</th></tr>
<tr><td rowspan="6">濃度と生理的反応との関係</td><td>2
3</td><td>・不快感あり。
・呼吸数、呼吸深度が増加する。</td><td>7
以下</td><td>・約５分間いても中枢神経系統へ影響なし（もしあってもごく微少な程度である）</td></tr>
<tr><td>4</td><td>・眼、のど粘膜の刺激、頭痛、耳鳴り、めまい、遅脈及び血圧上昇あり。</td><td>7～
10</td><td>・１分間以内では影響なし、数分間でめまい、感覚鈍化が現れることあり。</td></tr>
<tr><td>8</td><td>・呼吸困難</td><td rowspan="2">10～
15</td><td rowspan="2">・30秒以内では何等影響なし、長時間でも失神することはないが、１分以上で耐えられないような不快感になる。</td></tr>
<tr><td>9</td><td>・嘔吐、感情鈍麻、失神</td></tr>
<tr><td>10</td><td>・視力障害、めまい、ふるえとともに１分以内に意識喪失、長時間暴露で死亡。</td><td rowspan="2">15～
20</td><td rowspan="2">・時間が長くなると失神の危険があり、死亡のおそれもある。</td></tr>
<tr><td>20</td><td>・中枢神経が麻痺し、短時間のうちに死亡する。</td></tr>
<tr><td>後遺症</td><td colspan="2">万一失神しても、ただちに屋外につれ出せば通常はすぐに意識を回復し、何等永久症状を残さない。</td><td colspan="2">ハロン1301にさらされた影響は、その後短時間続くが、回復はすみやかであり、完全に元にもどる。反復暴露しても体内に蓄積することはない。</td></tr>
<tr><td>生理反応機構</td><td colspan="2">気中濃度の増加により、血中CO_2分圧の上昇がおこり呼吸中枢を刺激して呼吸深度及び数をふやし、皮膚血管を拡張する。濃度が大になると中枢神経を麻痺させ、思考力低下、失神、死亡に至る。</td><td colspan="2">ハロン1301は安定な化合物であり、難溶性気体であるので肺胞を犯したり、血液中のヘモグロビンの作用を害することは考えられないが、高濃度になると血中に入り中枢神経系統に影響を及ぼすらしい。</td></tr>
<tr><td>使用濃度範囲</td><td colspan="2">全域放出方式の場合
30～75%</td><td colspan="2">全域放出方式の場合
5.0～9.8%</td></tr>
</table>

⑦　泡消火設備

泡消火設備は多量の泡（主に蛋白質、合成界面活性剤泡、水成膜泡等が使用される）を放射して、可燃性液体（油等）の表面を覆うことにより消火することができます。このような特性から泡消火設備は、格納庫、修理工場、駐車場、指定可燃物を貯蔵する倉庫等に設置されるようになっています。

> ### 泡消火設備の設置基準例
> ### （消防法施行令第13条参照）
>
> | 飛行機等の格納庫等 | 面積に関係なく必要 |
> | 自動車の修理工場等（1階） | 500㎡ |
> | 〃　　　　（地階又は2階以上の階） | 200㎡ |
> | 駐車場（1階） | 500㎡ |
> | 駐車場（地階又は2階以上の階） | 200㎡ |
> | 指定可燃物 | 1,000倍以上 |

ア　構成

泡消火設備に使用される泡には高発泡型と低発泡型の二つがあり、設備については固定式と移動式とがあります。固定式の場合は、泡ヘツド、感知用としての閉鎖型スプリンクラーヘッド又は火災感知装置、流水検知装置、加圧送水装置、原液圧送タンク、混合装置、圧力チャンバー、手動起動装置等により構成されています。

イ　機能

スプリンクラーや火災感知器が働くと、その信号により泡原液が混合装置で混合され、泡ヘッドから大量に放射され消火します。手動で起動させることも可能です。外気に開放されている駐車場等に設置されている場合は、冬季の凍結に注意が必要です。

(2) 警報設備

①　自動火災報知設備

ア　設置基準

自動火災報知設備は、火災時の熱、煙又は炎を感知器によって感知し、自動的に警報（ベル音）を発することにより、火災を早期に発見し早期通報、初期消火、早期避難を可能とするために設けられる警報設備です。自動火災警報設備は右のように比較的小規模の建物においてもその設置が義務づけられています。防火管理者にとってもなじみのある消防用設備等と言えます。

> ### 自動火災報知設備の設置基準例
> ### （消防法施行令第21条参照）
>
> | カラオケボックス等 | |
> | 旅館、ホテル | |
> | 病院等（有床） | |
> | 短期入所等施設等 | 面積に関係なく必要 |
> | 飛行機又は回転翼航空機の格納庫 | |
> | 重要文化財等 | |
> | 飲食店 | 300㎡ |
> | デパート、マーケット | 300㎡ |
> | 共同住宅 | 500㎡ |
> | 無床診療所又は助産所、幼稚園 | 300㎡ |
> | 学　校 | 500㎡ |
> | 事務所 | 1,000㎡ |

イ　構成

自動火災報知設備は次頁のように受信機、配線、感知器、ベル等（無線式を含む。）により構成されています。感知器は主として煙感知器、熱感知器及び炎感知器に分けられます。煙感知器は、煙を感知することにより通電状態となり作動、熱感知器は、熱により感知器のバイメタルやダイヤフラムが働いて通電状態となって作動します。また、炎感知器は、紫外線や赤外線で炎をキャッチして作動するものです。感知器の作動により受信機の表示窓が火災階の警戒区域を表示し、主ベルと地区ベルを鳴動させます。

ウ　機能

このように火災時の煙や熱を早期に感知するきわめて有効な警報装置ですが、その機能を十分に生かすには、未警戒部分のないように、設置場所に応じた感知器を設置しなくてはなりません。そのために法令上も設置場所に応じて煙感知器や熱感知器等の設置基準を規定しています。

エ　使用上の注意

自動火災報知設備は設備としての機能と、防火管理とがうまくかみ合ってこそ効果を発揮する設備と言えます。例えば、せっかくの設備がありながら受信機室が無人となるような対象物では、火災の初期対策がとれるわけがありません。このため受信機室には常時人が監視することを原則として対応しなければならないのです。

また、地階を除く階数が５以上で、延べ面積が3,000㎡をこえる建物では、地区ベルの鳴動

自動火災報知設備構成略図

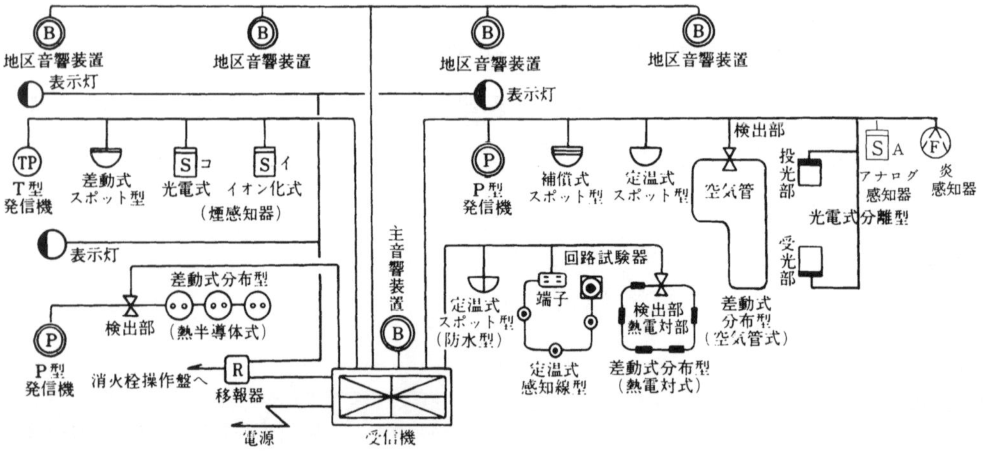

※配線を介さず、無線で信号を送る方法もある。

P型１級受信機（例）

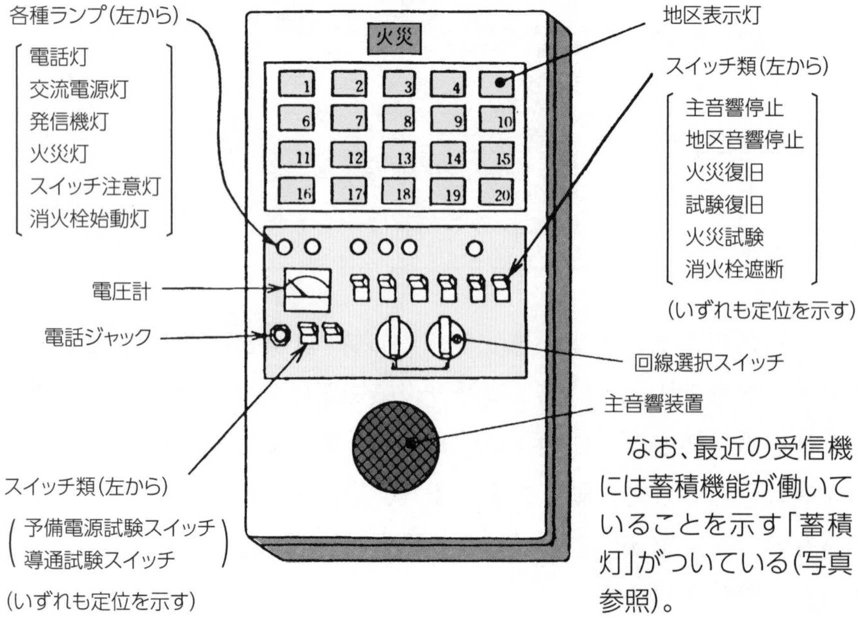

なお、最近の受信機には蓄積機能が働いていることを示す「蓄積灯」がついている(写真参照)。

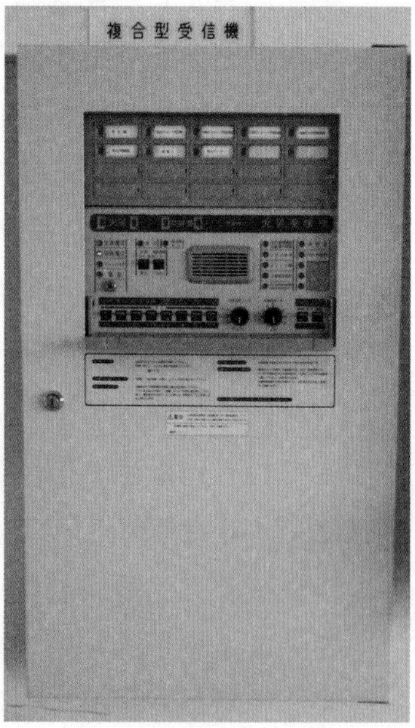

が直上階方式となっています。これはこのような大規模の建物であれば、全館一斉鳴動させることによるパニック状態発生の防止を考慮したものです。しかし火災後、そのままの状態にしておけば、他の階の人が火災を知らないままになる可能性もあります。従って放送設備で火災の発生を知らせるか、状況によっては全館一斉鳴動にする必要もあります。このことは非常に重要なことですから、必ず全館に出火した事を通報したかどうかを確認する必要があります。

直上階鳴動方式

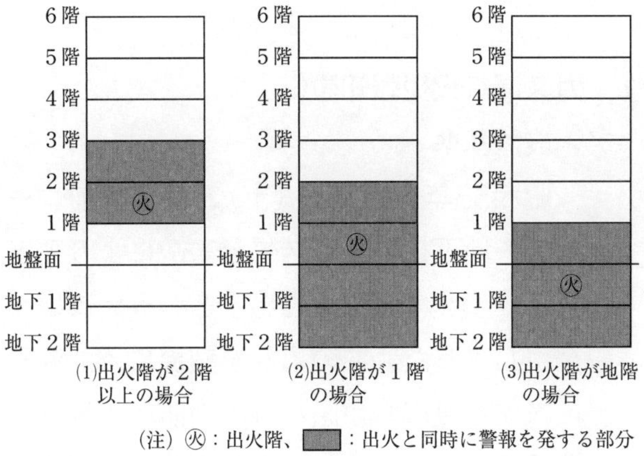

(1)出火階が2階以上の場合　(2)出火階が1階の場合　(3)出火階が地階の場合

(注)　火：出火階、■：出火と同時に警報を発する部分

　なお、過去の火災事例により、平成9年6月30日に消防法施行規則が改正され、このように区分鳴動方式とされている場合でも、一定の時間（おおむね数分、最大で10分）が経過した場合又は新たな火災信号（感知器が作動した警戒区域以外の警戒区域からの火災信号等）を受信した場合は、自動的に全区域に警報を発することができるものとされました。

オ　非火災報

　自動火災報知設備で大きな問題となるのは非火災報の問題です。火災でもないのに頻繁にベルが鳴れば、いざ火災というときに"またか"という気持ちになるでしょうし、受信機のベルを止めることにもなりかねません。そこでこの非火災報を極力少なくするために、火災信号（煙、熱又は炎を覚知した感知器からの信号）が送られてきても直ちに警報を鳴らさない蓄積型の受信機や煙感知器が新しく開発され、一過性の煙や熱による非火災報を防止しています。さらにまた、煙と熱を同時にキャッチしなければ火災信号を発しない感知器、また二信号受信機、さらには適応感知器の選択基準により、非火災報対策が現在すすめられています。

　なお、すでに設置されている既設の受信機にもこの蓄積型の機能を持たせるため、蓄積型の中継器や付加装置の設置もすすめられています。

　工事は比較的簡単なので、非火災報の多い対象物ではこのような方法を含めて、各種非火災報対策を直ちにとる必要があります。場合によっては消防署と相談することをおすすめします。

　非火災報が続くため地区ベルを切っていたところ、たまたま火災が発生、全館通報が遅れ避難誘導も行われず、そのため多くの死傷者を出したという事例が過去に数多く見られるのです

熱感知器　　　　煙感知器　　　　炎感知器

から、できる限りの非火災報対策をきめ細かく実施して、少なくとも地区ベルを停止したままの状態で放置しないようにしたいものです。

②　ガス漏れ火災報知設備

ア　設置基準

昭和55年８月16日（土）、静岡駅前ゴールデン地下街でのガス爆発事故により死者15人、負傷者222人を出すという大惨事が発生しました。この事故を契機にガス漏れに対する見直しが図られ、消防用設備等の警報設備の一つとしてガス漏れ火災警報設備が新たに加えられました。

ガス漏れ火災警報設備の設置基準例
（消防法施行令第21条の２参照）

飲食店	地階部分	1,000㎡
デパート、マーケット	地階部分	1,000㎡
旅館、ホテル	地階部分	1,000㎡
病　院	地階部分	1,000㎡

ガス漏れ火災警報設備は、燃料用ガス又は自然発生する可燃性ガスの漏れを検知し、防火対象物の関係者又は利用者に警報する設備で、一定規模以上の地下街や飲食店等の防火対象物又は地下部分に設置義務が生じます。

イ　構成

ガス漏れ火災警報設備は、検知器、中継器、警報装置等から構成されています。検知器は、直接ガス漏れを検知する部分で、都市ガス（空気に対する比重より軽い）とプロパンガス（空気に対する比重より重い）とで検知器の設置する場所が異なります。中継器は、検知器から発せられたガス漏れ信号を受信し、これらを受信機に発信するものです。受信機は、検知器から発せられたガス漏れ信号を直接、又は中継器を介して受信し、ガス漏れの発生を建物の関係者に知らせるものです。警報装置は、ガス漏れの発生を建物の関係者、利用者に警報音によって知らせる装置です。

ガス漏れ火災警報設備構成略図

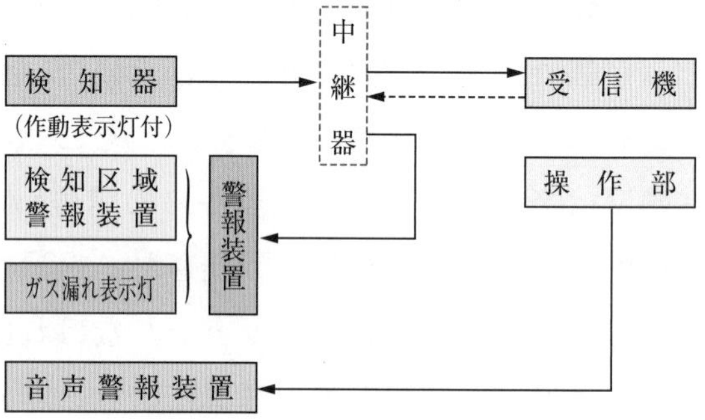

（注）図中の点線部分は、構成中に組み合わせられないこともある。

ウ　機能

ガス漏れ火災警報設備の検知器は、都市ガスの場合、ガス濃度が爆発下限界の１／４で確実に作動し、かつ１／200以下のときは作動しません。温泉採取の時のガスでは、爆発下限界の１／10以上で確実に作動しなければなりません。ガス濃度は、上限界以上でも下限界以下でも爆発しません。

エ　使用上の注意

万一、ガス漏れを検知した場合は、ガスの供給を即座に停止しなくてはなりません。検知器は前述したようにガス爆発下限界の1/200～１／４で作動します。従って、ガス漏れを即座に検知した場合は、まだ爆発範囲の下限界には余裕があるので、ガスの元栓を閉めることや、窓を開けるなどの排気措置を行う時間的余裕があると言えます。

ガス漏れ警報が鳴って、かなり時間が経過している場合は、ガスの濃度が爆発範囲に入っている可能性があるので、十分な注意を払う必要があります。そのような場合はガス会社、消防機関へ通報するとともに、遮断弁の閉鎖、在館者への通報連絡、避難等併せて行わなければなりません。

③　消防機関へ通報する火災報知設備（火災通報装置）

ア　設置基準

消防機関へ通報する火災報知設備（火災通報装置）は、火災が発生したことを消防機関へ通報することを目的とするもので、設置義務のある防火対象物のうち、一部のものは、消防機関へ常時通報することができる電話を設置したときは、火災通報装置を設置しないことができます。しかし、火災が発生した場合において、避難誘導に多数の人員が必要とされる旅館・ホテル、就寝施設を有する社会福祉施設では、早急な火災通報が必要とされることから、防災センター等に火災通報装置を設置しなければなりません。

消防機関へ通報する火災報知設備の設置基準例
（消防法施行令第23条参照）

病院（有床）、短期入所等施設等、地下街、準地下街	全部
劇場、遊技場、店舗、工場、文化財 ※電話代替え可	500㎡
旅館、ホテル、社会福祉施設 ※電話代替え不可	500㎡
飲食店、共同住宅、学校、図書館、浴場、駅、神社、駐車場、倉庫、事務所 ※電話代替え可	1,000㎡

火災通報装置の構成図

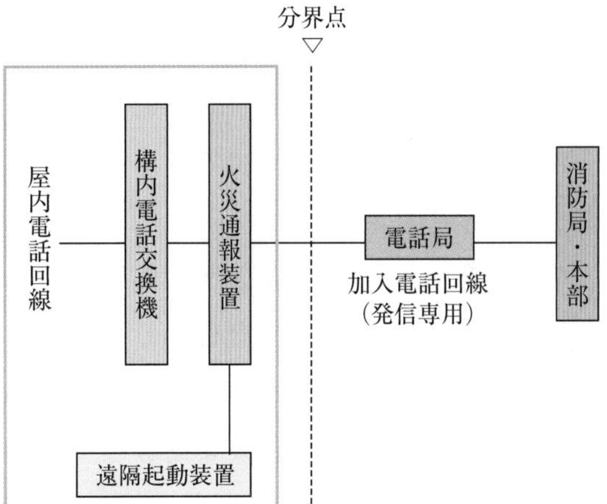

イ　構成

火災通報装置は、火災通報装置本体と手動起動装置（火災通報専用である一の押しボタン、通報装置、遠隔起動装置等）により構成されています。手動起動装置を操作又は自動火災報知設備と連動することにより、火災通報装置は消防機関を呼び出し、蓄積音声情報（あらかじめ音声で記憶させている住所、建物名等）を通報するとともに、通話を行うことができます。

ウ　機能

手動起動装置の操作又は自動火災報知設備と連動することにより、火災通報装置は、電話回線（119番回線）を使用して、消防機関を呼び出し、蓄積音声情報を通報するとともに、通報を行うことができます。

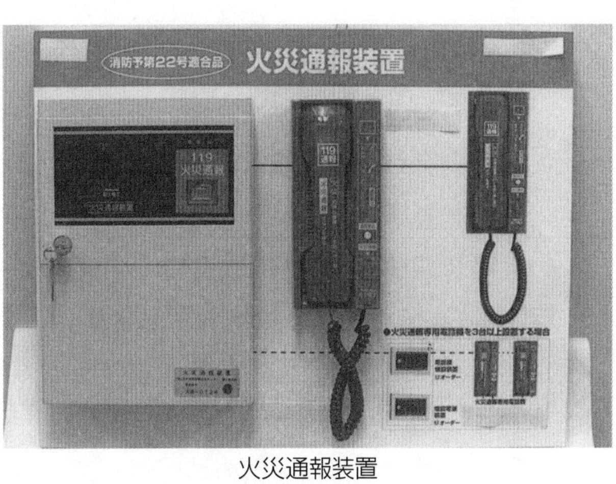

火災通報装置

④　非常警報設備

ア　設置基準

非常警報設備には非常ベル、自動式サイレン、放送設備の３種類があります。これらの設備は、火災が発生した際に防火管理者をはじめとする防火管理関係者が、在館者等に対して異常を知らせるためのものです。建物の規模、構造に関係なく収容人員によって設置義務が生じます。

非常警報設備の設置基準例
（消防法施行令第24条参照）

	非常ベル サイレン	放送設備 （サイレン等併用）
飲食店	50人（収容人員）	300人
デパート	50人	300人
旅館、ホテル	20人	300人
病　院	20人	300人
学　校	50人	800人
事務所	50人	11階以上のもの又は地下３階以上のもの
複合ビル（16イ）	50人	500人

イ　構成

非常警報設備は、起動ボタン、音響装置、表示灯からなっています。放送設備にはこれに増幅器、操作装置等が加わります。

一般の業務用放送等と共用するものは、非常放送することにより他の放送を遮断できる機構となっています。

非常放送設備構成図

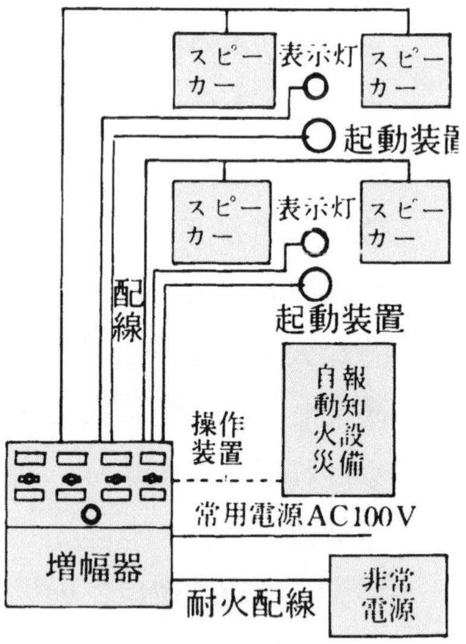

ウ　機能

非常警報設備は非常電源（一般に内蔵型蓄電池）を有していますので、停電状態になっても10分間は放送することができます。また、放送設備は通常全館一斉放送スイッチと各階選択スイッチがあるので避難、その他災害の状況に応じて選択することができます。

エ　使用上の注意

これら３種類の非常警報設備の中でも、放送設備が最も有効であるのは言うまでもありません。以下はその使用上の注意点です。非常用放送設備を使う場合は、何よりも落着いて、はっきりと放送しなくてはなりません。特に大規模な物販店やホテルなどでは、火災の際、この放送を的確に使わなければ、パニックを引き起こし、二次災害の誘発も十分考えられます。従って、非常放送設備を設置している建物の防火管理者は、常日頃からその取扱い要領、避難誘導要領等の放送内容を操作者に十分教育しておかなければなりません。

オ　放送設備の基準改正

火災の際の非常用放送設備の使用については、上記のような注意が必要なのですが、しかし人間に火災のような異常事態に際し、的確な行動を期待するのは難しい場合もあります。さらに、放送設備のサイレン音は、人に対し冷静な判断力を低下させるおそれもあるので、このため、消防法施行規則及び非常警報設備の基準の一部が、次のように改正されたのです（平成６年１月）。その主な点を次に示します。

㋐　非常用放送設備の設置義務のある対象物は、火災受信機と連動し、自動的に非常放送される「音声警報」が必要となる。

㋑　自動火災報知設備の地区ベルは、音声警報が非常放送と連動して自動的に放送されるので、設置不要となる。

㋒　スピーカーの種別（Ｌ、Ｍ、Ｓ各級）が新たに設定され、その配置についても放送内容が明瞭に把握されるように改正された。

㋓　この改正は平成６年４月１日以降に建築着工した建物から適用されている。

カ　一斉式非常放送設備

また、自治省（現総務省）消防庁の通知「就寝施設における非常放送設備の設置の推進について」（昭和62年４月）によれば、いわゆる「中小規模就寝施設」（令別表第１⑸項イ及び⑹項に該当する防火対象物で、収容人員が20人以上300人未満のもの）には、避難誘導のより効率化を図るため、これら施設にはできるだけ非常警報設備のうちの放送設備（「非常放送設備」という。）を設置するよう指導が行われています。

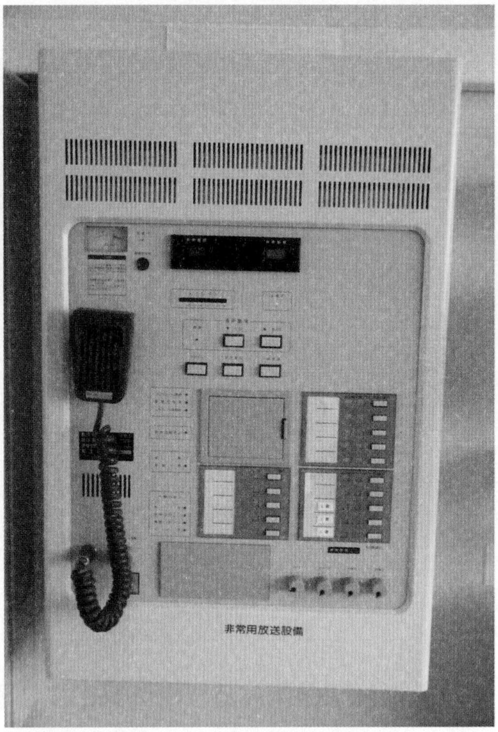

操作方法　①「起動スイッチ」を入れる。
②「非常用マイク」をとる。
③放送ゾーンを決定し「選択回路」又は「一斉」を押す。
④放送する。
なお、自火報連動の場合は①と③が自動的に行われている。直上階鳴動方式の場合は注意する。非常用マイクは握るとサイレンが止まる。

（３）避難設備

①　避難器具

ア　設置基準

避難器具は火災の際、屋内階段等が使えなくなったときに使用するもので、屋内階段を主たる避難手段とすれば避難器具は避難の補助手段と言えます。避難器具は建物の階の用途、収容人員によって次表のように設置が義務づけられていますが、避難に有効な特別避難階段や屋外避難階段等があれば、避難器具は減免されます。しかし、避難器具の能力は実験値（次頁表参照）でも分かるように通常の階段に比較して非常に劣るため、その能力を過信してはなりません。したがって、火災時の避難器具を使う場合は、逃げ遅れた人を救護するのが目的であることを明確にした避難計画を立てるべきです。

イ　避難器具の種類

法令上規定されている避難器具は、避難はしご（固定はしご、つり下げはしご等）、緩降機、すべり台、すべり棒、避難ロープ、避難用タラップ、救助袋、避難橋の８種類です。そして、それらの避難器具は建物の階の用途、使用階によって使い分けなければなりません。しかし法令上その

建物のモデル

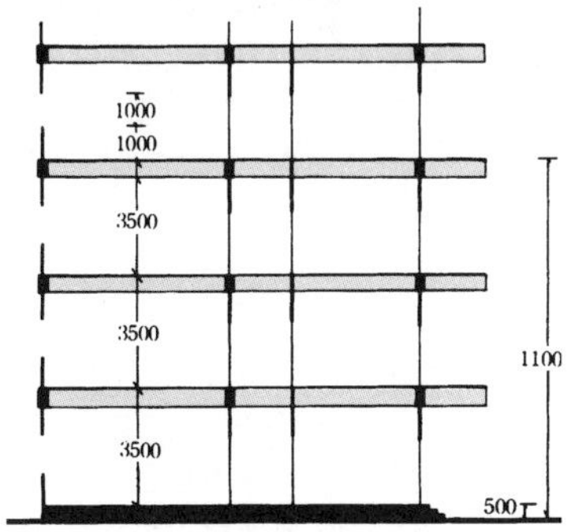

階段のモデル

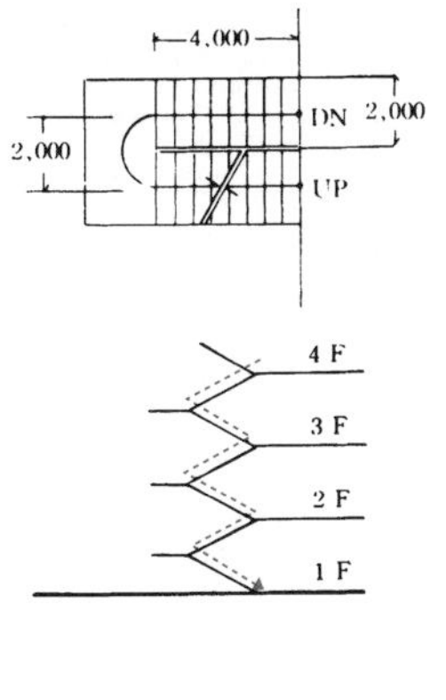

◆５分、10分で避難できる避難人員の計算例

避難方法＼所要時分	T＝300（秒）のときの値（人）		T＝600（秒）のときの値（人）	
	経験者の設置	初心者の設置	経験者の設置	初心者の設置
斜降式救助袋	12.2	5.8	29.7	22.9
垂降式救助袋	5.7	2.8	12.7	9.9
緩降機	5.3	3.7	10.9	9.4
つり下げはしご（窓枠に取りつけるもの）	7.3	4.7	17.4	14.9
つり下げはしご（バルコニーの床にセットするもの）	13.7	－	28.0	－
固定はしご（群衆降下）	24.2		50.7	
階　　段	614.4		1,394.4	

◆器具別設置時間及び避難所要時間（前同）

避　難　器　具	設置時間（秒）		避難所要時間		
	経験者	初心者	準備時間（秒）	降下速度m/s	脱出時間（秒）
斜降式救助袋	89	206	8	1.3	
垂降式救助袋	58	180	9	0.52	10
緩降機	31	113	29	0.91	12
つり下げはしご（窓枠に取りつけるもの）	85	160	11	0.27	
つり下げはしご（バルコニーの床にセットするもの）	15		5	0.25	
固定はしご				0.30	

◆防火対象物の用途及び階に適応する避難器具の種類

防火対象物＼階	地　　階	２　　階	３　　階	４階又は５階	６階以上の階（11階以上の階を除く）
ア　病院、診療所で収容人員が20人以上のもの	避難はしご 避難用タラップ	すべり台 避難はしご 緩降機 避難橋 避難用タラップ 救助袋	すべり台 救助袋 緩降機 避難橋	すべり台 救助袋 緩降機 避難橋	すべり台 救助袋 避難橋
イ　旅館、ホテル、共同住宅等で収容人員が30人以上のもの ウ　劇場、キャバレー、飲食店、百貨店、学校、図書館、公衆浴場等で収容人員が50人以上のもの	避難はしご 避難用タラップ	すべり台 すべり棒 避難ロープ 避難はしご 緩降機 避難橋 避難用タラップ 救助袋	すべり台 避難はしご 緩降機 避難橋 避難用タラップ 救助袋	すべり台 避難はしご 緩降機 避難橋 救助袋	すべり台 避難はしご 緩降機 避難橋 救助袋
エ　工場、作業所、テレビスタジオ、事務所等で収容人員が地階又は無窓階にあっては100人以上、その他の階にあっては150人以上のもの	避難はしご 避難用タラップ		すべり台 避難はしご 緩降機 避難橋 避難用タラップ 救助袋	すべり台 避難はしご 緩降機 避難橋 救助袋	すべり台 避難はしご 緩降機 避難橋 救助袋
オ　すべての防火対象物のうち避難階又は地上に直通する階段が１で収容人員が10人以上のもの		（キャバレー、料理屋等には設置する） すべり台 すべり棒 避難ロープ 避難はしご 緩降機 避難橋 避難用タラップ 救助袋	すべり台 避難はしご 緩降機 避難橋 避難用タラップ 救助袋	すべり台 避難はしご 緩降機 避難橋 救助袋	すべり台 避難はしご 緩降機 避難橋 救助袋

使用が認められていても、その建物の状況に応じた設置が必要です。ここではその主なものについてその構造、性能、使用上の注意について述べたいと思います。

㋐　金属製つり下げはしご

金属製つり下げはしごは、常時は折りたたんで収納しており、火災の際に伸展し窓枠等に固定し窓枠を乗り越えて降下するものです。従って、使用する際は堅固な窓枠等に固定し、平坦な外壁沿いに設置しなければなりません。実験値によれば、避難に要する時間は初心者で取付時間160秒、準備時間11秒、避難速度0.27m/秒ですから仮に２階から１階までが3.5mとすると、取付けから１階着地まで約３分間かかることになります。

金属製つり下げはしごは法令上３階まで使用が認められていますが、高さ７～８mのところから降下するには恐怖心が先立ってなかなか容易に避難できるものではありません。ましてや、老人、子供等では不可能に近く、その使用は実際上２階が限度で、しかも成人男子が勤務する建物でしかその設置は適当でないと言えます。

㋑　金属製固定はしご

４階以上の階に避難はしごを設ける場合は、金属製の固定はしごを設置することが規定されています。これは、バルコニー等に設けられていて順次下階避難できるため、不安感も少なく比較的優れている避難器具と言えます。

実験値によれば、10分間に降下可能な人員は約50人で、金属製つり下げはしごの約3.4倍、緩降機の約5.4倍、斜降式救助袋の2.2倍、垂降式救助袋の5.1倍です。

しかし､時折このように優れている金属製固定はしごも、バルコニーを倉庫代わりに使ったり、バルコニー入口付近に物品を山積みにしているため、使えない状態になっているのをみかけますが、これではせっかくの設備が無駄になってしまいます。防火管理者はこのようなことのないように常に注意していなければなりません。

㋒　緩降機

緩降機はベルトを腰に固定し､ゆっくり降下するもので、殆どの避難器具同様１人ずつしか降下することが

金属製つり下げはしご（折りたたみ式）

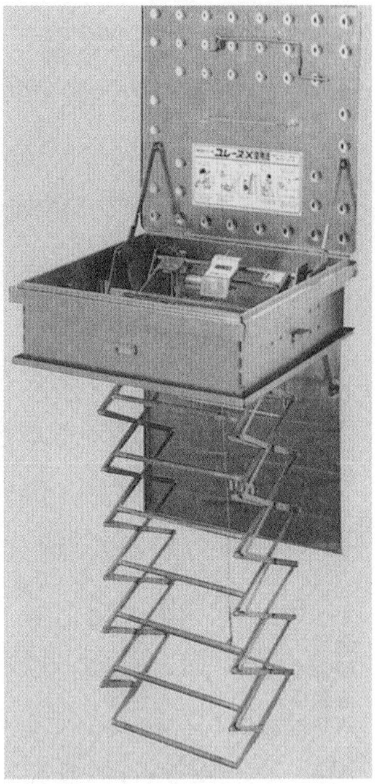

金属製固定はしご

緩降機

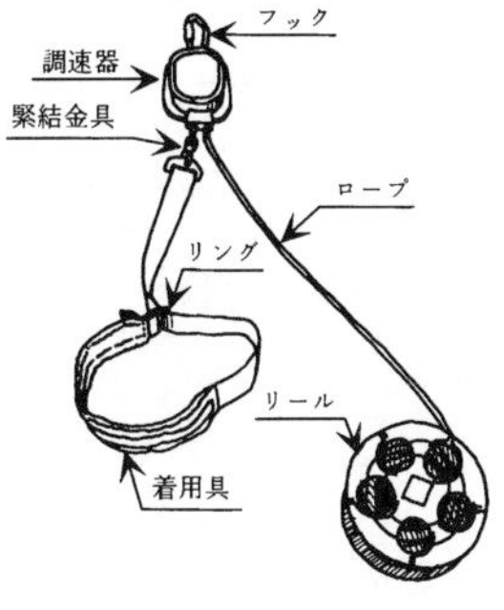

避難用タラップ

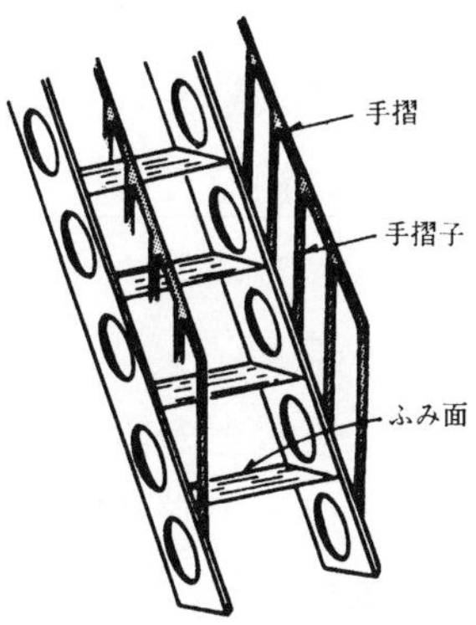

できません。降下速度は実験値によれば約１ｍ／秒（規格省令では0.16m／秒～1.6m／秒）と比較的ゆっくりしたもので、４階の窓から降下する場合、初心者で約２分50秒、訓練等で経験のある人で約１分25秒と差があります。緩降機は外壁沿いの空間を降下するため、降下を妨げるような障害物があってはなりません。他の避難器具にも同様のことが言えますが、防火管理者はこの降下空間の確保と、併せて操作空間、避難空地の確保に努めなければなりません。

斜降式救助袋[2]

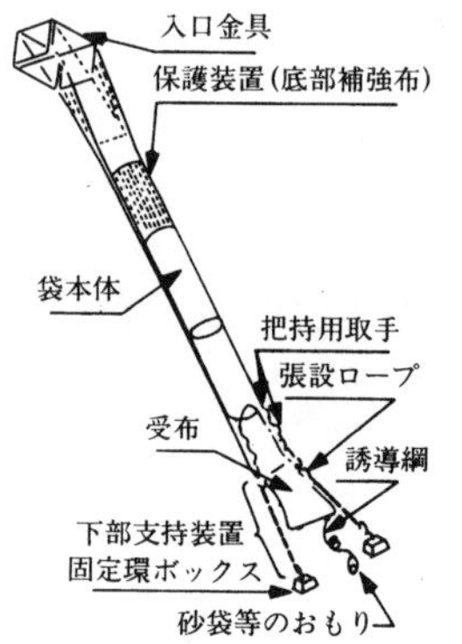

垂降式救助袋
（緊迫部を設けたもの）[1]

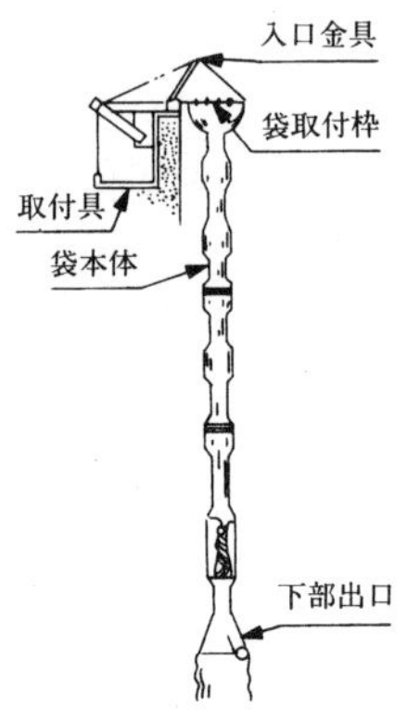

㋓　避難用タラップ

手摺、踏面、けあげ、踊場をもつ階段状タラップのことで、その安全性、使いやすさ、時間当たりの避難可能人員から考えて、避難器具の中では最も大量避難が可能なものと言えます。建築基準法上の屋外階段と異なる主な点は階段幅で建築基準法では50㎝以上60㎝以下、避難用タラップは50㎝以上となっています。

㋔　救助袋

救助袋は予め窓近くの床や壁に枠を固定しておき、避難の際に窓枠から袋を降下させて、布状の袋の中に体ごと入り降下するもので、斜降式と垂降式とがあります。垂降式は窓から袋を降下させるとすぐに使えますが、斜降式は斜めに降下するため足元を固定しなくては使えません。斜降式救助袋は、緩降機等に比べ、不安感もなく、比較的多く避難できますが（実験値によれば、緩降機に比べ10分間に降下できる人員は、初心者で約2.4倍の22人）設置時間に比較的時間がかかり（初心者で約３分30秒、経験者で１分30秒）使用経験の有無により大きく差がでます。垂降式は斜降式に比べ、取扱いが簡単ですが、それでも設置準備に初心者で約３分、経験者で１分程要しています。このように救助袋は設置時間を多く要するもので、日常の取扱い訓練を十分しなければ、有効に使いこなせない可能性もあると言えます。

ウ　設置上の留意事項

以上、避難器具の主なものについて述べましたが、冒頭で触れたように避難器具はあくまで階段等の通常の避難経路が断たれたときの補助手段です。避難器具の中で比較的不安感もなく、安全に避難できる固定式金属製はしごでさえも通常の階段に比べたら、時間当たりの避難可能人員は約１／25でしかすぎません。しかし階段等が煙などで汚染されて使用できなくなった場合は、これらの避難器具を使用して無事脱出しなくてはなりません。そのためには、日頃から防火管理者による、避難器具の設置場所、取扱い方法等の従業員への教育が重要になってくるわけです。なお、われわれは、旅館・ホテル、病院、百貨店、福祉施設、小・中学校等の、避難設備にはなるべく移動式の避難器具より、固定式の避難設備のほうが適切だと考えています。理由は言うまでもないのですが、移動式の避難器具は大量、短時間の避難には適当でないからです。

② **誘導灯**

ア　設置基準

火災が発生すれば往々にして停電状態になることは過去の火災事例が示す通りですが、デパート等のように採光窓の少ないところでこのような状態になると、たちまち避難しようにも階段の場所さえ分からなくなってしまいます。このために、火災が発生した場合に、停電時を含めて常時避難行動を円滑にするために、消防法では誘導灯、建築基準法では非常照明の規定を設けています。誘導灯は特定対象物や非特定対象物の地階、無窓階、11階以上の部分等に設置が義務づけられています。

誘導灯の設置基準例
(消防法施行令第26条参照)

飲食店 デパート、マーケット 旅館、ホテル 病院 複合ビル(16イ)	全部
共同住宅 学校 事務所	地階、無窓階、 11階以上の部分

イ　誘導灯の種類

誘導灯には階段等の避難口に設置する避難口誘導灯、そのような避難口に至る廊下、通路及び階段に設ける通路誘導灯、映画館等の客席に設ける客席誘導灯とに分類されます。客席誘導灯を除いて、Ａ級、Ｂ級、Ｃ級と級別に分かれており、それぞれ建物の規模、用途等によって使い分けられます。表示板は昭和57年２月１日より従来の文字だけのものから、シンボル表示が新しく加えられました。

なお、誘導灯の位置が少しでも早く分かるように点滅型誘導灯も開発されています。これは自動火災報知設備と連動しておき、火災の場合にはキセノンランプ(カメラのストロボのようなもの)が点滅するようになっています。

また、点滅型誘導音装置付誘導灯や、誘導音装置付誘導灯が開発されています(自治省消防庁予防課８号通達(昭和62年１月))。いずれも、誘導灯が容易に識別できない場所や、あるいは視力の弱い人が出入りする場所に設置されるようになっています。自動火災報知設備と連動になっているので、火災の際には自動火災報知設備のベルとともに、キセノンランプが点滅し、電子音で避難口へ誘導するというものです。

最近、従来の誘導灯の表示面に比べて、高い平均輝度を有し、かつ、省エネルギーに配慮した誘導灯(高輝度誘導灯)が開発されました。このため、消防法施行規則により、Ａ級、Ｂ級又はＣ級の避難口誘導灯を設けることとされている場所にあっては、高輝度誘導灯の設置ができるようになりました。

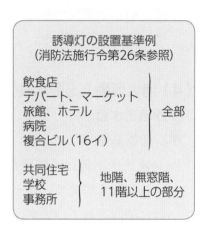

ウ　機能

誘導灯は、常時は一般電源で点灯しており、火災時に停電状態になると一般に誘導灯に内蔵している蓄電池によって点灯するようになっています。この点灯時間は法令上20分間連続して点灯するように規定されています。

また、大規模建築物、高層建築物、地下街や消防長又は消防署長が指定する地階の乗降場では、非常電源の容量として60分間以上が必要となります。

エ　使用上の注意

誘導灯は火災の際の煙や停電時に安全に避難できる目的で設置されています。このため常時点灯しておく必要があり、特に蓄電池内蔵型誘導灯では常時点灯しておかないと過放電してしまい、停電時に役に立たないことになります。このため誘導灯の下部についている点検ひもを時々引いて正常であることを確かめなければなりません。また、店内の照明器具や装飾品などで、誘導灯が見えないようでは困ります。このような点にも注意を要します。

（4）消火活動上必要な設備

①　連結送水管

ア　設置基準

連結送水管は消防隊が消火活動を容易にするために設けられるものです。従って、７階以上の建物や大規模な建物に設置されています。

> 連結送水管の設置基準
> （消防法施行令第29条参照）
>
> ７階建て以上の建物
> ５階建て以上で
> 延6,000㎡以上の建物
>
> 連結散水設備の設置基準
> （消防法施行令第28条の２参照）
>
> 地階の床面積合計
> 700㎡以上

イ　構造

連結送水管は送水口、立管、放水口等により構成されており、常時配管に充水されている湿式方式とそうでない乾式方式とがあります。いずれの場合も消防車により通常１

連結送水管構成図

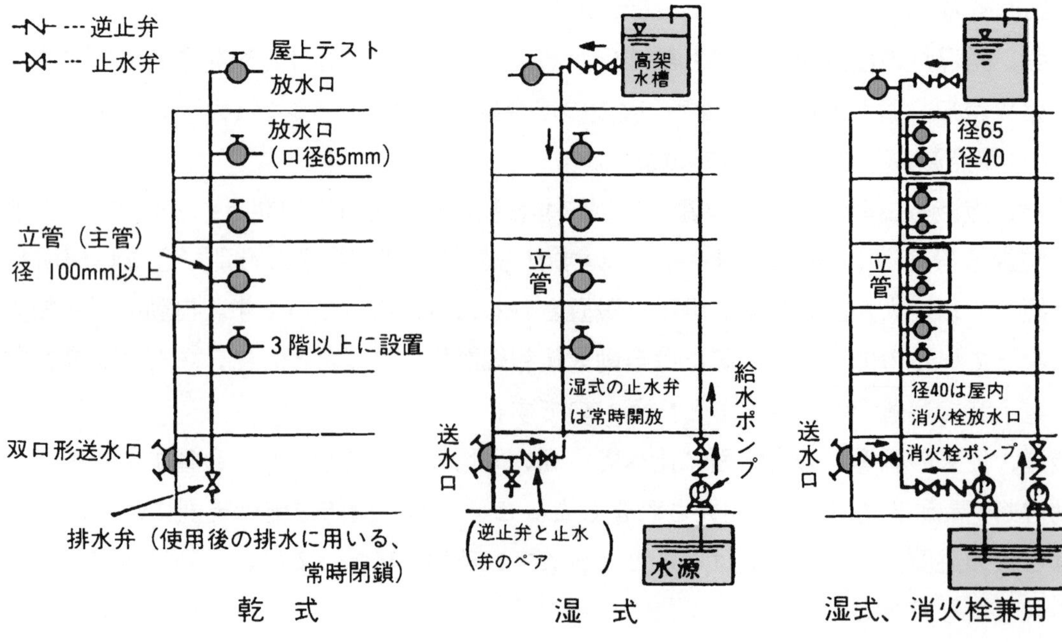

階にある送水口より水を送り、送水が必要な階の放水口にホースを接続し使用するものですが、屋内消火栓が設置されている建物では併設されている場合があります。

地上11階以上の建物には、消防隊が使用するためのホースと筒先を格納した箱の設置が、11階以上の階について義務づけられています。

また、非常電源を附置した加圧送水装置を設けなければなりません。

ウ　機能

通常７～８階建ての建物では消防車から0.5～0.7MPaで送水すると最上階で0.3MPaの放水圧力が得られます。しかし配管に布や石ころが入っていたりすると必要な放水圧力が得られませんので注意しなければなりません。

エ　管理上の注意

連結送水管は消防隊が使用するものですが、火災の際に有効に使えるように維持管理しなくてはなりません。つまり送水口付近に車を止めてあったり、植木等で送水口の位置がわからなくなっていては困ります。また、各階の放水口まわりに雑品を置いていたりしていては、消火活動を容易にすることができません。

乾式連結送水管は各階の放水口のバルブが、常時閉鎖されているかどうか確認しなければなりません。バルブが開いていると送水することにより、火災階以外にも水があふれることになり、必要な放水圧力が得られないだけでなく、水損を受けることにもなります。

②　その他の消火活動上必要な設備

ア　連結散水設備

連結散水設備は地下火災の消火活動を容易にするもので、地階の天井面に配管し、１階送水口から消防車によって送水するものです。このため建物の地階が700㎡以上のものに設置が義務づけられています。しかし地階部分にスプリンクラー設備等の自動消火設備があれば設置しなくてもよい旨規定されています。

イ　非常コンセント設備及び無線通信補助設備

高層ビルないし地下街火災等において消防隊の適切な活動が行われるように、単相交流100Ｖ15Ａ以上の電力を供給できる非常コンセント設備を、あるいは円滑な無線交信の困難な地下街火災に対処するための無線通信補助設備をそれぞれ、これらの対象物には設置しなければならないとされています。

（５）消防用設備等の性能規定化

①　消防法の性能規定化へのニーズの増大

これまでに述べてきたように防火対象物は、用途、階数、床面積、収容人員等に応じて消防用設備等が設置されています。このような規制方法を「仕様書規定」と言います。近年、超高層建築物、大空間を有する建築物等の大規模・特殊な防火対象物が増加するとともに、新しい技術を用いた消防用設備等の開発がなされており、これらの新たに開発された設備やシステム等が、迅速かつ適切に評価され、実用化されることが求められています。これを実現するためには、新技術により開発された設備が、現在の基準と同等以上の防火安全性を有していることを客観的に判断する必要があります。そのためには、技術的な基準を「性能規定化」することが必要となります。技術的な基準が「性能規定化」されると、規制を受ける側は、その「性能」を達成することを目標として、個々の事情に即した効率的かつ経済合理的な技術開発ができるようになります。

② 「性能」に対する適合性の検証

性能規定化された技術基準が有効に機能するためには、提案される新技術や技術的工夫を客観的、普遍的かつ公正に評価する方法を用意する必要があります。その一つが、「客観的検証法」ということになります。これは、多岐にわたる技術開発や技術的工夫に燃焼理論や消火理論などの技術基盤に立脚した検証方法となります。また、多岐にわたる技術開発や技術的工夫に対し客観的検証法では対応しきれない場合は、高度な見識を有する機関の評価に基づき、全国統一的に認定する方法も必要です。それが、「国による認定制度」ということになります。

当然、従前からの「仕様書規定」も選択肢の一つとなり、設計の自由度が拡大されることになります。

◆特定共同住宅等に用いられる消防用設備等の機能と性能

機能・性能	通常用いられる消防用設備等	必要とされる各性能を主として有する消防の用に供する設備
初期消火制御機能	・消火器具 ・屋内消火栓 ・スプリンクラー設備 ・屋外消火栓設備 ・動力消防ポンプ設備 ・自動火災報知設備 　＊水噴霧消火設備等	・住宅用消火器及び消火器具 ・共同住宅用スプリンクラー設備 ・共同住宅用自動火災報知設備又は住戸用自動火災報知設備及び共同住宅用非常警報設備
避難安全支援機能	・自動火災報知設備 ・非常警報設備 ・避難器具 ・誘導灯及び誘導標識 　＊漏電火災警報器・消防機関へ通報する火災報知設備	・共同住宅用自動火災報知設備又は住戸用自動火災報知設備及び共同住宅用非常警報設備
消防活動支援機能	・連結送水管 ・非常コンセント設備 　＊消防用水・連結散水設備	・共同住宅用連結送水管 ・共同住宅用非常コンセント設備

＊特定共同住宅等において代えて用いることができない通常用いられる消防設備等

(6) 検定制度

① 検定制度の目的

消防用設備等は、その特殊性からいついかなる場合であってもその機能を発揮するものでなければなりません。それだけに、消防用設備等の機能維持を図ることが期待されており、万一機能維持が図られていなければ、消防用設備等を設置しない場合よりも大きな被害をもたらすことさえあります。

このような観点から消防用設備等の全部又は一部である消防用機械器具等について検定を行い、

品質の確保を図ろうとするのが検定制度なのです。

すなわち、消防用機械器具等については検定に合格したものでなければ販売し、又は、販売の目的で陳列してはならず、また、設置、変更又は請負に係わる工事に使用してはならないものとし、品質の確保を図ろうというものなのです（消防法第21条の２）。

②　検定の方法

消防用機械器具等の検定は、型式承認と型式適合検定の二段階からなっています。申請者の申請に基づき日本消防検定協会において、それぞれの消防用機械器具等ごとに総務省令で定めている技術上の規格に適合するかどうかを試験し、基準に適合するものについては総務大臣が型式承認を与え、その与えられた型式に従って生産されたものが、型式承認品と同等の構造、性能等を有するかどうかを個別的に検査し、これに適合するものには型式適合検定に合格した旨のラベルを貼付することになっています。合格した12品目には全て表のラベルが貼付されています。

検定対象機械器具等の種別	消火器 火災報知設備の感知器又は発信機 中継器 受信機 金属製避難はしご	緩降機	消火器用消火薬剤 泡消火薬剤	閉鎖型スプリンクラーヘッド	流水検知装置 一斉開放弁 住宅用防災警報機
表示の様式					

③　型式承認の失効

最近の急速な技術進歩に伴い、消防用機械器具についても性能の向上、改善などがなされています。このため、総務省令で定めている技術上の規格も、この技術の進歩に即して改正を行い、より優れた性能を有する消防用機械器具等を供給する必要性が生じてきます。このようにして技術上の規格が改正されたことにより、既に型式承認を受けている消防用機械器具等が改正後の新しい規格に適合しないときは、総務大臣はその効力を失わせることができるとされています。これを一般的に型式の失効と呼んでいます。

ただし、改正後の規格に適合しない程度に応じて、型式承認が失効したものであっても、それぞれの品目ごとに一定期間を限って、当該型式承認の効力の存続を、引き続き認めるものであるとされています。これを特例期間と呼んでいます。

この型式承認失効した場合、又は特例期間経過後、型式承認の効力がなくなった場合には、その型式に基づく型式適合検定を受けられなくなり、また、これまで行ってきた型式適合検定の効力も失われることになります。

④　失効した消防用機械器具等の取扱い

消防用機械器具等に関する技術上の規格が改正されたことにより、改正後の規格基準に適合しなくなれば、同時に消防用設備等の設置基準にも適合せず、法令違反となります（消防法施行令第30条１項又は危険物の規制に関する政令第22条１項）。

従って、特定防火対象物に設置されている消防用設備等については全品目（消防法第17条の２の５第２項第４号―そ及適用―）、また、非特定防火対象物に設置されている消防用設備等のうち、消火器、ガス漏れ火災警報設備、自動火災警報設備（⒄項に掲げる防火対象物に限る。）、避難器具（金属製避難はしご、緩降機に限る。）については、消防法第17条の２の５第１項かっこ書（除外規定）及び同法施行令第34条（適用除外）によって、規格改正があれば直ちに型式失効することになります。

しかしながら、規格改正が行われても直ちに新規格の製品が市場に出回るわけでもなく、あるいは適合しない程度に応じて一定期間の“特例期間”が認められているので、防火管理者は自己の管理する消防用設備等の全般について、その細部にわたり常に失効しているか否かをチェックする必要があるということになります。

2 防火・避難施設の種類と役割

防火・避難施設は、建築物の一部に、延焼拡大や煙の拡散等を閉じ込めることや、確実な避難、消火活動等が安全に行えるように構造的に設置されている施設又は設備のことで、大きく防火施設と避難施設があります。

（1）防火施設

①　防火区画

防火区画というのは、主要構造部を耐火構造又は準耐火構造とした建築物で発生した火災の拡大を局所で止めようとすると共に、避難、救助、救出又は消火活動を容易に行わせようとするもので、階段、吹き抜け、ダクトスペース、エレベーター、エスカレーター等の竪穴を区画する竪穴区画、一定の面積ごとに区画する面積区画、異なる用途間を区画する異種用途区画の３つがあります。

防火区画

②　防火設備

ア　防火戸・防火シャッター

防火区画の開口部に設けられる扉やシャッターのことで、防火・防炎性能を有しています。

開けても自動的に閉まる常時閉鎖式のものと、通常は開いていて煙感知器と連動して自動的に閉まる自動閉鎖式のものがあります。

イ　防火ダンパー

火災発生時に、ダクトを通じて延焼するのを防ぐために火炎や煙を遮断するためのもので、建物の防火区画の貫通部に取り付けられています。

防火区域に設けられる開口部には特定防火設備

[昭和48年建設省告示第2563号、最終改正平成13年国土交通省告示第65号]

防火戸は、いつも閉めておいた方がよい。(常時閉鎖式防火戸)

常時閉鎖式防火戸

火災の熱又は煙により自動的に閉まるものもある。(自動閉鎖式防火戸)

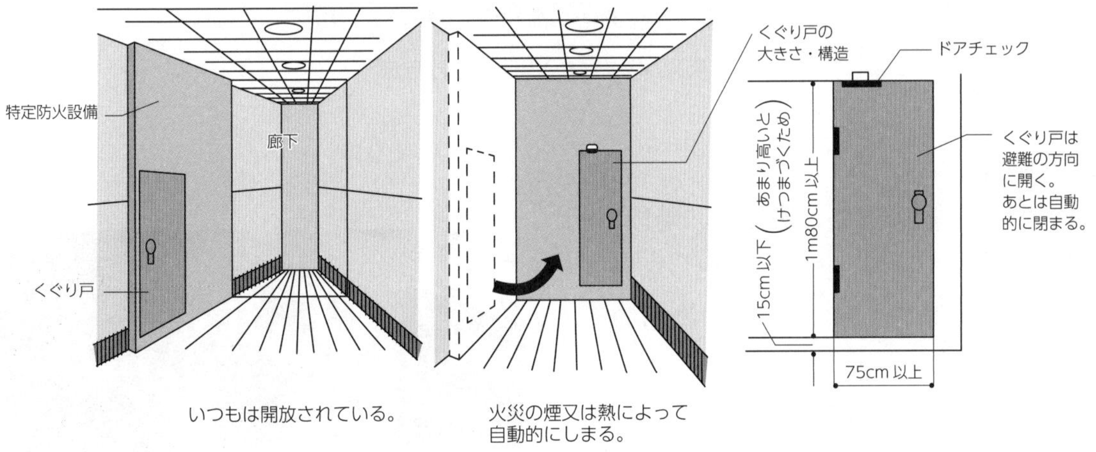

自動閉鎖式防火戸

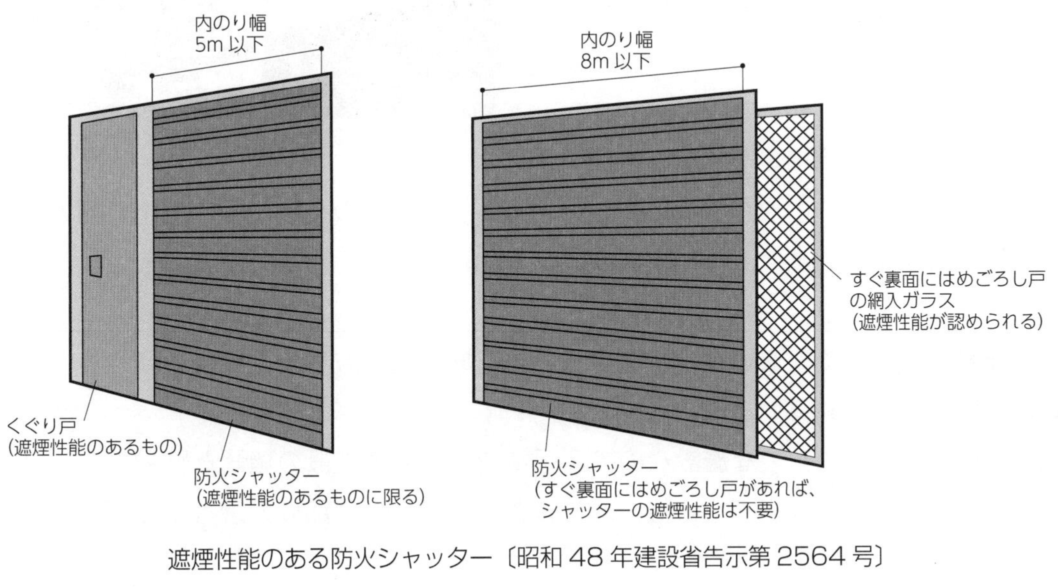

遮煙性能のある防火シャッター〔昭和 48 年建設省告示第 2564 号〕

２枚羽根ダンパー

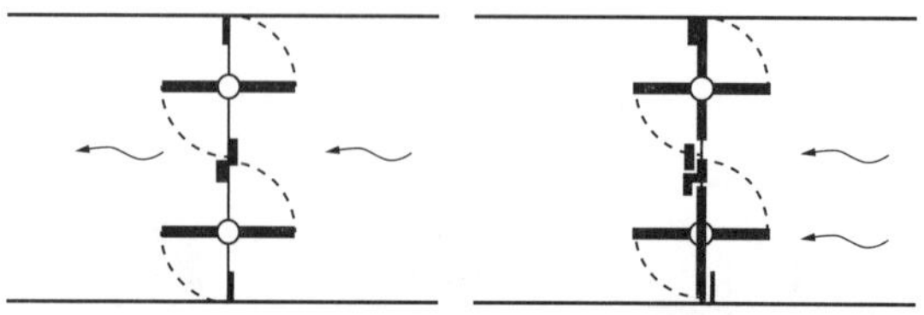

〈平常時〉　〈閉鎖時〉

温度ヒューズ又はソレノイドの作動によりロックを解き、
スプリングの反発力で羽が回転する。

防火ダンパーの構造（例）

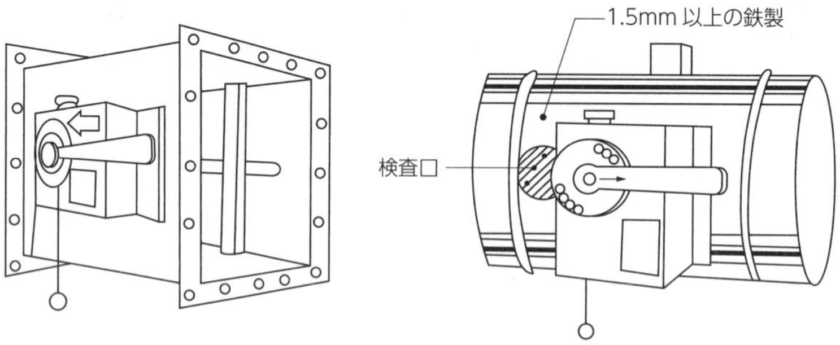

防火ダンパーには点検口及び開閉状況の検査口を設ける。

防火ダンパーの構造・取付方法

（2）避難施設

避難施設とは、避難通路、避難口、階段、排煙設備、バルコニー等、火災が発生した場合に速やかに避難するために設けられたものをいいます。

これらの施設は、建築物の規模や用途によって設置方法が異なりますが、火災時などには人命の保護に重要な役割を果たしますので、避難上有効に機能するよう十分管理しなければなりません。

階段室に山積みされた物品

①　避難通路

避難通路とは、防火対象物のそれぞれの部分から避難口へ向かうための通路のことをいい、廊下や百貨店の売場の室内通路、劇場客席内の通路等がこれに該当します。

②　避難口

出入口、非常口のことで、避難を円滑にするため、扉の開き方や歩行距離、屋外への出口の幅や施錠装置について規制されています。

人命の安全確保のために重要な施設なので、平常時これらの施設の確認と物品などによる避難障害の有無に注意することが大切です。特に部外の者から見えない部分の避難口の管理には、気を配る必要があります。

③　階段

階段は火災時の避難経路として重要な役割を果たします。

また、階段が有効に防火区画されていない場合は煙の上昇経路にもなり、避難上きわめて危険な状態になります。このため、一定規模以上の建築物には、地上までの直通階段や避難階段又は特別避難階段の設置が義務付けられて安全が確保されています。

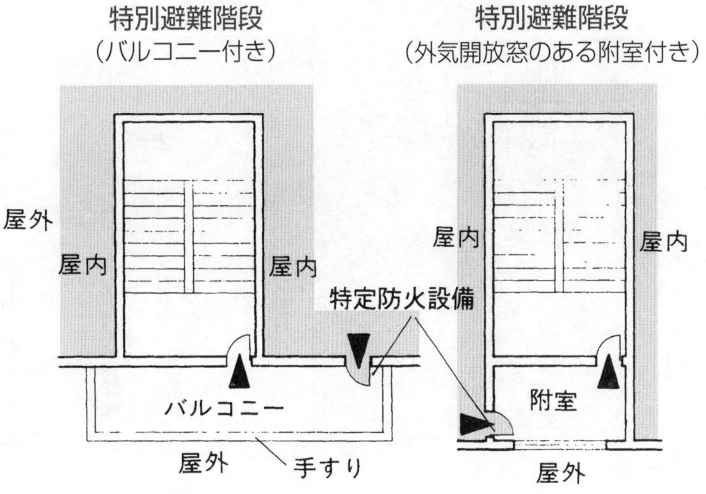

ア　直通階段

直通階段とは、建物の各階を通じてほぼ同じ位置に設置され、各階から直接地上へ通ずる出入口のある階（「避難階」という。）へ容易に避難できる階段をいいます。

直通階段の設置については、その階の居室の各部分から当該階段までの歩行距離の制限があります。また、一定規模以上の劇場、百貨店、病院、旅館等の用途に使用する階については、直通階段を２箇所以上設置し、二方向避難が確実にできるよう規定されています。

イ　避難階段及び特別避難階段

高層建物や地下建物での火災時に、直通階段に煙や炎が侵入するのを防止し、避難の安全を確保するため避難階段や特別避難階段の設置が義務付けられています。

④　排煙設備

排煙設備は、火災の初期に発生した煙を他の部屋へ流出させず、また、建築物内部に充満した煙を屋外に排出することを目的として、建築基準法に基づいて定められています。また消防法に基づいて設置される排煙設備もあります。

建築基準法では、火災初期の建物内からの避難を目的として設置され、消防法では、本格的に消防隊が消火活動をする上で必要な施設として設置されていますので、排煙設備に要求される排煙量が違います。

⑤　バルコニー

バルコニーは屋外に面して設けられているため、一時的な避難場所となります。

⑥　非常用進入口

建物内部から避難するためのものではなく、消防隊が建物の外部から進入して消防活動をするための足場として設けられているものです。

⑦　非常用エレベーター

高さが31mを超える高層建築物で、消防隊の消火活動を容易にするために設けられているエレベーターです。かごの呼び戻し装置や中央管理室との通話装置などを設ける特別な規定があります。

非常用進入口の構造

非常用エレベーターにはどれだけ乗れるか

１．17人乗り（平常時）

２．消防隊員８名+ホース８人分、発電機、投光機

３．消防隊員４名+高発砲装置

第２ 点検体制の確立の必要性

過去の火災事例を見ると、消防用設備等の維持管理が適切に行われていなかったため、火災発見が遅れたり、初期消火に失敗して延焼拡大を許してしまったケースがあります。

また、防火・避難施設についても同様で、維持管理の不備から防火戸が閉鎖できずに火炎が上階に一気に流れ込み多くの死傷者が出たケースもあります。さらには、階段や避難口に物品を置いたままにするなどして、避難の障害がでている事例が少なくありません。

いずれの設備や施設も、いざという時に有効に機能し、使えるよう日頃から点検を行い、適切に維持管理されていることが極めて重要です。

1 点検の種類

（１）消防用設備等の定期点検

消防用設備等の点検には、消防法に基づく専門知識、技術を持った消防設備士や消防設備点検資格者などが実施する定期点検と、防火管理者又は防火担当責任者等が日頃から行う日常点検があります。

定期点検を専門業者に委託する場合は、点検に防火管理者などが立ち会い、点検結果を確認し説明を受けるなどして、消防用設備等の維持が適正に行われるように努めなければなりません。

また、定期点検の結果は消防法施行規則によって、特定防火対象物については１年に１回、非特定防火対象物については３年に１回、消防長又は消防署長あてに報告することが義務付けられていますが、日常点検の結果については、消防計画に従ってチェック表などに記録して保存しておくことが大切です。

資格を有する者に点検させなければならない防火対象物は、特定用途対象物で延べ面積1,000㎡以上のもの、非特定用途防火対象物で延べ面積1,000㎡以上で消防長等が指定するもの及び特定用途対象物の内〔令別表第１⑴項から⑷項まで、⑸項イ、⑹項又は⑼項イ〕の用途に供される部分が存する特定一階段等防火対象物です。

① 点検種別とその内容

点検種別	点　検　内　容
機器点検	⑴ 消防用設備等に附置される非常電源（自家発電設備に限る。）又は動力消防ポンプの正常な作動 ⑵ 消防用設備等の機器の適正な配置、損傷等の有無その他主として外観から判別できる事項 ⑶ 消防用設備等の機能について、外観から又は簡易な操作により判別できる事項
総合点検	消防用設備等の全部もしくは一部を作動させ、又は当該消防用設備等を使用することにより、当該消防用設備等の総合的な機能を消防用設備等の種類に応じて確認する。

※特定一階段等防火対象物とは、令別表第１⑴項から⑷項まで、⑸項イ、⑹項又は⑼項イの用途に供される部分が避難階以外の階（１階及び２階を除く。）に存する防火対象物で、当該階から避難階又は地上に直通する階段が２（当該階段が屋外に設けられ、又は総務省令で定める構造

を有する場合にあっては、１）以上設けられていないもの

② 設備の種類ごとの点検種別及び点検期間

消防用設備等の種類	点検の種別	点検期間
消火器具、消防機関へ通報する火災報知設備、誘導灯、誘導標識、消防用水、非常コンセント設備、無線通信補助設備、共同住宅用非常コンセント設備	機器点検	6月ごと
屋内消火栓設備、スプリンクラー設備、水噴霧消火設備、泡消火設備、不活性ガス消火設備、ハロゲン化物消火設備、粉末消火設備、屋外消火栓設備、動力消防ポンプ設備、自動火災報知設備、ガス漏れ火災警報設備、漏電火災警報器、非常警報器具及び設備、避難器具、排煙設備、連結散水設備、連結送水管、非常電源（配線の部分を除く。）、総合操作盤、パッケージ型消火設備、パッケージ型自動消火設備、共同住宅用スプリンクラー設備、共同住宅用自動火災報知設備、住戸用自動火災報知設備、共同住宅用非常警報設備、共同住宅用連結送水管、特定小規模施設用自動火災報知設備、加圧防排煙設備、複合型居住施設用自動火災報知設備並びに特定駐車場用泡消火設備	機器点検	6月ごと
	総合点検	1年ごと
配　　線	総合点検	1年ごと

（2）防火・避難施設等の定期調査

建築物の維持管理については、建築基準法第12条により一定の用途、規模の建築物に対して、定期的にその状況を一級若しくは二級建築士又は特殊建築物調査資格者若しくは防火設備検査員等に調査させ、その結果を特定行政庁に報告することが義務付けられています。

なお、定期調査を義務付けられる建築物は、特定行政庁が指定することから、自治体で異なっていることに注意する必要があります。

また、建築基準法第８条は、法令に適合するよう維持保全の努力義務を定めていますから、所有者等は日常点検を行う義務もあります。

2 日常点検の要点

消防用設備等や防火・避難施設等は、いざというときにいつでも有効に使えるようにしておくために、防火管理者は担当者を決め組織的に、必要に応じて日常点検を実施する必要があります。

日常点検の要点は、次の表のとおりです。

（1）消防用設備等の日常点検の要点

種別		要点
消火設備	消火器	○定められた場所に設置されているか。 ・階ごとに設置 ・歩行距離 20m 以内に設置 ・床面からの高さが 1.5m 以下の場所に設置 ・冬季に凍結しない場所に設置 ○周囲に障害物がなく容易に使用できるようになっているか。 ○変形・損傷等はないか。

消火設備	消火器	○適応する消火器具が置かれているか。 ○標識が正規の位置に付けられているか。 ○蓄圧式の消火器の圧力が低下していないか。
消火設備	屋内・屋外消火栓設備	○周囲に使用上の障害となるような物が置かれていないか。 ○ポンプの周囲は整理されているか。 ○制御盤の電源は遮断されていないか。 ○ホース・ノズル等の器具が撤去又は破損されていないか。 ○消火栓箱の扉の開閉困難及び操作障害はないか。
	スプリンクラー設備	○制御盤の電源は遮断されていないか。 ○ポンプの周囲は整理されているか。 ○制御弁は閉鎖されていないか。 ○スプリンクラーヘッドの変形、損傷はないか。 ○ヘッドの未警戒部分はないか。 ○送水口の変形、損傷はないか。 ○感知障害、散水障害はないか。
	その他消火設備 （水噴霧・泡・不活性ガス・ハロゲン化物・粉末消火設備等）	○防護区画の防火壁に変形、損傷及び閉鎖障害はないか。 ○表示、標識の脱落及び破損はないか。 ○ポンプの周囲は整理されているか。 ○貯蔵容器は適正な場所に設置されているか。 ○消火薬剤の量が不足していないか。 ○貯蔵容器等は破損、腐食していないか。 ○制御盤の電源は遮断されていないか。 ○起動装置の設置位置はよいか。 ○感知器の未警戒部分がないか。 ○感知及び放射障害はないか。 ○ヘッドの破損及び脱落はないか。 ○移動式設備のホース及びノズルに破損、亀裂及び操作障害はないか。
警報設備	自動火災報知設備	○電源は遮断されていないか。 ○主ベル又は地区ベルは停止されていないか。 ○感知器の未警戒はないか。 ○感知器の破損、変形、脱落はないか。 ○発信機の周囲に障害物はないか。 ○表示灯は点灯しているか。
	ガス漏れ火災警報設備	○電源は遮断されていないか。 ○音響装置は停止されていないか。 ○間仕切変更等による検知器の未警戒はないか。 ○検知器・中継器の変形、破損はないか。 ○警戒区域図はあるか。
	漏電火災警報器	○電源は遮断されていないか。 ○音響装置は停止されていないか。 ○機器の変形、損傷はないか。
	非常ベル・放送設備	○電源は遮断されていないか。 ○音響装置の鳴動はよいか。 ○機器の破損、腐食はないか。 ○発信機の操作障害はないか。 ○表示灯は点灯しているか。 ○放送音声は明瞭か。
避難設備	避難器具	〈救助袋・緩降機〉 ○適正な位置に設置されているか。 ○操作障害はないか。 ○操作面積、降下空間及び避難空地は確保されているか。 ○支持枠に変形、損傷はないか。

<table>
<tr><td rowspan="2">避難設備</td><td>避難器具</td><td>○本体に変形、損傷はないか。</td></tr>
<tr><td>誘導灯</td><td>○点灯しているか。
○変形、損傷、汚損等はないか。
○視認障害はないか。</td></tr>
<tr><td rowspan="3">消防用水・消火活動上必要な施設</td><td>消防用水</td><td>○非常電源の機能は正常か。
○水量が確保されているか。
○採水口等の周囲に使用上の障害はないか。</td></tr>
<tr><td>連結送水管</td><td>○送水口の変形、操作障害はないか。
○格納箱・放水口の変形、損傷及び操作障害はないか。
○放水用具は撤去されていないか。
○表示灯は点灯しているか。</td></tr>
<tr><td>非常コンセント設備</td><td>○保護箱の開閉困難及び操作障害はないか。
○コンセントの変形、損傷はないか。
○表示灯が点灯しているか。</td></tr>
</table>

(2) 防火・避難施設の日常点検の要点

<table>
<tr><th colspan="2">種　　別</th><th>要　　点</th></tr>
<tr><td rowspan="2">防火施設</td><td>防火区画</td><td>○防火区画の壁及び床が破損していないか。
○改装工事等により防火区画が改造又は撤去されていないか。
○配管等の埋め戻しはよいか。</td></tr>
<tr><td>防火設備
(防火戸、防火シャッター)</td><td>○防火戸・防火シャッターが撤去されていないか。
○防火戸・防火シャッターの変形、損傷はないか。
○防火戸・防火シャッターは完全に閉鎖できるか。
○自動閉鎖装置は有効に機能するか。
○防火戸・防火シャッターに接近して可燃物が置かれていないか。
○くさびや物品等による閉鎖障害はないか。
○ガイドレール、取り付け枠の変形、損傷はないか。</td></tr>
<tr><td colspan="2">避難設備</td><td>○避難障害となる物が置いてないか。
○避難施設の床面はつまづき、すべり等がないようになっているか。
○非常口が使用不能となっていないか。
○階段に変形、損傷等はないか。
○階段、廊下、非常用エレベーター乗降ロビー等に可燃性物品を放置していないか。また、他の目的に使用していないか。
○百貨店等における避難通路の表示は明確になっているか。
○非常用進入口付近に看板、ルーバー等進入を妨げる障害物が設けられていないか。
○排煙装置の操作障害はないか。</td></tr>
<tr><td colspan="2">内装制限・防炎物品</td><td>○増改築等により内装材を可燃性の材料に変更していないか。
○防炎性能のないカーテン等を使用していないか。
○クリーニング等により防炎性能を低下させていないか。</td></tr>
</table>

第5章

防火管理の進め方と消防計画

第1 防火管理の進め方

1 防火対象物の実態と防火管理の在り方

(1) 実態に即した防火管理

防火管理の目的は、火災等の発生を未然に防ぐことと、仮に火災が発生してしまった場合にその人的、物的被害を最小限度に止めることです。これはどんな防火対象物においても基本的に変わるところはありません。しかし、防火対象物の業態や規模等の実態が異なってくれば、当然、防火管理の進め方も異なってきます。

例えば、物品販売店舗など不特定多数の人たちが出入りする防火対象物、病院や福祉施設などのように自力避難が困難な者が入所している施設、あるいは事務所ビルなどでは、言うまでもなく出火危険や人命危険等に相違があり、安全確保の計画にも違いが生じてきます。

防火管理者は、防火管理業務の内容が防火対象物ごとに異なるということを認識し、管理する防火対象物の業態や具体的な災害対応に即した消防計画を作成し、これに基づいて防火管理を行っていく必要があります。

(2) 組織的な防火管理

防火管理は、管理権原者や防火管理者等だけで進められるものではなく、従業員全員が業務を分担して組織的に行われなければ、効果的な防火管理は到底期待できません。火災等の災害が発生した場合には、統一的な指揮系統のもとに全勤務員が業務を分担し、組織的に自衛消防活動に当たらないと被害の軽減は叶わないところです。

特に、管理権原が複数に分かれている防火対象物では、それぞれの管理権原者が一体的な防火管理を進めていかなければ、効果を上げることができません。そのために、火災等が発生した場合に迅速、適切に自衛消防活動を行うことができるように事業所相互の連絡や協力などについて、事前に協議し、合同で訓練するなどの連携を図っておかなければなりません。

2 防火管理体制の確立

防火管理業務は、「災害予防管理」と「災害活動管理」に分けられます。これら2つの業務は、災害予防管理組織と災害活動管理組織（自衛消防組織）として、組織的な防火管理体制の中で進めていくのが効果的です。

（１）災害予防管理

災害予防管理業務は、日常的に行うものと定期的に行うものに分けられます。日常的に行う業務には、喫煙管理、火気使用設備、電気器具の維持管理などの火気管理や、避難経路、防火戸・防火シャッターの障害物の除去など避難・防火施設の機能維持などがあります。

また、定期的に行う業務には、防火対象物の構造、消防用設備等の法定点検並びに防火・避難施設等の建築設備、火気使用設備・器具、電気設備・器具、危険物施設などの点検などがあります。

日常的に行う業務は、防火管理者や火元責任者を中心として、全従業員に日常業務の中で行う必要のある業務を周知徹底して進めることが大切ですし、法定点検や機能維持などの定期的に行う業務は、専門的な知識を有する有資格者などに委託して行うことになります。

以上の２つの業務を適切に遂行するためには、それぞれの業務を担当する組織を編成するか、又は事業組織機構の中で担当する部署を決め、管理責任の所在を明らかにして分担させることが大切です。

①　日常の火災予防を図る組織

日常の火災予防を図る組織は、棟や階、所属部署等を単位として防火担当責任者を決め、また、部屋や火気使用箇所を単位とした火元責任者を置いて、責任の所在を明確にしておきます。

巡回による確認時には、記録台帳に実施結果を記録し、指導に生かすことも効果があります。

小売店舗における災害予防管理組織

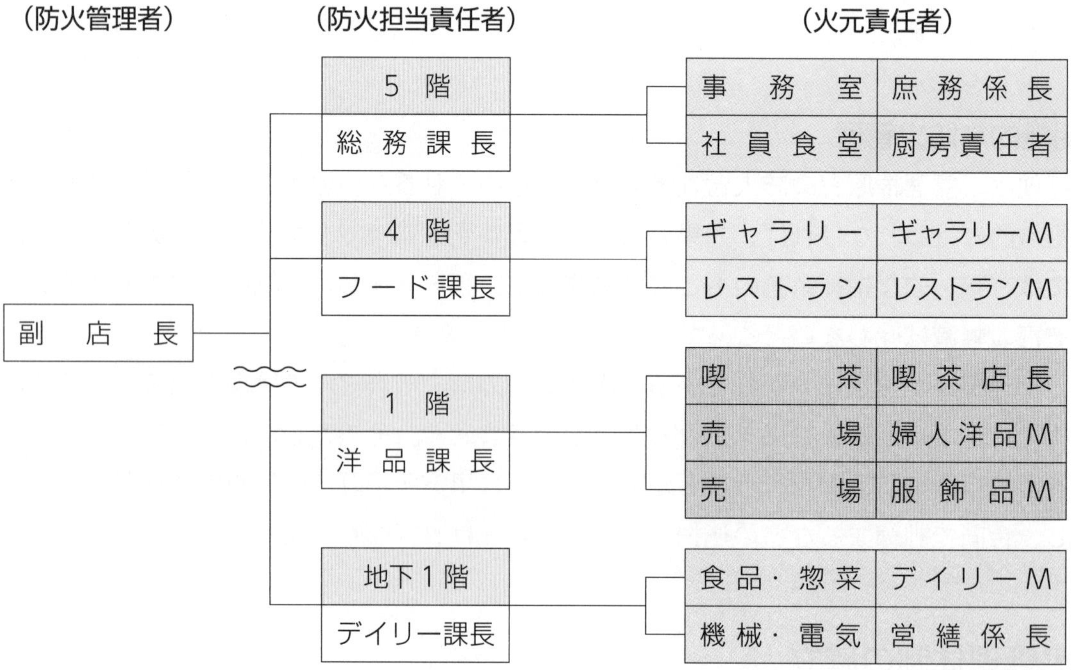

◆担当者別役割分担

担当者	役　割	業　務　内　容
防火管理者	防火担当責任者を監督・指導	防火担当責任者から火気の点検、施設・設備の管理状況について定期又は随時に報告を求める。 不備欠陥事項は管理権原者に連絡する。
防火担当責任者	防火管理者の補佐、火元責任者へ指示	火元責任者の業務実施状況を確認し、防火管理者に報告する。
火元責任者	担当箇所の火気管理	火気使用設備・器具の火気管理及び喫煙管理 終業時の火気点検 電気設備及び危険物施設の日常の維持管理 防火・避難施設及び消防用設備等の日常の維持管理 建物内外の可燃物の管理

② 定期に点検・検査を実施する組織

防火対象物の用途や規模に応じて、消防用設備等や防火・避難施設、火気使用設備等が設置されています。これらの施設や設備を維持管理するため、点検行う担当者を決め、台帳等によって防火管理者又は火元責任者に報告するようにします。

また、消防用設備等の定期点検については、消防設備士や消防設備点検資格者などの有資格者等を選任し、６か月ごとに機器点検を、１年に１回は総合点検を行います（92頁参照）。

◆施設・設備別点検検査適任者の例

消防用設備等	消防設備士 消防設備点検資格者
建築物	建築士 特殊建築物等調査資格者
火気使用設備器具	ボイラー技士、ボイラー整備士 石油機器技術管理士
危険物施設	危険物保安監督者、危険物取扱者、危険物施設保安員
電気設備器具	電気主任技術者、電気工事士、自家用発電設備専門技術者、ネオン工事技術者、蓄電池設備整備資格者

（2）災害活動管理

火災などの災害が発生した場合、被害を最小限度に食い止めるために通報・連絡、初期消火、避難誘導などを迅速・的確に行うためには、自衛消防組織の組織的な活動が必要です。自衛消防組織を編成して任務分担を徹底すると共に、定期的に教育・訓練を行い、防火管理の意識と知識を高め、技能の向上を図ることが重要です。自衛消防組織については、第６章で説明します。

3 工事中の防火管理

使用中の建物での改修などの工事中は、「使用部分」と「工事部分」が混在することになり、所有者又はテナント等の管理権原者は、使用部分と工事部分の両方について、防火管理者を中心とした適切な防火管理を行わなければなりません。

特に、工事部分は出火の危険性が高いので、防火担当責任者や火元責任者の人員を増やすなど、管理体制を強化する必要があります。

また、工事期間中は工事関係者が立入ることから防火管理体制が一元化され難くなるので、使用部分と工事部分の防火管理業務が、防火管理者を中心として常に一体的に推進できるよう、設計の段階から施主側と工事業者側とで十分に協議し、防火安全対策を樹立しておくことが大切です。

工事中の防火対策については、消防計画に基本的事項を定めておくことが重要です。

（1）工事中の自衛消防組織の編成

既存の自衛消防組織に加え、工事部分の自衛消防組織を編成し、災害発生時に各自が取るべき消火活動、通報連絡等の任務を、事前に個々に指定しておく必要があります。

自衛消防組織はその工事の規模、内容等によって組織編成や人員の増減を図るなど、適切な措置を講じることが大切です。

工事中の建物における自衛消防隊編成例

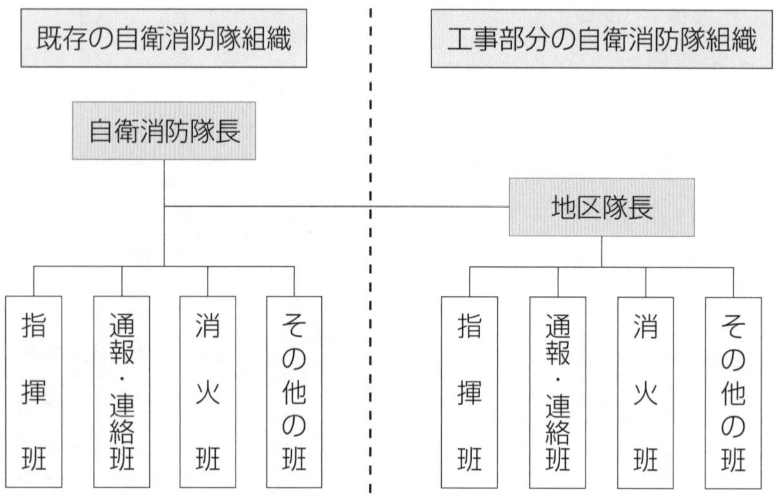

（2）工事中の防災教育・訓練実施

防火対象物の工事が行われる際には、防火管理者が工事人に対して遵守すべき事項等を確実に伝達すると共に、災害発生時に工事人等が適切な行動がとれるよう、計画的に防災教育・訓練を実施します。大規模な工事では、作業工程ごとに出入りする作業員が入れ替わるため、その都度教育訓練を行って、火気管理意識及び災害発生時の任務を徹底しておくことが大切です。

第２ 消防計画の重要性

1 防火管理の基本原則

防火管理の基本理念は「自分のところは自分で守る」ことです。全従業員が火災等の災害予防に努め、その被害を最小限度に止めるための努力が払われなければなりません。

全従業員が防火管理業務を分担する場合、それは組織的、一体的に行われなければなかなか実効は上がりません。設備等の補修経費の支出や、研修会への参加、社員への研修会の実施、通常の事業体の組織、機構に防火管理業務を反映させるためには、経営者の強い意思が極めて大切です。その基本となるのが消防計画です。防火対象物の用途や規模などの実態に即した消防計画を作成し、それに沿って防火管理業務が推進されてこそ、効果的で効率的な防火管理が行われるのです。

2 消防計画作成の意味

消防計画には、その防火対象物で火災予防上あるいは自衛消防活動上当然行われなければならないことが、全て盛り込まれます。そして、全従業員がこの消防計画に基づいて防火管理業務を行わなければなりません。つまり、消防計画は、不測の事態から企業や従業員等を守るための計画でなければならないのです。

防火対象物の業態等に応じて、防火管理業務の内容が異なることから、法令上の基準を遵守するだけの画一的な防火管理業務を行うだけでは不十分です。

それぞれの防火対象物の用途や規模等に応じて作成された消防計画でなければなりません。

また、過去の火災事例でも、消防計画を作成することの意味と重要性が理解できます。つまり、消防計画を作成している防火対象物では全般的に被害が少ないのに、逆に消防計画を作成していない防火対象物では大きな被害を出す傾向にあるのです。これは、消防計画を作成している防火対象物は、未作成のところに比べて従業員等の防火管理意識が高いことや、日頃から適切な自衛消防活動に結びつく取組が行われていることに、関係があるものと想像されます。

3 消防計画の実効性と防災教育

(１) 消防計画の実効性確保

消防計画は作成するだけでは何にもなりません。大切なのは、その計画を如何に生かして防火管理を行うのかということです。要するに管理権原者や防火管理者は、どの様にすれば消防計画の実効性を高めていけるかを念頭においておかなければなりません。

①　管理権原者の防火管理への取組

消防計画の実効性を確保するためには、防火管理の最終責任者である管理権原者が、如何に高い防火・防災意識を持っているかが極めて重要です。

管理権原者は、次の点を考慮して防火管理に取組む必要があります。

ア　防火管理の履行状況について報告を求め、必要な指示をする。

イ　会議やミーティングの機会をとらえて防火に関する案件を取り上げ、自ら必要な指示をする。

ウ　消防用設備等、特殊消防用設備等又は防火設備等の点検、改修などに伴う維持管理経費の予算措置を講ずる。

エ　防火セミナー、防火講習会、消防・防災機関で実施する行事に管理権原者自らが積極的に参加し、併せて従業員の参加を奨励する。

オ　従業員に消防関係の資格取得を推奨する。

カ　火災等の災害に対応できる従業員数の確保や勤務体制を確立し、特に夜間の防火管理体制の充実や訓練の実施などに最大の配慮をする。

キ　防火管理者の選任と権限の内容を従業員に周知させる。

②　防火管理者の責務と自覚

消防計画の実効性を確保するには、防火管理者がその責務を自覚し、職務を誠実に遂行しなければなりません。

防火管理者は、次のような点に留意して消防計画に基づき、防火管理を組織的に推進する必要があります。

ア　大規模な防火対象物等では、防火管理者の権限内のことであっても一存で組織を動かせない場合があります。そんなときは努めて防火管理委員会を活用する方法がある。

イ　防火管理業務の実施状況を的確に把握できるよう、防火管理者に対して報告する制度などを設け、防火対象物の実態に合った管理ができる方法を推進する。

ウ　教育や訓練の担当者を指定して積極的に活用する。

エ　防火対象物の増築、改築、模様替えなどの計画段階から防火管理者が関与して、防火管理を徹底できる枠組みをつくる。

オ　教育や訓練については、実施内容、参加者、結果等をできるだけ詳細に記録して活用を図る。

カ　管理権原が複数に分かれている防火対象物では、日頃から統括防火管理者と各事業所の防火管理者が連携を密にして従業員相互の交流を図る。

③　実情に応じた消防計画の見直し

組織の改編や防火対象物の増改築等で、防火管理業務に変更を生じるような場合には、それに合わせて消防計画も見直す必要があります。

次のような変更が生じた場合や訓練などの結果から、消防計画が機能しないことが見受けられる場合には、速やかに消防計画を変更、修正しなければなりません。

ア　自衛消防組織の編成の変更、組織の長の変更など、自衛消防組織に関する事項の大幅な変更

イ　防火対象物の用途の変更、増築、改築、模様替えなどによる消防用設備等の点検、整備に関する事項の変更、避難施設の維持管理に関する事項の変更、防火管理上の構造の維持管理に関する事項の変更

ウ　消火活動、通報、避難誘導に関する事項の変更

エ　防火管理業務の一部を委託した場合や委託内容の大幅な変更（受諾者の氏名及び住所、受託方式、受託者の行う防火管理業務の範囲とその方法など）

オ　その他、消防計画に予定しなかった事情の出現など

（2）従業員教育の必要性

①　防災教育の大切さ

防火管理体制や消防計画がどんなに立派でも、防火管理業務に携わる従業員一人ひとりが自分の役割と任務を自覚していなければ、防火管理の実効性は到底上がりません。そこで従業員全員に消防計画の内容を周知し、防火管理業務を推進するための方策や知識を教育することは、非常に大切なことです。

②　教育の目的

従業員に対する防災教育は、次のような目的で行います。

ア　火災予防思想を広める。

イ　火災、地震などの災害に関する知識を習得させる。

ウ　災害防止の知識の向上を図る。

エ　災害発生時の措置判断や対応能力の向上を図る。

オ　組織の人間関係の緊密化を図る。

③　教育の内容

従業員の防火・防災教育は、防火対象物の特性を踏まえ、従業員の防火・防災上の役割に応じたものにする必要があり、一般的には次の様なものです。

ア　火災予防上の遵守事項

イ　防災管理に関する従業員それぞれの任務と責任の周知徹底

ウ　安全な作業などに関する基本事項

エ　震災対策に関する事項

④　教育の実施方法

従業員に対する防火・防災教育は、関心が集まる適切な時期に実施することで、より効果を期待することができます。教育の方法は、その対象者や教育内容によって違いはありますが、主に次の様な実施時期及び方法を挙げることができます。

ア　効果的な防火・防災教育の実施期間

- 春季火災予防運動期間（３月１日～３月７日）
- 秋季火災予防運動期間（11月９日～ 11月15日）
- 防災の日（９月１日）前後
- 救急の日（９月９日）前後
- 津波防災の日（11月５日）前後
- 119番の日（11月９日）前後
- 危険物安全週間（６月の第２週）前後
- 防災とボランティアの日（１月17日）前後
- 消防用設備等又は特殊消防用設備等の定期点検実施時期
- 社会的に大きな反響があった火災の発生直後
- 同業他社の火災発生直後
- 電気使用安全月間、建築物防災週間、全国安全週間などの期間
- 入社、人事異動、各種研修会の時期

イ　実施方法の留意点

・新規採用者、転入社員などの教育は、新入社員研修、配置教養の研修カリキュラムに組み入れて制度化する。
・アルバイト等研修制度がない者には、配属先の教育担当者が早期に実施する。
・工事関係者には、工事開始前に施工監理をする担当者が実施する。
・災害発生時の対応は、繰り返し訓練を行う。
・教育内容に応じて、集合教育や個別教育に分けて実施する。
・過去の事例や自己事業所の立入検査結果、維持管理、訓練の記録、消防機関から入手した資料などを活用する。
・防火管理業務に従事する者、一般従業員等、それぞれの役割に適したマニュアルを作成し、配布する。
・ポスター、標識、組織表を掲出するなどして、日頃から防火意識を高め、個々の任務の周知を図る。
・必要に応じて、外部の講師や指導者に依頼する。
・自己事業所が実施する教育のほか、消防機関が実施する資格試験、講習、研修などに担当者を参加させ、知識、技能の向上を図る。

4 防火管理対象物と防災管理対象物の防火管理と消防計画

消防法に基づく防火管理は、大規模建築物、高層建築物等の「防災管理対象物」であっても同様に行わなければなりません。

ただ、実態に即した防火管理を推進するには、防火対象物の規模や業態の違いを考慮した「防火管理」と「消防計画」であることが大切で、大規模対象物では、対象物内の勤務者や利用者が多いことから「防災管理ルール」の確立と、「履行確認」システムの構築が必要となります。例えば、社内ランに「防火・防災」の項目を設けて、日頃から情報の共有化を図り、効果を上げている企業もあります。

毎日の新聞記事や報道の中から、火災や地震災害等のニュースを選択し、回覧や掲示等を行うことも、防火管理者の行う研修と同様の効果があります。

5 一体的防火・防災管理

管理権原者が分かれている防火対象物で、専有ごとの計画で火災や地震等の災害に対する対策を持つことは、勤務者やその施設の利用者にとって混乱が生じる要因になります。こうした状況を回避するには、統括防火管理者や統括防災管理者が防火対象物全体での計画や災害対応の訓練を実施することが効果的だと考えられます。

第３ 消防計画の作成

1 消防計画の作成

（1）消防計画は自分で作ろう

①　消防計画は具体的に

防火管理者となって最初に当面する大問題は、多分、消防計画の作成ではないでしょうか。なるほど、消防法施行規則第３条には、消防計画の内容が一応規定されてはいるのですが、しかし、実際に作成するとなれば、これだけではどう作ってよいか困惑する向きも多いかもしれません。その証拠に全国における消防計画の作成率をみると、76.8%（総務省消防庁、令和元年版『消防白書』）に過ぎないのであり、これは10年来殆ど変化していないのですから、防火管理者にとって消防計画の作成はよほど苦手のようです。

しかし苦手だからといって、未届けで済むものでもないのですから、防火管理者の努力によって、防火安全のために内容の充実した消防計画を作成しなければなりません。ところがこの努力を惜しんで、既成の消防計画を真似て作ろうとするものですから、どの対象物の消防計画をみても、どれもこれも同じような消防計画になってしまうのです。つまり、形だけの消防計画となって、イザという場合には役に立たないということになりかねないのです。

消防計画の作り方心得

❶ 防火管理者自身で作ること。
❷ 内容は簡潔で誰が読んでもわかるようにしておくこと。
❸ 消防計画にはその作成意図を明確にしておくこと。
❹ 計画どおりに機能するかどうか予め確かめておくこと。
❺ 実際に消防計画どおり消防訓練を行い、欠陥を是正しておくこと。
❻ 消防計画は“飾り”ではないので、実務に役立つよう常に改定を心がけること。
❼ 消防計画の作成及び変更は、管理権原者の指示を受けて行うこと。

○消防法施行規則

（防火管理に係る消防計画）

第三条　防火管理者は、令第三条の二第一項の規定により、防火対象物の位置、構造及び設備の状況並びにその使用状況に応じ、次の各号に掲げる区分に従い、おおむね次の各号に掲げる事項について、当該防火対象物の管理について権原を有する者の指示を受けて防火管理に係る消防計画を作成し、別記様式第一号の二の届出書によりその旨を所轄消防長（消防本部を置かない市町村においては、市町村長。以下同じ。）又は消防署長に届け出なければならない。防火管理に係る消防計画を変更するときも、同様とする。

一　令第一条の二第三項第一号に掲げる防火対象物及び同項第二号に掲げる防火対象物（仮使用の承認を受けたもの又はその部分に限る。）

イ　自衛消防の組織に関すること。
ロ　防火対象物についての火災予防上の自主検査に関すること。
ハ　消防用設備等又は法第十七条第三項に規定する特殊消防用設備等（以下「特殊消防用設備等」という。）の点検及び整備に関すること。
ニ　避難通路、避難口、安全区画、防煙区画その他の避難施設の維持管理及びその案内に関すること。
ホ　防火壁、内装その他の防火上の構造の維持管理に関すること。
ヘ　定員の遵守その他収容人員の適正化に関すること。
ト　防火管理上必要な教育に関すること。
チ　消火、通報及び避難の訓練その他防火管理上必要な訓練の実施に関すること。
リ　火災、地震その他の災害が発生した場合における消火活動、通報連絡及び避難誘導に関すること。
ヌ　防火管理について消防機関との連絡に関すること。
ル　増築、改築、移転、修繕又は模様替えの工事中の防火対象物における防火管理者又はその補助者の立会いその他火気の使用又は取扱いの監督に関すること。
ヲ　イからルまでに掲げるもののほか、防火対象物における防火管理に関し必要な事項

二　令第一条の二第三項第二号に掲げる防火対象物（仮使用の承認を受けたもの又はその部分を除く。）及び同項第三号に掲げる防火対象物

イ　消火器等の点検及び整備に関すること。
ロ　避難経路の維持管理及びその案内に関すること。
ハ　火気の使用又は取扱いの監督に関すること。
ニ　工事中に使用する危険物等の管理に関すること。
ホ　前号イ及びトからヌまでに掲げる事項
ヘ　イからホまでに掲げるもののほか、防火対象物における防火管理に関し必要な事項

3　その管理について権原が分かれている防火対象物にあつては、当該防火対象物の防火管理者は、第一項の消防計画に、当該防火対象物の当該権原の範囲を定めなければならない。

消防計画というものは、たしかに共通する部分もありますが、個々の対象物に応じた独自の消防計画でなければならないこともまた事実です。いわばその事業所や企業の防災マスタープランとも言うべきものなのです。従って、形だけの消防計画を単に消防署に届出ればよいというものではなく、この計画によって、火災予防のための平素の各人の役割や責任の分担を明確にし、さらには万一、火災が発生した場合における、初期消火や通報、避難誘導等の最適な方法、手順、役割等の具体策、それらについての日常の業務計画等がその内容となるべきものなのです。それぞれの対象物においては、当然、建物構造、用途、規模も異なれば管理方法も違うのですから、どの消防計画をみても、そう大差がないなど本来あるはずがないのです。

②　欠陥消防計画

このようなまったく自主性のない消防計画は、いわば「欠陥消防計画」と言っても少しも差支えないのですが、それどころか、この欠陥消防計画はイザ火災というときには、きわめて危険な事態を招くことになりかねません。実際に次のような例があったのです。公立病院の地下ボイラー室から出火したのですが、火災それ自体たいしたことはなく、一時は消火したかに見えたのです。しかし、火はいつの間にかパイプの断熱材を伝って、天井にまで達していました。こうなると消火器では消えるものではありません。仕方なしにボイラーマンたちは消火を諦め、室外に避難してしまったのです。

ところがこのボイラー室には、ボイラー室全域にハロンガスを放射する特殊消火設備が設置されていました。従って、押釦一つ押せば瞬時にしてガスが放出され、火災は消火し得たのですが、残念ながら使用されなかったのです。

使用されなかった理由としては、ボイラーマンたちが慌ててその使用を思いつかなかったというのも、その一つなのですが、より根本的な問題として、この病院の消防計画の中には、誰がハロンガス消火設備を使用するかについては、何の規定もされていなかったのです。せっかく多色刷りの立派な消防計画が作成されていたのに、その内容は形式的なものに過ぎず、肝心の火災時には、誰がその使用を指示するか、あるいはその使用は誰の担当か、までは明確に規定されていなかったので、結局、誰も使おうとはしなかったというウソのようなホントウの話です。これではイザというとき、うまく消火できる道理がありません。

つまり、自分の病院に適応した消防計画を自分の手で作り出すという努力を怠ったばかりに、あるいは思い付かなかったため、多額の経費をかけて設置したせっかくのハロンガス消火設備は何の役にも立たなかったのです。もちろん、なにもかも最初からうまく作成できるわけがありません。消防署とよく相談して、最初はいろいろ問題点があってもよいのですから、まず自分の、頭と手で作成することが大切なのです。その次には当該対象物の最適の消防計画が作れるようになるのですから。

（２）実務的な消防計画

自分の手で消防計画を作成するということになれば、消防計画とはいったい何かということを、もう一度しっかり頭の中に入れておく必要があります。ごく簡潔に言えば、それぞれの対象物において、火災が発生しないように、また、万一発生した場合に火災による被害を最小限にするため、可能な限りの手段を予め計画をしておくもの、と言えると思います。

このことをもう少し具体的に言えば、次の図のようになるのです。少なくとも「３　消防計画に定める事項」（106頁）の事項について、それぞれの対象物に適合する計画を、具体的、実際的に検討し作成すればよいのです。ところが従前の消防計画の作成例をみてみると、きわめて形式的な傾向が強く、このためかえって必要な事項が脱落しているような点がないでもありません。

消防計画というものは何度も言うように人真似をして作るものではないのですから、一つの形式に限定される理由はありません。要は組織全体が火災に備え、あるいは火災が発生したとき、機能的に動くにはどのようにするかを予め計画しておくわけですから、それぞれの対象物固有の消防計画が作成されなければならないことになります。

消防計画の主な内容

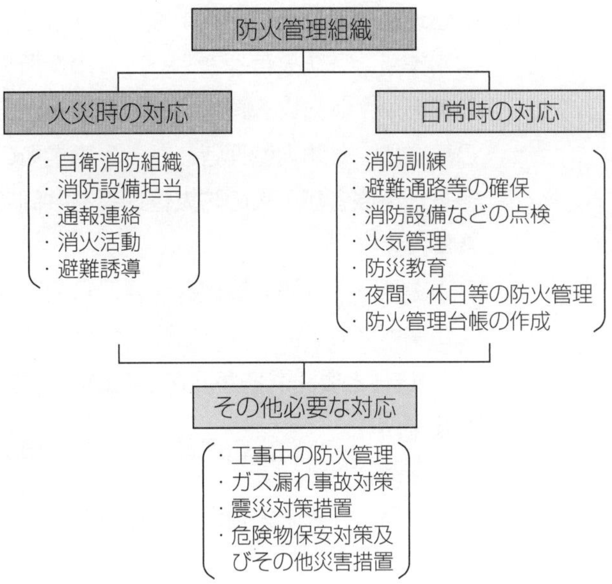

2 消防計画の作成時期と作成単位

（１）消防計画の作成時期

消防計画は、管理権原者の指示を受けて、防火管理者が作成するものです。「消防計画」は実際の火災発生時に、組織全体が有機的に連携し、被害を軽減するための基本的な計画です。

また、大規模組織の消防計画では、消防計画履行のために「細部計画」を定め、誰の指揮で、どの組織が何を行うのかなど、事業所の組織機構やフロアの配置に合わせた計画も必要となります。消防法で定められている事項は標準例です。それぞれの対象物に即した消防計画が生きた消防計画といえます。

消防計画が作成されていない場合は、防火管理者に選任されたら、直ちに作成しなければなりません。すでに消防計画が作成されている場合でも、定期的に見直しを行い、変更が必要であれば、速やかに変更する必要があります。

（２）消防計画の作成単位

消防計画の作成単位は、防火管理者の選任単位と同一です。一つの防火対象物又は同一敷地内の複数の建物を同じ管理権原者が管理する場合は一つの消防計画、複数の事業者やテナントが入居しているビルなどでは、それぞれの事業所ごとに消防計画を作成することになります。ただし、複合用途ビルであって、各管理権原者が統括防火管理者を選任している場合、防火対象物全体の消防計画も作成します。

なお、この場合には、各防火管理者が作成する消防計画と全体の消防計画は整合していなければなりません。

◆消防計画の作成単位

① 各管理権原者がそれぞれ単独で選任している場合

Ａ事業所　ａ防火管理者　→　Ａ事業所の消防計画
Ｂ事業所　ｂ防火管理者　→　Ｂ事業所の消防計画
Ｃ事業所　ｃ防火管理者　→　Ｃ事業所の消防計画

② 各管理権原者が１人の防火管理者を共同で委託選任している場合

Ａ事業所
Ｂ事業所　→　ａ防火管理者＝Ａ、Ｂ及びＣ事業所を包括した一つの消防計画
Ｃ事業所

③ 単独の選任と委託選任が混在している場合

Ａ事業所
Ｂ事業所　→　ａ防火管理者＝Ａ及びＢ事業所を包含した一つの消防計画
Ｃ事業所　　ｃ防火管理者＝Ｃ事業所の消防計画

3 消防計画に定める事項

消防法施行規則第３条には、消防計画に定めるべき事項が次のとおり掲げられていますが、これらの事項について形式的に作成すればいいというものではなく、防火対象物の用途、構造、規模（階層、面積、収容人員）、設備、営業・操業形態などの、実態に即した計画を作成する必要があります。

（１）消防法施行規則第３条第１項第１号に定められている事項

① 自衛消防の組織に関すること。
② 防火対象物についての火災予防上の自主検査に関すること。
③ 消防用設備等又は特殊消防用設備等の点検及び整備に関すること。
④ 避難通路、避難口、安全区画、防煙区画その他の避難施設の維持管理及びその案内に関すること。
⑤ 防火壁、内装その他の防火上の構造の維持管理に関すること。
⑥ 定員の遵守その他収容人員の適正化に関すること。
⑦ 防火上必要な教育に関すること。
⑧ 消火、通報及び避難の訓練の定期的に実施に関すること。
⑨ 火災、地震その他の災害が発生した場合における消火活動、通報連絡及び避難誘導に関すること。
⑩ 防火管理についての消防機関との連絡に関すること。
⑪ 増築、改築、移転、修繕又は模様替えの工事中の防火対象物における防火管理者又はその補助者の立会い、その他火気の使用又は取扱いの監督に関すること。
⑫ 上記に掲げるもののほか、防火対象物における防火管理に関し必要な事項

(2) 消防法施行規則第３条第１項第２号に定められている事項

新築の工事中の建築物及び建造中の旅客船における消防計画

① 消火器等の点検及び整備に関すること。
② 避難経路の維持管理及びその案内に関すること。
③ 火気の使用又は取扱いの監督に関すること。
④ 工事中に使用する危険物等の管理に関すること。
⑤ 自衛消防の組織に関すること。
⑥ 防火上必要な教育に関すること。
⑦ 消火、通報及び避難の訓練の実施に関すること。
⑧ 火災、地震その他の災害が発生した場合における消火活動、通報連絡及び避難誘導に関すること。
⑨ 防火管理について消防機関との連絡に関すること。
⑩ 上記に掲げるもののほか、防火対象物における防火管理に関し必要な事項

(3) 消防法施行規則第３条第２項に定められている事項

防火管理業務の一部委託に関すること（受託者の氏名及び住所、受託者の行う防火管理業務の範囲及び方法）。

(4) 消防法施行規則第３条第３項に定められている事項

管理権原が分かれている防火対象物における当該権原の範囲に関すること。

(5) 消防法施行規則第３条第４項に定められている事項

大規模地震対策特別措置法の規定により地震防災対策強化地域として指定された地域における事項

① 警戒宣言が発せられた場合における自衛消防の組織に関すること。
② 地震予知情報及び警戒宣言の伝達に関すること。
③ 警戒宣言が発せられた場合における避難誘導に関すること。
④ 施設、設備の点検及び整備その他地震により被害の発生の防止又は軽減を図るための応急対策に関すること。
⑤ 大規模な地震に係る防災訓練の実施に関すること。
⑥ 大規模な地震による被害の防止又は軽減を図るために必要な教育及び広報に関すること。

(6) 消防法施行規則第３条第６項に定められている事項

南海トラフ地震に係る地震防災対策の推進に関する特別措置法の規定により南海トラフ地震防災対策推進地域として指定された地域における事項

① 南海トラフ地震に伴い発生する津波からの円滑な避難の確保に関すること
② 南海トラフ地震に係る防災訓練の実施に関すること
③ 南海トラフ地震による被害の発生の防止又は軽減を図るために必要な教育及び広報に関すること

（7）消防法施行規則第３条第８項に定められている事項

日本海溝・千島海溝周辺海溝型地震に係る地震防災対策の推進に関する特別措置法の規定により日本海溝・千島海溝周辺海溝型地震防災対策推進地域として指定された地域における事項

①　日本海溝・千島海溝周辺海溝型地震に伴い発生する津波からの円滑な避難の確保に関すること

②　日本海溝・千島海溝周辺海溝型地震に係る防災訓練の実施に関すること

③　日本海溝・千島海溝周辺海溝型地震による被害の発生の防止又は軽減を図るために必要な教育及び広報に関すること

4 主な用途における消防計画上の重点事項

過去の火災事例から、主な用途ごとに出火原因、延焼要因、人命損傷要因を分析し、これらを考慮して計画作成上の重点事項を挙げてみると、次のようになります。

用　　途	計画作成上の重点事項
劇　場 映画館 集会場 観覧場	①　喫煙禁止場所・喫煙所の指定、喫煙管理 ②　発生時における避難誘導体制 ③　収容人員の適正管理 ④　避難通路、非常口の適正管理体制 ⑤　館内施設物の自主点検・検査体制 ⑥　終演時の火気設備器具の安全確認及び吸殻の処理等の火気管理体制
バー キャバレー 料理飲食店	①　避難誘導及び救助・救出体制 ②　防災教育・訓練 ③　避難誘導を主体とした自衛消防組織編成 ④　終業時の喫煙等火気の安全確認（客、従業員の吸殻の処理等） ⑤　非常口等の維持管理体制 ⑥　他の事業所との防火管理上の協力体制 ⑦　厨房火気設備（天蓋、ダクトを含む。）の火気管理
百貨店 スーパーマーケット 大型店舗 ホームセンター	①　収容人員の適正管理 ②　バックヤード等の商品置場の管理 ③　避難誘導体制 ④　売場内での火気の使用 ⑤　売場内の主要通路、補助通路の確保対策 ⑥　階、区域ごとの従業員の任務の明確化 ⑦　災害時の非常放送等情報伝達、案内方法（要領） ⑧　改装、模様替え等工事中における火災予防措置 ⑨　新入社員、パート従業員数の教育訓練 ⑩　放火対策
旅　館 ホテル	①　避難誘導体制 ②　客室の喫煙管理 ③　夜間における災害活動体制 ④　消防用設備等又は特殊消防用設備等の維持管理の徹底（点検、検査の徹底） ⑤　従業員の任務分担の明確化 ⑥　火災予防のための組織の充実方策

病　院 診療所 老人短期入所施設等	①　入院患者等在館者の救護区分（担送、護送、独歩）の明確化と周知徹底 ②　休日夜間の活動体制 ③　職員の非常招集計画 ④　避難誘導、救出救護、搬送体制 ⑤　火災予防管理体制 ⑥　危険物品（特にアルコール、エーテル、ベンゼン等の引火性液体類）の適正取扱い、管理の徹底
幼稚園 保育園 支援学校	①　避難誘導及び救出体制 ②　少数職員等による自衛消防組織の効率的運用 ③　歩行困難者に対する助力者の指定 ④　保護者への引渡対策 ⑤　園児等への防災教育、避難訓練の徹底方策 ⑥　業務時間外で他の目的に使用する場合の防火対策 ⑦　リネン室、パントリー、雑品倉庫など使用しない時の施錠励行の徹底
工　場 作業所	①　火気管理 ②　危険物、指定可燃物等の安全対策 ③　防災教育・訓練 ④　震災予防措置及び震災時の活動体制 ⑤　従業員の任務分担の明確化 ⑥　隣接事業所等との応援体制
小・中学校	①　通報連絡及び避難誘導体制 ②　訓練計画 ③　震災時の安全対策 ④　児童、生徒の引渡し及び保護者との連絡 ⑤　可燃物（教材等）及び火気使用設備の管理 ⑥　施設を開放する場合の遵守事項の周知徹底

5 消防計画作成上の留意事項

消防計画の作成に当たっては、次のような点に留意します。

①　従業員等誰もが理解しやすく、実行できる内容であること。

②　従業員等誰もが日常の「防火管理」や災害時の「自衛消防活動」に対する分担業務全体をイメージできること。

③　任務担当者が不在の場合にも対応できる内容にする（組織化など）。

④　防火管理者を内部選任又は防火管理業務を一部委託している場合は、その権限の範囲を明確にする。

⑤　可燃物や危険物などの数量、保管場所などを把握し、かつ、緊急時の対応ができる内容であること。

⑥　自力で避難できない人の所在や避難経路から遠い場所など、逃げ遅れの危険度を把握し、避難誘導等の対応できる内容であること。

⑦　従業員などの協力を得て作成し、消防計画、防火管理への意識向上を図ること。

⑧　夜間、休日などの従業員の少ないときにも実行できる内容にする。

⑨　行動に関する部分は、マニュアル化するなど訓練にも活用できるものとする。

6 消防計画の構成

消防計画を作成するとき、消防法施行規則第3条で規定された事項を順に列挙するより、類似の項目ごとに整理した方が、理解し易くなります。

◆消防計画の構成例

<table>
<tr><th></th><th>大・中規模対象物の消防計画</th><th>小規模対象物の消防計画</th></tr>
<tr><td>①　目的及びその適用範囲等</td><td>1　目的
2　適用範囲
3　防火管理業務の一部委託について（該当する場合）</td><td rowspan="10">①　目的と適用範囲
②　自衛消防組織の編成と任務
③　火災予防上の自主検査
④　従業員の守るべき事項
⑤　放火防止対策
⑥　防火対象物と消防用設備等の点検
⑦　地震対策
⑧　工事における安全対策
⑨　消防機関への連絡、報告
⑩　統括防火管理者への報告（該当する場合）
⑪　防火管理業務の一部委託（該当する場合）
⑫　防災教育
⑬　訓練
⑭　その他防火管理上必要な事項
⑮　避難経路図の提出</td></tr>
<tr><td>②　管理権原者及び防火管理者の業務と権限</td><td>1　管理権原者
2　防火管理者</td></tr>
<tr><td>③　消防機関との連絡等</td><td>1　消防機関へ報告、連絡する事項
2　防火管理維持台帳の作成、整備及び保管</td></tr>
<tr><td>④　火災予防上の点検・検査</td><td>1　日常の火災予防
2　自主的に行う検査・点検
3　防火対象物及び消防用設備等の法定点検
4　報告等
5　その他</td></tr>
<tr><td>⑤　遵守事項</td><td>1　従業員等が守るべき事項（避難施設と防火設備等の管理、火気管理、放火防止対策等）
2　防火管理者等が守るべき事項（収容人員の管理、工事中の安全対策の樹立等）</td></tr>
<tr><td>⑥　自衛消防組織等</td><td>1　組織の編成
2　自衛消防活動
3　自衛消防隊の活動範囲
4　その他</td></tr>
<tr><td>⑦　休日、夜間の防火管理体制</td><td>1　休日、夜間に在館者がいる場合
2　休日、夜間に無人となる場合</td></tr>
<tr><td>⑧　地震対策</td><td>1　日常の地震対策
2　地震後の安全措置
3　地震時の活動
4　その他
5　警戒宣言が発せられた場合の対応措置</td></tr>
<tr><td>⑨　防災教育</td><td>1　防災教育の実施時期等
2　自衛消防隊員等の育成
3　防災教育の内容及び実施方法</td></tr>
<tr><td>⑩　訓　練</td><td>1　訓練の実施時期等
2　訓練時の安全対策
3　訓練の実施結果</td></tr>
</table>

※小規模対象物…乙種防災対象物
　中規模対象物…階数が4以下で、かつ、延べ面積が3,000㎡未満
　大規模対象物…延べ面積3,000㎡以上

7 工事中の消防計画

（1）工事中の火災を想定した未然防止策と発災対策

工事を計画する際は、必ず防火管理者に報告し、工事中の防火管理体制を整えることが基本となります。防火管理者は、必要がある場合、消防署に相談し、工事関係者に指示を与えます。

防火対象物の一部に外部の工事業者が出入りし、工事を行いながら他の部分を使用する場合、「仮使用部分」と「工事部分」とが混在するため、防火管理が不徹底となり出火危険が増大します。

工事中の火災では、発見・通報・初期消火など初期の対応に混乱が生じ、延焼拡大や人命に大きな危険を及ぼします。多くの死者を出した火災事例のなかにも、このケースにあてはまるものがいくつも見られます。防火対象物の一部を使用しながら工事を行う場合は、次の（2）のような事項について、工事に関する安全対策を工事中の消防計画として定め、消防計画の内容に付加しておくとともに、消防機関に届け出る必要があります。

（2）工事中の消防計画に定めるべき事項

① 工事計画及び施工に関すること。

② 工事に伴い影響を受ける消防用設備等や避難施設などの代替措置に関すること。

③ 工事に伴う溶断や溶接作業資材の持ち込みや塗料などの火災発生危険要因、延焼危険などに対する対策に関すること。

④ 工事に伴い使用する危険物品などの品名、数量、管理方法などに関すること。

⑤ 作業員及び工事部分を含んだ防火管理体制、並びに作業現場責任者の明確化に関すること。

⑥ 火災発生時の連絡体制の確認

⑦ その他工事に伴う特異事項

また、工事の規模によっては、規定の消防計画を全体的に見直し、臨時の消防計画を作成しなければならない場合もあります。なお、工事中の消防計画を作成する対象となるのは、建築基準法第7条の6の規定で、特定行政庁に仮使用認定がなされたもの又は増築、改築、模様替えなどの工事を行う防火対象物で、消防用設備等や避難施設の機能に影響を及ぼすもの、とされています。

8 統括防火管理に係る防火対象物全体の消防計画

（1）防火対象物全体の消防計画に定める事項

防火対象物全体の消防計画に定める事項は、次のとおりです。

① 総則的事項

ア　管理権原者の権限の範囲

イ　防火対象物全体の防火管理上必要な業務の一部が委託されている場合

・受託者の氏名及び住所

・受託者の行う業務の範囲及び方法

② 災害予防管理

ア　消防計画に基づく消火、通報及び避難の訓練その他の防火対象物の全体についての防火管理

上必要な訓練の定期的な実施

イ　廊下、階段、避難口、防火区画、安全区画、防煙区画その他の避難施設の維持管理及びその案内

③　**自衛消防**

ア　火災、地震その他災害の発生時における消火活動、通報及び避難誘導

イ　火災の際の消防隊に対する当該防火対象物の構造その他必要な情報の提供及び消防隊の誘導

④　**地震対策**

地震防災対策強化地域及び推進地域においては、大規模地震時の対応策

⑤　**その他**

防火対象物全体についての防火管理に関する必要な事項

※管理権原の範囲は、階段室等の共用部分等についても所有形態・管理形態・使用形態を総合的に考慮して、管理権原が不明確になることがないように、その範囲を消防計画の中に明記します。また、管理権原の範囲の明記方法については、防火管理に係る消防計画等の届出書の別添として例示する方法等によるほか、必要に応じ図面等を添付します。

（２）防火対象物全体についての消防計画の重点事項

全体についての消防計画を作成するうえで、重点となる事項は次のとおりです。

①　建築物全体にわたって、一斉に行う消防用設備等の定期点検などの設備検査への協力

②　廊下、階段などの共用部分の火災予防措置と避難障害の排除

③　工事を行う際、統括防火管理者への連絡等

④　就業時における火災予防措置の徹底と統括部門への連絡

⑤　総合的な避難対策（建築設計時に防災計画がある場合はこれに基づく。）

⑥　災害発生時におけるテナント相互の通報、連絡、安全防護措置

⑦　災害発生時における防災センター等の運用

⑧　防火対象物全体の従業員に対する防災教育と総合訓練の実施

（３）防火対象物全体についての消防計画作成上の留意事項

防火対象物全体の防火管理を統括して管理するという視点から作成します。

①　各権原者（テナント）の消防計画とは異なる難しさがある。より理解しやすく、実行されやすいことに注意を払う。

②　建築設計時に防災計画のある建物については、矛盾しない内容とする。

③　各管理権原者間の役割分担を明確にする。

9 「防災管理対象物」となる大規模・高層建築物の消防計画

防災管理対象物[注]では、自衛消防組織の業務に関する講習の課程を修了した者を含めて組織する「自衛消防組織」の設置が義務づけられています。したがって、防災管理に係る消防計画に定める「自衛消防組織」を、防火管理に係る消防計画に定める「自衛消防隊」と同一の組織体制として、火

災時及び大規模地震発生時等など、あらゆる災害時に対応可能な組織管理とする必要があります。

例えば

「６消防計画の構成」（110頁参照）を基本として、「○○ショッピングセンター消防計画」を作成します。この中に、

・当該ショッピンクセンター全体としての消防・防災計画の理念、基本事項

・「消防計画・火災災害対応編」

・「大規模地震災害対応編」

・「風水害その他災害対応編」

など各災害ごとに構成して、災害事象に対応できる消防計画にする必要があります。また、組織としてより具体的に取り組みを明らかにしておくことも大事です。

それぞれの災害編ごとに、細部の計画を立てて、災害予防活動、災害対応活動など組織的に教育訓練ができるようにし、日々の業務の中で見直し、改善すべき点については、放置しないで更新していくことが大切です。

◆防災管理対象物

防火対象物の区分（消防法施行令別表第1項別）	防火対象物の階層等	防火対象物の延べ面積等
自衛消防組織設置防火対象物 （(1)項～(4)項、(5)項イ、(6)項～(12)項、(13)項イ、(15)項、(17)項）	地階を除く階数が11以上のもの	延べ面積が1万㎡以上のもの
	地階を除く階数が5以上、10以下のもの	延べ面積が2万㎡以上のもの
	地階を除く階数が4以下のもの	延べ面積が5万㎡以上のもの
複合用途防火対象物 ((16)項) 上欄の自衛消防組織設置防火対象物の用途（右欄「対象用途」という。）に供される部分の存するものに限る。	対象用途に供される部分の全部又は一部が11階以上の階に存するもの	対象用途に供される部分の床面積の合計が1万㎡以上のもの
	対象用途に供される部分の全部又は一部が5階以上、10階以下の階に存するもの	対象用途に供される部分の床面積の合計が2万㎡以上のもの
	対象用途に供される部分の全部が4階以上に存するもの	対象用途に供される部分の床面積の合計が5万㎡以上のもの
地下街（(16の2)項）		延べ面積が1千㎡以上のもの

（注）自衛消防組織設置防火対象物：消防法施行令別表第1(5)項ロの共同住宅等、同表(13)項ロの格納庫等、同表(14)項の倉庫を除く、防火管理実施義務対象物のすべてが該当します。

第6章

自衛消防活動

第1　自衛消防組織

1 自衛消防組織の必要性

防火対象物においては、火気使用設備等の維持管理をはじめ火気管理等に種々の対策が講じられているものの、放火火災等の増加などから、火災の発生を完全に防ぐことができない状況にあります。火災は一定の時間を過ぎると急速に拡大するもので、通報の遅れや初期消火の不手際等から、公設の消防隊が到着しても人命及び財産に対する被害は、なかなか抑えることができない状況にあります。

そこで、防火管理の基本が「自分のところは自分で守る」ものである以上、少なくとも一般的な事業所は組織的に防火活動を進めていかなければ、到底防火の目的は実現できませんので、消防法施行規則第３条では、消防計画の内容として**自衛消防の組織**に関する事項をできる限り定めておくように規定されています。

しかし、残念ながら消防法施行規則では具体的に自衛消防組織の規模や内容等について規定を置いていませんので、現実には任意に自衛消防組織の編成を決めるという状況でした。その理由は、消防法第８条によって防火管理を義務付けられている防火対象物の規模や従業者数等が事業所によって様々で、必ずしも具体的な水準を示して自衛消防組織の編成を一律に決めるということが、馴染まないと考えられたからではないかと推測されます。つまり、管理権原者自身が自らの事業所の実情を考慮して、自衛消防組織の**規模や内容等を自主的に決定**するのが合理的だと考えられたからに他なりません。

ところが、近年、大規模地震の切迫性が指摘されている中で、高層建築物や大規模建築物の数が増えてきており、若し、大規模地震が発生しますと、これら大規模建築物等自体が損壊等して、備えられている防火施設や消防設備の機能が喪失されたり、ライフラインや道路交通の途絶で、公的な消防機関の活動が殆ど期待できない状況に陥ることになり、建築物が大規模なだけに著しい被害を被ることになってしまいます。そうなりますと、事業所としては益々自衛手段を駆使して被害の軽減に取り組まなければならなくなりますから、必然的に自衛消防組織の充実が必要になってくるのです。

以上のようなことから、消防法第８条では一般の防火対象物に抽象的に、自衛消防組織の編成について管理権原者の自主的な取り組みを促しながら、大規模建築物等には同法第８条の２の５で具体的に、**一定規模**の自衛消防組織を設置する義務を課し、火災や地震等の災害の発生と同時に人員、設備、資機材を有効に活用して自衛消防活動を行い、初期対応の万全を期さなければならないことになったのです。

2 自衛消防組織の設置

消防法第８条では、防火管理を要する防火対象物は、基本的に自衛消防組織の編成に自主的に取り組むこととされているのですが、消防法第８条の２の５に規定される大規模な防火対象物では、災害時の応急対策を円滑に行い、防火対象物の利用者の安全を確保するために、一定以上の規模を有する自衛消防組織の設置が義務付けられています。自衛消防組織の設置義務を負う者は、防火対象物又は防火対象物の部分の管理権原者です。自衛消防組織は、防火対象物の構造、規模、内部の用途、収容人員、従業者数、使用形態、管理形態等に応じた組織でなければなりませんが、複合用途で管理権原者が複数いる場合には、原則として自衛消防組織を共同設置することになります。

自衛消防組織の設置を要する防火対象物は、「防災管理対象物」（113頁）の表に示す防火対象物が該当します。

3 自衛消防組織の基本的活動内容

自衛消防組織は、基本的に火災及び地震等の災害に際して自衛の消防活動を行うもので、火災の発生時には公設の消防機関が現場に到着するまでの間の初期活動を行い、地震等の発生時には直接的に被害を軽減するための応急措置や、二次被害の発生防止に向けた活動を行います。

4 統括管理者の選任と配置

大規模防火対象物の自衛消防組織には、一定の資格を有する者のうちから全体を指揮する統括管理者を選任しなければなりません。この場合、消防計画等によって自衛消防活動を実施できるように必要な権限を与えておかなければなりません。なお、自衛消防組織の統括管理者は、専従又は常駐まで要求されていませんが、不在時の代行等については消防計画で予め明確にしておく必要があります。

5 消防計画で定める自衛消防組織の業務

管理権原者は、選任した防火管理者に消防計画で自衛消防組織の業務に関する事項を定めさせなければなりません。

① 火災の初期の段階における消火活動、消防機関への通報、在館者が避難する際の誘導その他の火災の被害の軽減のために必要な業務として自衛消防組織が行う業務に係る活動要領に関すること。

② 自衛消防組織の要員に対する教育及び訓練に関すること。

③　その他自衛消防組織の業務に関し必要な事項

なお、管理権原者が共同して一の自衛消防組織を設置する場合において消防計画に定めるべき事項は上記①から③のほか、次のようなものです。

ア　自衛消防組織に関する協議会の設置及び運営に関すること。
イ　自衛消防組織の統括管理者の選任に関すること。
ウ　自衛消防組織が業務を行う防火対象物の範囲に関すること。
エ　その他共同して置く自衛消防組織の運営に関し必要な事項

6 自衛消防組織の内部組織

自衛消防組織にその業務を分掌する内部組織（本部隊及び地区隊の各班）を編成する場合は、当該内部組織の業務の内容及び活動の範囲を明確に区分し、必要な要員を配置すると共に、当該内部組織を統括する者（班長）を置く必要があります。

7 内部組織の統括者の教育

統括管理者の直近下位の内部組織（本部隊の各班）で、自衛消防業務を分掌するものを統括する者（本部隊の各班の班長）に対する教育については、消防庁長官の定めるところによります。

8 自衛消防組織の要員の基準

自衛消防組織には、自衛消防組織の業務を統括する統括管理者のほかに、次の業務ごとにそれぞれ概ね２人以上の自衛消防要員を置かなければなりません。

①　火災の初期段階における消火活動に関する業務
②　情報収集及び伝達並びに消防用設備等その他の設備の監視に関する業務
③　在館者が避難する際の誘導に関する業務
④　在館者の救出及び救護に関する業務

9 自衛消防組織の届出

自衛消防組織の設置を要する防火対象物の管理権原者は、自衛消防組織を設置したときは遅滞なく所轄の消防長等へ届け出なければなりません。

10 自衛消防組織の編成

一定規模以上の防火対象物には、消防法第８条の規定に基づいて防火管理者に消防計画を定めさせ、当該計画で自衛消防組織の編成を行うことになっています。

自衛消防組織は、基本的にそれぞれの事業所の実態に合うように編成されることが重要ですが、消防法第36条第６項に規定されているとおり、大規模な防火対象物は、火災に対する自衛消防活動を行うほか、地震、その他災害に対する自衛消防活動も行うことになりますから、そうした対応にも十分留意して編成作業に当たることが必要です。

なお、市町村によっては、条例で一定の事業所について、一定の人員、資格、装備等を保有した自衛消防組織を編成するように定めている場合がありますので、所轄の消防機関に確認しておくことが大切です。

(1) 従業員が少ない小規模の防火対象物

従業員数が少ない小規模の防火対象物に係る自衛消防の組織の編成は、通報、連絡、消火、避難誘導などを「○○担当」とし、各担当間で補完できるよう任務の互換性をもたせ、同一人が消火と通報のように複数の任務を兼務するような場合には、どちらの任務を優先するか予め決めておき、熟知させておく必要があります。

(2) 高層階や同一敷地内の複数の防火対象物で自衛消防活動を要する防火対象物

ここに掲げたような防火対象物で従業員数が多い場合は、組織上の部や課などの管理組織単位で地区隊を編成することが薦められます。この場合には、階別や棟別の編成が基本となります。

(3) 自力避難が困難な利用者を収容する防火対象物

病院・診療所や社会福祉施設等で自力避難が困難な利用者を収容する防火対象物では、昼間とは別に、夜間、休日などの従業者数が少ない時間帯の自衛消防組織の編成を行う必要があります。

なお、夜間や休日の時間帯は、従業員だけでは必要な任務に対処できないことも予想されますので、できるだけ自動消火、自動通報などの人手を要しない方策を採って、機械による自衛消防活動の補完を考慮することが重要です。

(4) 自衛消防組織の編成例

自衛消防組織は、本部隊と地区隊から構成されます。統括管理者が全体の指揮をとり、本部隊は地区隊の指揮、統制を担当することになります。

本部隊及び地区隊には、初期消火、情報収集・伝達、避難誘導、救出・救護等の任務を担当する班を置き、複数の管理権原者で自衛消防組織を編成する場合の各地区隊における各班の編成は１つの事業所又は複数の事業所の従業員で行うことができます。

なお、自衛消防組織の編成は、概ね次頁の図のとおりです。

(5) 本部隊の設置場所

本部隊は自衛消防活動の拠点となるものですから、防災センター、管理事務所又は工場構内等の情報が得やすく、全体の状況が把握でき、しかも指揮命令を確実に行うことができる設備等が設置されている場所に設ける必要があります。

(6) 本部隊の各班

本部隊には、自衛消防組織の業務を分担して対処する班を置きます。

① 本部隊に置く班は、指揮班、通報連絡(情報)班、初期消火班、避難誘導班、安全防護班、応急救護班とし、各班に班長(消防庁長官の定める教育を受けた者)を配置します。

② 防災センター等を本部隊の活動拠点とし、防災センター等の勤務員を本部隊の中核として配置します。

(7) 地区隊の各班

地区隊には、地区隊長及び班を置きます。

① 地区隊長は、担当区域の初動措置の指揮統制を図ると共に、統括管理者への報告、連絡を密にしなければなりません。

② 地区隊には、通報連絡(情報)班、初期消火班、避難誘導班、安全防護班、応急救護班と各班に班長を置くものとします。

(8) 本部隊及び地区隊の各班の任務

自衛消防組織の本部隊及び地区隊の各班の任務は、概ね次表のとおりです。

自衛消防組織の編成例

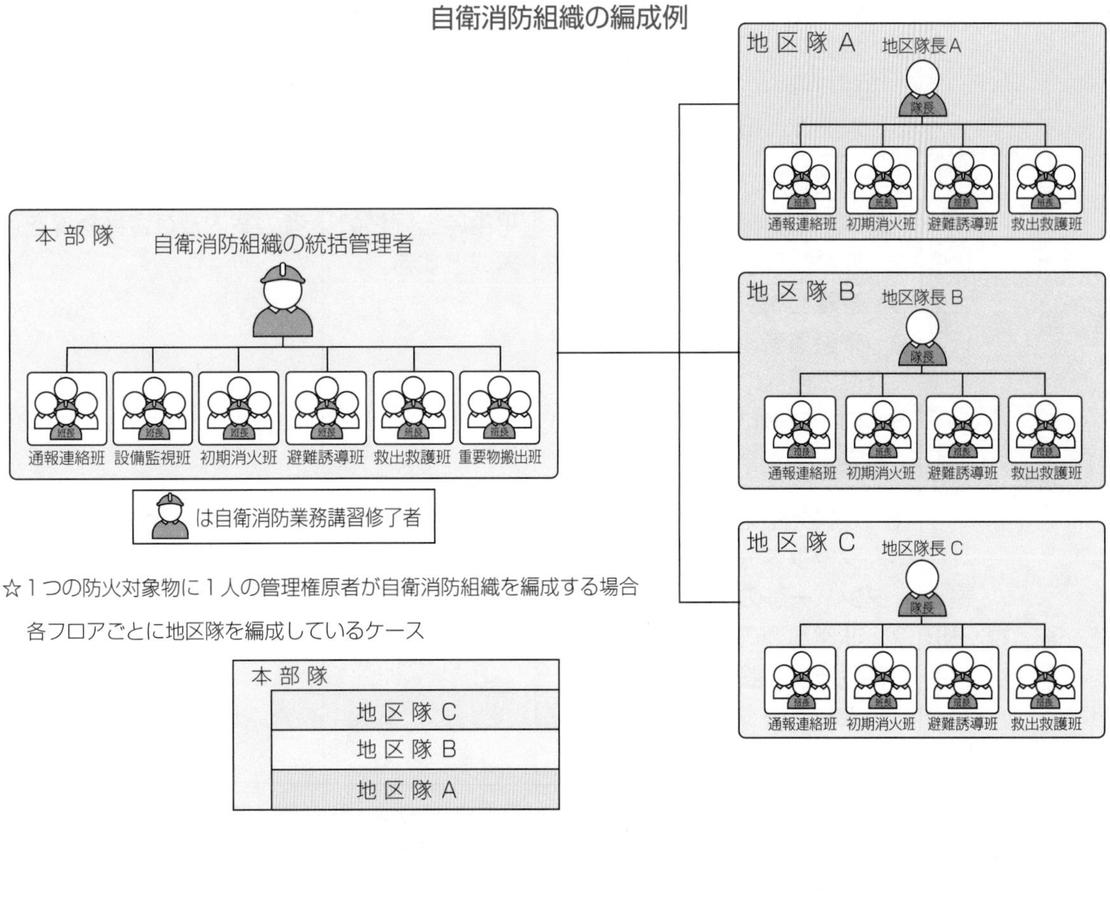

◆自衛消防組織の編成と任務

本部隊の任務

班	災害等発生時の任務	警戒宣言等が発せられた場合の組織編成	警戒宣言等が発せられた場合の任務
指揮班・通報連絡（情報）班	1　自衛消防活動の指揮統制、状況の把握、情報内容の記録 2　消防機関への情報や資料の提供、消防機関の本部との連絡 3　在館者に対する指示 4　関係機関や関係者への連絡 5　消防用設備等の操作運用 6　避難状況の把握 7　地区隊への指揮や指示 8　その他必要な事項	指揮班・通報連絡（情報）班は、情報収集担当として編成する。	1　報道機関等により警戒宣言発令等に関する情報を収集し、統括管理者に連絡する。 2　周辺地域の状況を把握する。 3　放送設備、掲示板、携帯用拡声器等により在館者に対する周知を図る。 4　食料品、飲料水、医薬品等及び防災資機材の確認をする。 5　在館者の調査 6　その他
初期消火班	1　出火階（場所）に直行し、屋内消火栓による消火作業に従事 （屋外消火栓による消火作業） 2　地区隊が行う消火作業への指揮指導 3　消防隊との連携及び補佐	初期消火班は、点検措置担当として編成する。	建物構造、防火･避難施設、電気、ガス、消防用設備等、危険物の点検及び保安の措置を講じる。
避難誘導班	1　出火階及び上層階に直行し、避難開始の指示・命令の伝達 2　非常口の開放及び開放の確認 3　避難上障害となる物品の除去 4　未避難者、要救助者の確認及び本部への報告 5　ロープ等による警戒区域の設定	避難誘導班は、平常時と同様の編成とする。	混乱防止を主眼として、退館者の案内及び避難誘導を行う。
設備監視班	1　火災発生地区へ直行し、防火シャッター、防火戸、防火ダンパー等の閉鎖 2　非常電源の確保、ボイラー等危険物施設の供給運転停止 3　エレベーター、エスカレーターの非常時の措置	安全防護班は、点検措置担当として編成する。	上記の初期消火班の任務と同様とする。
救出救護班	1　応急救護所の設置 2　負傷者の応急処置 3　救急隊との連携、情報の提供	応急救護班、情報収集担当として編成する。	上記の指揮班･通報連絡（情報）班の任務と同様のほか、救出資機材等の確認をする。

地区隊の任務

班	災害等発生時の任務	警戒宣言等が発せられた場合の組織編成	警戒宣言等が発せられた場合の任務
通報連絡（情報）班	防災センターへの通報及び隣接各室への連絡	通報連絡（情報）班は、情報収集担当として編成する。	テレビ、ラジオ等により情報を収集する。
初期消火班	消火器等による初期消火及び本部隊初期消火班の誘導	初期消火班は、点検担当として編成する。	担当区域の転倒、落下防止措置を講じる。
避難誘導班	出火時における避難者の誘導	避難誘導班は、平常時と同様の編成とする。	本部の指揮により、避難誘導を行う。
設備監視班	水損防止、電気、ガス等の安全措置及び防火戸、防火シャッターの操作	安全防護班は、点検担当として編成する。	上記の初期消火班の任務に同じ。
救出救護班	負傷者に対する応急処置	応急救護班は、応急措置担当として編成する。	危険個所の補強、整備を行う。

11 自衛消防組織の装備資機材等

防火対象物の用途や規模及び被害の想定によって、自衛消防組織に必要な装備資機材等は異なります。火災その他災害に対処するためには、必要とされる装備資機材等が適切に活用されることが重要になります。管理権原者は、必要と考えられる装備資機材等の配備を行うと共に、これらを適正に維持管理していかなければなりません。

自衛消防組織に一般的に必要とされる装備資機材等は概ね次表のとおりです。

◆自衛消防組織（隊）任務別の資器材等

任務	任務ごとに必要な資器材等
指揮	・消防計画（自衛消防活動対策） ・建築関係図面（電気、給・排気等系統図） ・居住者、従業員、宿泊者、入院患者、出入業者等の名簿 ・携帯用拡声機、トランシーバー等 ・指揮本部設置用資材及び標識（隊旗） ・照明器具（懐中電灯など） ・その他必要な資器材
通報連絡	・非常通報関係先一覧表 ・携帯用拡声機、トランシーバー等 ・その他必要な資器材
初期消火	・動力消防ポンプ ・ホース、管そう等放水付属器具 ・破壊資材・器具 ・椅子 ・防水シート ・消火器・消火薬剤 ・流失油処理剤 ・オイルフェンス ・その他必要な資器材
避難誘導	・各室、避難口マスターキー ・携帯用拡声機 ・切断機具（ドアチェーン等切断用） ・居住者、従業員、宿泊者、入院患者等の名簿 ・照明器具（懐中電灯等） ・その他必要な資器材

防　　　護	• 建築、各種設備関係図 • エレベーター手動ハンドル、非常ドアー開放キー • 防火シャッター手動ハンドル • その他各種施設物の運行、停止等に必要な資器材	• 破壊資材、器具 • ロープ
応急救護	• 応急救護所の設置用資材及び標識 • 受傷者記録用紙 • 自動体外除細動器（AED） • その他必要な資器材	• 応急医薬品一式 • 担架、車イス • 医療機関名簿
搬　　　出	• 非常持出袋、搬出リスト等 • 防水シート	• 保管場所標識 • その他必要な資器材
共通事項	• 腕章、手袋、ゴム靴 • 警笛、照明器具、携帯用発電機	• ヘルメット、防火衣又は作業衣

◆非常備蓄品一覧表

食　　糧	アルファ米、精米、麺、カレー、乾パン、缶詰ライス、サバイバルフーズ、乾燥お粥、水戻し餅、おもゆ、山菜おこわ、肉・魚類缶詰、氷砂糖、コンビーフ、佃煮、漬け物、梅干、食塩、味噌、醤油、調整粉乳、哺乳ビン、飲料水
食　　器	クイックコンロ、ボンベ（4時間分）、やかん、鍋、釜、バケツ、紙コップ、紙皿、茶碗、箸、スプーン、フォーク、食品用ラップフィルム、ポリタンク
日用品	寝袋、使い捨てカイロ、毛布、肌着、敷物、ローソク、石鹸、タオル、チリ紙、ビニール・ポリ袋、ガムテープ、軍手、雨具、便器、簡易トイレ、マンホール用トイレ、メガホン、懐中電灯（電池）、投光器、延長コード、ロープ、飲料水容器、防水シート、生理用品
医療器材	殺菌消毒液、やけど薬、副木（大・中・小）、止血帯、体温計、ガーゼ、絆創膏、包帯、三角巾、災害用ハサミ、とげ抜き兼用ピンセット、安全ピン、毛布、担架、救急手当法

第２ 自衛消防活動

自衛消防活動は、通報・連絡、初期消火、避難誘導などの各要素から成り立っていますが、防火対象物の用途、規模などによって優先しなければならない活動内容は異なってきます。どの活動についてもスムーズに展開できるようにしておかなければなりません。

1 火災の発見

火災は、通常、自動火災報知設備等の機械的なものや在館者、従業員等の人為的なものによって発見されます。

（1）自動火災報知設備などで火災を発見した場合の措置

① 自動火災報知設備の受信機の点灯している表示窓と警戒区域一覧図を照合して出火場所に駆けつけます。この場合、受信機の付近に複数の勤務員がいるときには、１人を受信機の所に残し、その他の者は現場を確認した者の報告により、消防機関への通報、非常放送設備等を使って在館者等へ非常放送を行います。

② 受信機の表示窓が複数個所点灯していたり、スプリンクラー設備が前後して作動していた場合には、出火したものと断定して、直ちに消防機関に通報すると共に、自衛消防活動を展開します。

③ 出火場所に急行する際には、消火器、懐中電灯、マスターキー、自動火災報知設備の送受話器、非常用エレベーターの消防運転専用キーなどを携行します。

④ 出火場所の確認にあたっては、煙や炎が見えない場合にも安易に火災ではないと判断せず、天井裏、ダクトスペース、パイプスペース、アクセスフロアー部分等の隠れた死角部分なども見落とすことがないように慎重にチェックする必要があります。

（2）人為的に発見した場合の措置

① 「火事だッ、火事だッ」と大声で周囲に火災が発生したことを知らせると共に、近くの非常警報設備や自動火災報知設備の発信ボタンを押します。

火災発生の知らせを聞いた他の勤務員は、火災を発見した勤務員と共に予め指定された自衛消防組織の分担業務に従って、通報･連絡、初期消火、避難誘導などの自衛消防活動を開始します。

② 防災センターなどの勤務員が常駐する部署があるときは、直ちに近くの内線電話等を使って火災の状況などを伝えます。なお、防災センター等がない場合には直ちに消防機関に通報します。

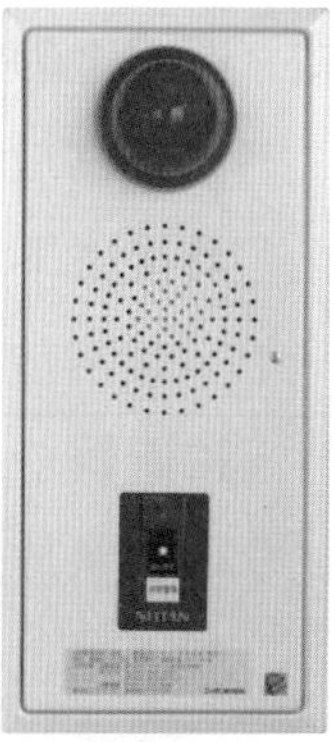

非常警報設備の
発信ボタン

2 火災の通報・連絡

火災発生を消防機関に通報するときは、火災の内容を十分把握できていない段階でも一応通報しておくことが重要です。そして、状況が確認でき次第、随時その情報を通報していくことが求められます。

また、消防機関への通報と同時に、当該防火対象物の勤務員や在館者への連絡を併せて行うことも極めて重要なことです。

(1) 消防機関への通報

消防機関へ火災を通報する場合は、次の内容を正確に知らせます。

① 事故の種別（火災か救急かなど）

② 所在地

③ 防火対象物の名称、付近の目標物

④ 火災の状況（出火位置、燃焼物、逃げ遅れ等の有無）

⑤ 通報者の名前、電話番号

⑥ その他

なお、携帯電話、スマートフォン等での通報は、所轄消防機関の管轄区域の境界付近では、所轄以外の隣接消防機関につながる場合がありますので、このときには所轄消防機関に転送されることから、電話を切らずに待っておかなければなりません。

(2) 防火対象物内への連絡

防火対象物内への連絡は、自衛消防組織員への連絡事項の伝達や、在館者に対する避難のための放送、異なる管理権原者の事業所への連絡などを行う場合があります。

① 連絡要領

ア　勤務者や在館者へはサイレン、非常ベルを鳴らし、非常放送などで出火場所、消火、避難誘導等を行う旨を速やかに連絡する。

イ　管理権原者の異なるテナントが入っている複合用途ビルなどでは、消防機関への通報と併せ、防災センター及び他のテナントへ連絡すると共に、初期消火、避難誘導等の自衛消防活動に当たります。

② 連絡上の留意事項

ア　非常放送は、原則的に出火階とその直上階を最優先に行い、その後、時間差をつけて上階、最後に下階の順に行って、避難階段等での混乱を防止します。

イ　非常放送を行う場合は、落ち着いた口調で2回以上繰り返し、「冷静に行動すれば必ず安全に避難できる」旨と、非常放送をどの部署で行っているかを必ず付け加えます。

ウ　非常放送を行うことで混乱が生じる恐れが想定されるときは、勤務員にしか分からない暗号放送によって火災の発生を知らせ、避難誘導等の配置につかせてから、在館者に放送を行うという手段もあります。

3 初期消火

初期消火は、火災による煙や炎に惑わされる前に、時機を失することなく速やかに消し止めることが重要です。仮に、初期消火に失敗すると、その後の自衛消防活動には多くの労力と時間を費やし、大きな被害をもたらすことにもなります。

（1）初期消火の時機

初期消火は、自衛消防組織の要員の安全を配慮し、消火器での消火活動は、炎が天井に達するまで、屋内消火栓による消火は、消火活動を行う担当者が危険であると判断するまでを目安とします。

（2）初期消火の要領

① 火災が発生した場所の付近にいる者は、近くの消火器等をできる限り早く、多くの消火器を集めて集中的に初期消火に当たる。
② 出火場所付近に一人で操作できる屋内消火栓設備があるときには、速やかにこの屋内消火栓を使用して消火する。
③ 二人で操作しなければならない屋内消火栓は、出火場所付近に多人数の勤務者等がいる場合に使用して消火する。
④ 炎が天井に到達する程度になっていれば、直ぐに屋内消火栓の使用によって消火する。

（3）初期消火活動時の留意事項

初期消火活動を行うに当たっては、次のことに留意する必要があります。
① 煙に惑わされず、燃焼実態に向けて消火活動を行う。
② 粉末消火器によって消火した場合は、再燃のおそれがあることから、更に水を掛けて完全に消火し、火種がないことを確認する。
③ 出火階以外の階では、空調ダクト等をとおして煙が拡散し、火点を間違う場合もあるので、必ず火点を確認してから注水する。
④ 屋内消火栓を使用するときは、過剰注水にならないよう注意し、必ず退避時期を誤らないように退路を確保しておく。
⑤ スプリンクラー設備が作動して消火が確認された場合は、制御弁を閉鎖して水損を防止する。

4 避難誘導

火災が発生した場合は、速やかに出火した旨を在館者に知らせ、一斉に避難させるのが原則ですが、パニックによる二次災害を防ぐという観点で、避難開始に時間差をつけることがあります。防火対象物の規模、用途、在館者の身体状況、出火場所等からどの時点で避難を開始させるか、十分検討しておくことが重要です。

勤務者に避難誘導を行わせる場合は、廊下の曲がり角や、階段の降り口、エレベーターの前など、要所に勤務者を配置して誘導することが大切です。

また、避難誘導は、火災区画から順次隣接するブロックへと実施し、その上階、下階へと進めていきますが、病院や福祉施設等で自力避難が困難な人たちを収容している防火対象物にあっては、隣接する防火区画の防火戸を勤務者自身が閉鎖し、当該区画内へ誘導したり、直接外気に解放されたベランダ等へ誘導することも有効な避難誘導の一つです。

なお、最近では寝たきりの利用者等を収容する福祉施設等にあっては、スプリンクラー設備の設置等一定の要件のもとで、居室に留めさせる避難の方法も主張されています。

（1）避難誘導の時機

火災が発生した場合には、速やかに火災である旨を在館者に知らせ、避難を開始させるべきですが、防火対象物の状況によっては避難時の混乱を避けるため避難に時間差を設けることがあります。どの時点で避難を開始させるかについては、次のような基準も一応の目安になります。

◆避難誘導時期の判断の目安

火災状況＼出火階		地上2階以上の場合	1階（避難階）又は地階の場合
1	火災と判明した時点	出火階・直上階の者を避難させる。	出火階・直上階及び地階の者全部を避難させる。
2	消火器で消火できない場合又は屋内消火栓で消火作業を行っている場合	出火階以上の上層階を避難させる。	全館避難をさせる。
3	屋内消火栓で消火できない場合	下層階を含め全館避難をさせる。	
備考	◎消火できるかどうか不明の場合は、消火できないものとして対応する。		

（2）避難誘導の原則

① 全体に対する避難開始の伝達は非常放送で行い、売場、廊下等における誘導に際しては、ハンドマイク等を活用することが薦められます。在館者が混乱しているときには、机の上など高い位置に立って、大きな声で明確に指示を出すと却って混乱が静まることがあります。

不特定多数の利用者を収容している防火対象物などでは、非常放送の指示と同時に、勤務者が誘導補助員として避難誘導を行うことが大切です。

② 火災発生時の放送は早口を避け、落ち着いて簡潔で分かり易くすることが効果的です。そして、少なくとも２回以上繰り返し放送し、放送の前又は後には、必ずどの部署から放送しているのか明らかになるように所属部署名を付け加えます。

火災発生時の放送では、パニックによる混乱を避けるため、安心放送を行うように配慮することも大切です。例えば「落ち着いて避難すれば必ず助かる」といったような趣旨の内容を知らせることは、混乱を回避するのに有効です。

③ 誘導する際には、エレベーターを利用しないように指示し、勤務員をエレベーター前又は近くに配置します。

④ 避難の最終出口ではドア等を開放し、勤務員を配置しておきます。

⑤ 火や煙によって階段が使用できない場合には、屋上やベランダなどに一時的に避難させ、消

防隊の救助を待ちます。

⑥　一度避難した者は絶対に部屋などに戻らせてはなりません。

⑦　最後に避難する勤務員は、逃げ遅れている者がいないか再確認を行い、防火戸を閉鎖してから避難します。

5 安全防護措置

火災が発生した場合、煙の拡散や延焼拡大を抑えるために、防火戸やシャッターを閉鎖し、排煙・空調設備等の運転を制御又は停止して、防火区画や安全区画を確保することは大切です。また、避難又は消火活動上支障がある危険物やその他の物件を撤去し、エレベーターの運転制御を行なったり、非常電源を確保するなどの安全防護措置をとることは被害を軽減する上で重要な活動です。

(1) 防火戸の閉鎖

煙の拡散を防ぐために出火階の防火戸やシャッターは最優先で閉鎖します。

この場合、上階へ煙が逸早く拡散する可能性が高いので、竪穴になる階段の防火戸等を閉鎖し、次に水平方向の防火区画に設けられている防火戸やシャッターを閉鎖します。

自動閉鎖機能がある防火戸等では、自動閉鎖を俟たずに人為的に閉鎖すると共に、くぐり戸のない防火シャッターについては、一時的に煙の拡散を抑えるために、床面から２m程度の高さまで降下させ、避難の完了をまって完全に閉鎖します。

(2) 空調設備の停止及び排煙設備の活用

火災発生時には、空調設備を停止させないと他の部分又は階に、当該設備のダクトをとおして煙を拡散させる可能性がありますので直ちに停止させます。

また、排煙設備は避難を容易にすることから早めに活用します。ただし、建築物の構造、排煙先の状況によっては火煙を拡散させるおそれがある場合には排煙口の開放を中止します。

(3) エレベーターの停止

エレベーターは、火災時に昇降路が煙の通り道になったり、停電時には閉じ込め事故が起こったりしますから、原則として運転を中止します。

(4) 危険物等の安全措置

危険物取扱施設等の付近で出火した場合には、速やかに当該施設の運転を停止したり、タンク室の防火戸を閉鎖するなどの措置をとります。また、容器入りの危険物等で移動が可能なものは、直ちに移動させるか若しくは除去させることとし、移動が困難なときには消防隊に危険物があるという情報を緊急に伝えなければなりません。

6 消防隊への引継等

自衛消防活動は間断なく消防隊に引き継がれなければなりませんが、消防隊の消火、救護等の活動が効果的に行われるためには、次のようなことが引き継がれなければなりません。

(1) 消防隊が進入してくる門の開放

消防隊が消火活動等を行うために防火対象物の敷地内に入ってきますので、門や入口を開放しなければなりません。また、進入口、進入通路、構内の消防水利などの使用に支障を生じさせる物件等が置かれている場合には、速やかに撤去する必要があります。

(2) 火災現場への誘導と情報の提供

消防隊が速やかに消火活動等に移行できるように防火対象物の進入口、非常用エレベーターの場所、出火場所への最短経路へ誘導すると共に、延焼状況、防火区画の構成、階段の位置、出火箇所、延焼状況、逃げ遅れの有無、傷者の状況等を積極的に消防隊に情報提供することが大切です。

なお、情報提供として一般的に必要な事項は次のようなものです。

① 延焼状況……**出火場所**、**燃焼物件**、危険物等の消火活動上**障害を生じさせる物の有無**

② 避難の状況……**逃げ遅れた者の状況**、避難誘導状況、負傷者の状況

③ 自衛消防活動の状況……初期消火活動の状況、防火区画の構成状況、消防用設備等の使用及び作動状況

④ 空調設備等の停止等……空調設備の停止状況、排煙設備の作動、エレベーター等の停止状況、非常電源の確保状況

※**下線の事項**については優先して情報提供を行う。

第３ 消防用設備等の操作要領

初期消火の失敗が甚大な被害につながった過去の火災事例を見ると、消火器や屋内消火栓設備の使用方法を知らなかったり、誤った使い方をするなど消防用設備等の知識の欠如、操作の未熟が原因となったケースが少なくありません。

また、避難器具を正しく使用できなかったために、多くの死傷者を出した例もあります。自衛消防隊員は、消火器や屋内消火栓設備などの消火設備、警報設備、避難設備の正しい使用方法を熟知するように、訓練を通じて操作して従業員に周知し、以下にあげる取扱い方法を体得しておくことが必要です。

1 消火設備

（1）消火器

① 粉末消火器

【使用方法】

①安全ピン（栓）を抜く。

②ホースを本体からはずしノズルを火点に向け消火準備態勢をとる。

③レバーを強く握り燃焼物に向けて放射する。

【留意事項】

・できるだけ射程距離に近づき、手前から燃焼物に放射する。（放射距離は約４～６ｍ）

・粉末消火器による消火は、水のように浸透力がないので、燃焼物の深奥部まで完全に消火するためには、一時的に燃焼を抑えたあと、水により完全に消火しなければならない。

・消火器の薬剤放出を一時停止しても、加圧ガスは徐々に抜けていくので、再使用は不可能である。

② 強化液消火器

【使用方法】　粉末消火器を参照

【留意事項】

・燃焼物に直接放射し、手前から順次消火する。

・噴霧ノズルを使用する場合、火面を覆うように手前から消火していく。

③ 二酸化炭素消火器

【使用方法】　粉末消火器を参照

【留意事項】

・ノズルを火点に近づけ、燃焼物に向けて放射する。

・風がある場合、必ず風上から放射する。
・風下から放射すると、酸欠空気が風で押し戻され、操作者が窒息する危険がある。
・絶対に人に向けて、放射してはいけない。

④　**ハロン消火器**

【使用方法】　粉末消火器を参照

【留意事項】　二酸化炭素消火器を参照

⑤　**機械泡消火器**

【使用方法】　粉末消火器を参照

【留意事項】　粉末消火器を参照

（２）屋内消火栓設備

①　**１号消火栓操作要領**

ア　２人で操作する場合の分担

屋内消火栓設備を２人で操作する場合は、次の表（次頁図参照）のように分担します。

イ　１人で操作する場合の手順

（１号消火栓は原則として２人以上で操作し、やむを得ない場合に１人で行う。）

㈠　消火栓からのホース延長経路を事前に確かめる。

㈡　起動ボタンを押し、表示灯の点滅を確認する。

㈢　扉を開け、ホース１本を取り出し、前方に大きく投げ出し、筒先と筒先側のホース１本を脇に抱える。

㈣　バルブを全開にする。

㈤　同時に走り、素早くホースを延長して放水する。このとき、脇に抱えたホースが、中に入っている空気のために膨らむが、放水姿勢を整えるまで手の力は抜かない。

【留意事項】

・加圧ポンプの起動ボタンを必ず押す。
・同時に多数の消火栓を使用すると、放水圧力が低下し、有効な圧力が得られなくなるおそれがある（同一階に２個以上ある場合２箇所まで）。
・水損防止を図るため注水の必要がなくなったときは、速やかにバルブを閉める。
・放水中はノズルを離さない。

①起動ボタンを押し、表示灯の点滅を確認する。

②消火栓の扉を開く。

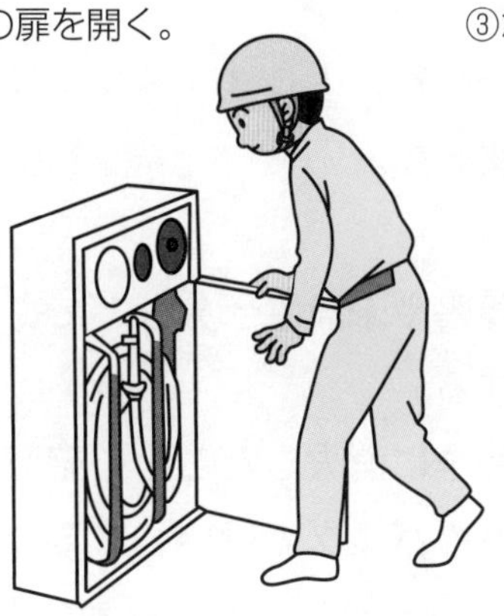

③ホースを延長する。

④開閉バルブを全開にする。

⑤放水する。

起動操作担当（A）	放水担当（B）
起動ボタンを押し（消火栓箱の表示灯が点滅する）、消火栓箱の扉を開く。 →	（Aの消火栓箱が開くのを待って）筒先とホースを取り出す。筒先と筒先側のホース１本を脇に抱え、ホース延長の準備をする。
Bの取り出したホースの放水口側を持ち、余裕ホースをとって、Bの準備状況を見ながら「よし」と呼称する。 →	Aの「よし」の合図でホースを延長し、１本目の延長し終わったころ、「放水始め」と呼称しながら２本目のホースを延長する。
消火栓箱の位置で１ｍ～２ｍの余裕ホースをとり、Bの「放水始め」の合図により、消火栓箱内の開閉バルブを全開して送水する。 その後、延長したホースの屈折などを点検しながらBのところへ行き、１～２歩後方でホースを持ち補助する。	

②　２号消火栓操作要領

１人で操作できるよう設計されたもので、ホースの延長、ノズルに開閉できる装置がついていて、放水、停水操作が容易に行えます。

ア　消火栓の扉を開け、筒先を取り出す。

イ　消火栓開閉弁を開く。

ウ　ホースを延長し、火点に向かう。

エ　ノズル開閉弁を開き、放水する。

③　易操作性１号消火栓及び広範囲型２号消火栓

【使用方法】　２号消火栓を参照

（3）スプリンクラー設備

スプリンクラー設備は、炎の熱によりスプリンクラーヘッドが開放し、自動的に散水する装置です。特別な操作は必要ありません。

【留意事項】

・スプリンクラーの散水障害や未設置部分などで、完全に消火できない場合は、補助散水栓などを使用し、完全に消火する。

・加圧ポンプの停止は、完全に消火したことを確認した後に行う。

・散水の一時停止は制御弁のバルブで行い、必要なときに散水できるようにしておく。

・舞台部などに設置されている開放型は、手動開閉弁が各散水区域ごとに設置されているので、手動弁に表示されている散水区域を確認のうえ必要な散水区域の開閉弁を開く。

・制御弁は、各階又は警戒区域ごとに設置されているので、平常時に位置を把握しておく。

（4）泡消火設備（固定式）

固定式の泡消火設備もスプリンクラー設備と同様に火災の熱により、感知用のスプリンクラーヘッド又は感知器が作動し、自動的に泡散水する設備ですが、手動起動装置も設けられています。

その操作手順は、次の操作要領のとおりです。

【操作要領】

①　火災現場を警戒している区域の手動起動装置を確認する。

②　手動起動装置の操作部の扉を開く、又はアクリル保護カバーを壊す。

③　コック又はバルブを操作して開放する。

【留意事項】

・放射区画の放出ヘッド又は配管と手動起動装置は、各区画ごとに同一色となっていて、他の区画と色分けされているので平常時に確認しておく。

・消火後の泡水溶液は水で薄めて排出する。

（5）不活性ガス消火設備・ハロゲン化物消火設備

このガス系の消火剤は、消火効果が大きく、汚損、破損等の二次的被害が少ない反面、人体への危険性をもっていますので、使用に際しては、十二分な注意が必要です。

【操作要領】

①　操作箱の扉を開く（サイレンが鳴る）。

②　放出する区画内の人の避難を確認する。

③　操作箱の起動ボタンを押す。

【留意事項】

・放射区画内の火災であることを確認する。

・他の消火設備で消火できる場合もあるので、燃焼物を確認する。

・放出区画内の人が全員避難したことを確認するまで起動させない。

・起動後は放送設備などにより、使用したことを全館一斉に放送する。

・消火剤が放出された区画には、安全な状態が確認されるまで立ち入らないように、立入厳禁などの表示をするとともに、出入口に人員を配置する。

・誤って手動起動装置を起動させた場合、ガスの放出前なら手動起動装置の非常停止ボタンを押して停止する。放出後は停止できないので、放出された区画は立入厳禁にし、外気に面する開口部を開放して、ガスを排出する。

2 警報設備

（1）自動火災報知設備

自動火災報知設備は、火災による熱や煙、炎を検知し、火災の発生を在場者に自動的に知らせる設備です。感知器、発信機、受信機、中継器などから構成されています。部屋ごとや建物の各部分を警戒区域として、警戒区域ごとに受信機の地区表示灯により、火災の発生場所が確認できるようになっています。

【操作要領】

① 受信機が感知器からの火災信号を受信した場合は、地区表示灯が点灯した箇所と警戒区域一覧図とを照合して確認し、感知場所を特定する。

② 受信機に表示された感知場所に急行し、火災かどうかを確認する。

【留意事項】

・火災信号を受信した場合は、火災かどうかが確認されるまでは地区音響ベルを停止しない。

・複数の地区表示灯が点灯した場合や、自動火災報知設備とスプリンクラー設備が同時に作動した場合は、火災と断定して行動を開始する。

・誤報などの対応が煩わしいからという理由で、絶対にベルを停止状態にしない。

・吹き抜けなどに面している煙感知機の発報は、離れた場所での火災発生の可能性が高い。

・受信機の火災復旧スイッチは、消防隊が到着し、現場を確認するまで操作しない。

・屋内消火栓設備や非常放送設備との連動スイッチがある場合は、連動停止状態にしておくと、消火栓ポンプが起動しない、警報音が鳴動しない、といったことがあるので注意する。

（2）放送設備

【操作要領】

自動火災報知設備の感知器の発報に連動して自動起動するものと、手動起動するものがありますが、手動起動するものの操作手順は、一般的に次のようになっています。

① 非常起動スイッチを押す。

② 放送したい階の放送階選択スイッチ又は一斉スイッチを操作する。操作によってサイレンが鳴動する。

③ 非常用マイクを取り、プレストークボタンを操作するとサイレン音が停止するので、避難誘導などの放送を行う。

【留意事項】

非常放送を行う場合最も重要なことは、出火場所、火災の状況を早期に把握し、必要な情報を明確に落ち着いて伝えるということです。

日頃から非常放送の手順や放送の仕方を訓練しておくことが重要です。
※参考141頁放送内容の例

3 避難設備

①　斜降式救助袋

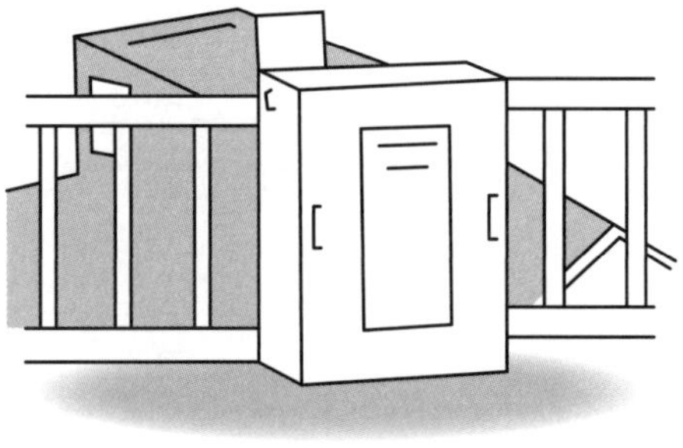

①カバー（キャビネット）をはずす。

②誘導砂袋（ロープを地上操作員に投下する）

③地上操作員に合図し、救助袋を降下する。

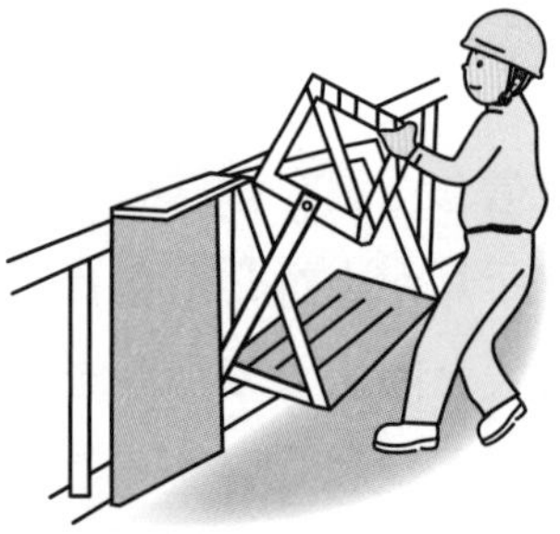

④袋本体を降下したら、支持金具を引き起こす。

⑤救助袋の支持枠を外に出す。

⑥ステップを倒す。

⑦フックを固定環にかけ、ロープを引いて救助袋を展張する。

⑧端末のロープは展張ロープと滑車の間に挟みこみ、逆方向に踏み込む。

⑨ロープの端末処理を確実に行う。確認の合図を必ず受けてから降下させる。

⑩足から救助袋に入り、降下準備が整うまで入口枠金具あるいはロープを握る。

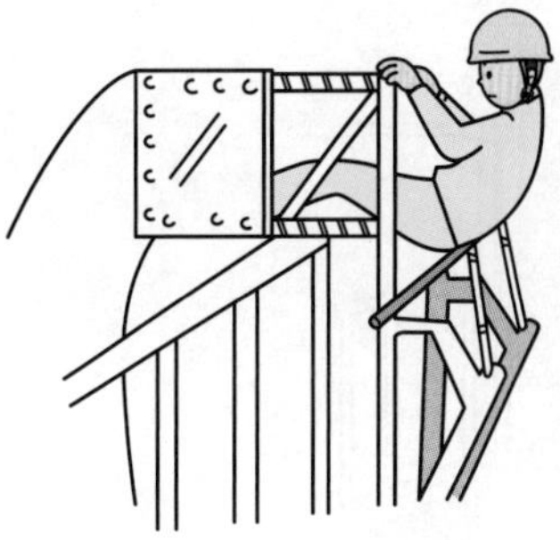

⑪降下準備ができたら手を離し、両手を頭上に上げ、ひじを張らずに足を若干持ち上げ、腰ですべる。地上操作員は、降下者を受け布で止める。

※④⑤の操作は、避難者の救助袋への入口を作る大切な工程であることに注意

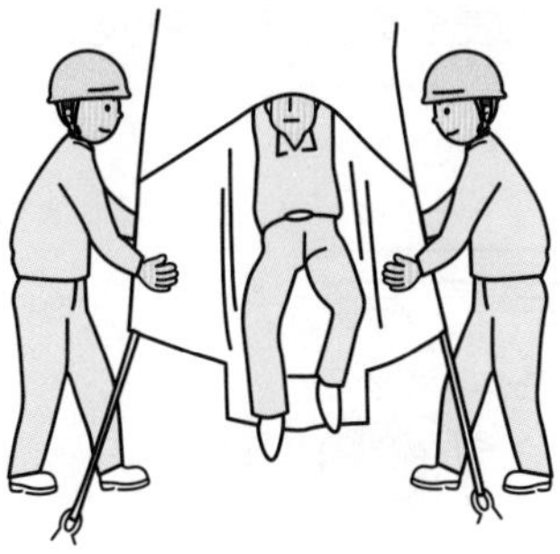

②　垂直式救助袋

①カバー（キャビネット）をはずす。

②袋を窓から降ろす。

③袋の支持枠を屋外に出す。

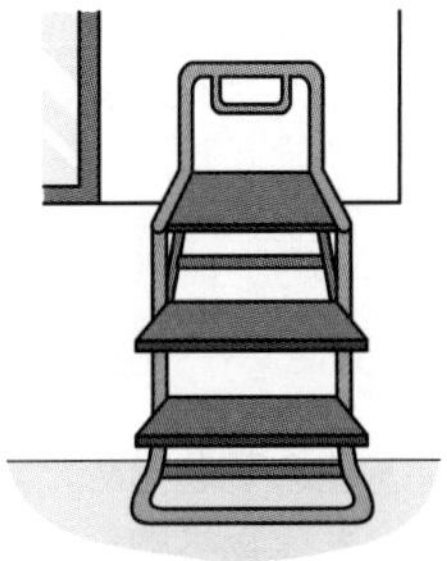

④足から袋に入る。

⑤身体を十分に伸ばし、両手は耳を保護する姿勢で上げ、足をまっすぐに伸ばして降下する。

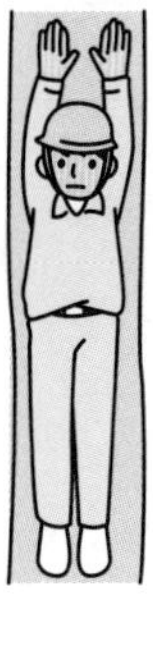

⑥降下速度が速すぎる場合は、ひじ・ひざを曲げてブレーキをかける。

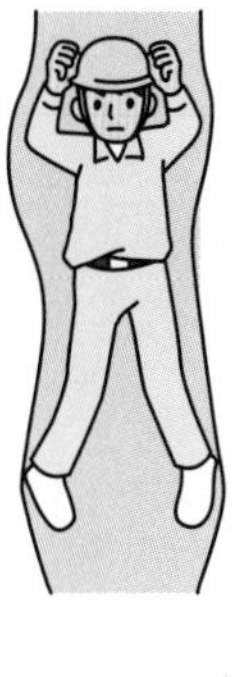

③　緩降機

①取付金具を設定する

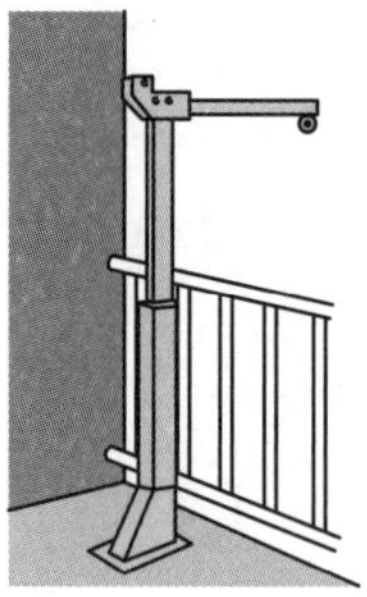

②本体収納箱から調速器、リール、ロープ等を取り出す。

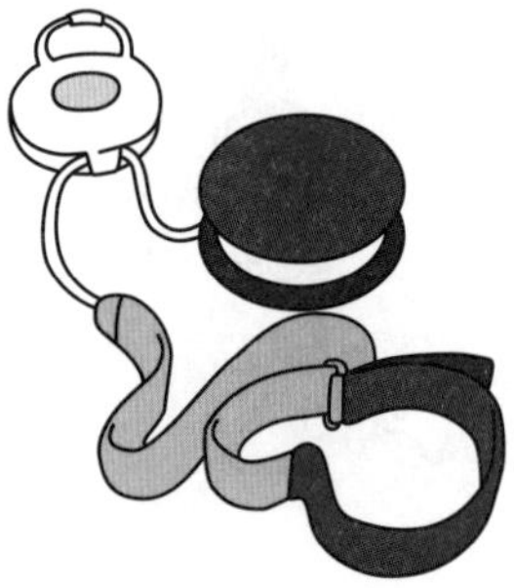

③フックを取付用アームのつり輪にかけ、調速器を取り付ける。フックの安全環を確実に締める。

④降下空間や付近の安全を確認し、リールを投下する。取付金具、調速器、ロープ、着用具などを点検し、異常の有無と降下空間付近の安全を確認する。

⑤降下者は着具（ベルト）を頭からかぶり、ねじれの無いように脇の下に確実に装着する。

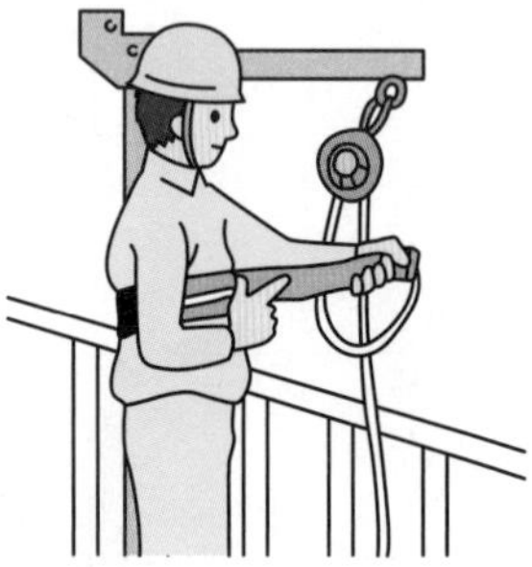

⑥両手で調速器のすぐ下のロープ２本を握る。ベルト締め環を必ず確認する。

※やせた人や児童などは⑤の装着を十分確認して抜け落ちないように注意をする。

⑦外に出て、窓枠やベランダなどに足をかけ、降下姿勢をとる。脇の下をしめる。

⑧脇の下をしめたまま両手をロープから離し、その手を建物外壁に向けて軽く伸ばし、両足は自然に伸ばして降下する。

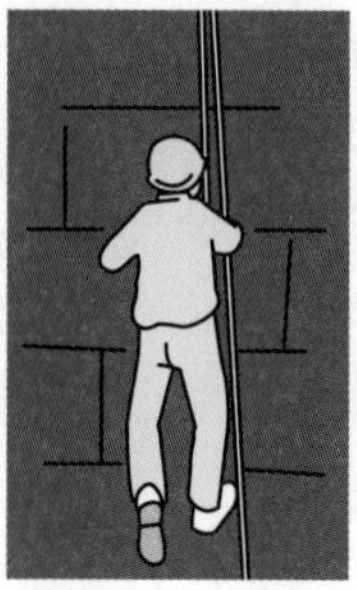

第7章

教育・訓練

第1 教　育

防火管理体制や消防計画がいかに形式的に立派につくられても、現実に防火管理業務に従事する従業員等が防火に関する知識や技術をそなえていなければ、到底防火管理の目的は達成できません。

そこで、従業員等に消防計画の内容を周知することはもとより、防火管理業務の効果的な推進を図るために、防火管理上必要な知識等を修得させる教育を徹底することが必要になります。

1 管理権原者の取組

管理権原者は、自らの防火管理知識を高めるために、積極的に消防機関等が実施する防火、防災講演会等に参加するように努めます。また、従業員等が防火、防災管理者、統括管理者等の講習会や地域の防災講演会等に出席できるように必要な措置を講ずることが大切です。

2 防火、防災管理者の教育

防火、防災管理者は、消防機関等が行う法定講習や研修会等に参加すると共に、従業員等に対して防火、防災の研修を随時実施します。

3 自衛消防組織要員の教育

(1)　自衛消防組織の要員に対する教育は、防火、防災管理者が実施計画を作成して個人教育、集合教育、部分教育を実施し、記録しておくことが大切です。

(2)　自衛消防組織の本部隊の各班班長への教育は、自衛消防業務講習を受講させて行うものとします。

(3)　本部隊以外の自衛消防組織の要員に対しては、努めて法定資格を取得するよう指導します。

4 統括管理者等の資格管理

自衛消防組織の統括管理者や本部隊の班長に対する自衛消防業務講習の受講者の状況を把握して

おき、必要に応じて計画的に受講させるよう配慮します。

5 従業員等の教育

従業員等の防火、防災教育の受講回数、受講者等の状況を把握して、偏りのないように計画的に講習会等に参加させることが大切です。

6 教育の内容

従業員等に対する教育は、実施担当者を定め、概ね次の内容について行うこととします。

(1)　消防計画について
(2)　従業員等が守るべき事項について
(3)　火災発生時の対応について
(4)　地震時その他災害時の対応について
(5)　その他火災予防上自衛消防活動上必要な事項について

7 従業員教育担当者への教育

防火、防災管理者は、従業員教育担当者の知識を向上させるため、次のことに留意する必要があります。

(1)　消防機関等が行う講演会、研修会への参加
(2)　防火、防災に関する図書等の整備

8 ポスター、パンフレットの作成及び掲示

防火、防災管理者は、防火、防災に係るパンフレットを作成するほか、消防機関等が配布したポスターやパンフレットを見易い場所に掲示するようにします。

第2 訓 練

消防訓練は、火災その他災害等が発生した場合、公設の消防隊が到着するまでの間、自衛消防組織が消防用設備等を活用して、自衛消防活動を適切に実施できることを目的として習熟するために行うものです。

1 消防訓練の必要性

消防訓練は「絵に描いた餅」だという主張があります。つまり火災に遭うのは一生に一度あるかないかの確率ですから、これに対応できるように初期消火要領等を教え込むことは、それこそ画餅にすぎないというものです。もしこのような論理が通るとすれば、発生確率の低い災害に対する安全措置は、すべて絵に描いた餅ということにならざるを得ません。

むしろ発生確率が低いだけに、万一を予想して訓練しておくことが、災害防止につながる唯一の方法であるわけです。第2章5（3）では、人間が突発的に災害に遭遇するとパニックに陥りやすいことを述べましたが、これを防ぐためには、そのような異常な状態を経験すればするほど、あるいは平素からそれを予測している人は慌てないとされるのですから、そのためには消防訓練を反復し、疑似体験を積むことが重要なのです。

このため、消防法では、一定規模以上の防火対象物の管理について権原を有する者は、防火管理者を定め、消防計画を作成し、当該消防計画に基づく消火、通報及び避難訓練を行わせなければならないこととされています（消防法第8条）。

特に、特定用途防火対象物においては、消火訓練及び避難訓練を年2回以上実施するとともに、訓練を実施する場合には、あらかじめ、その旨を消防機関に通報しなければなりません（消防法施行規則第3条第10項、第11項）。

2 消防訓練の実施時期

消防訓練は、防火対象物の用途に応じ、訓練の種別ごとに少なくとも右表に示す時期に実施しなければなりません。

実施時期 / 種別	訓練の実施時期	
	特定用途防火対象物	非特定用途防火対象物
消火訓練	年2回以上	※消防計画に定める時期
避難訓練	年2回以上	※消防計画に定める時期
通報訓練	※消防計画に定める時期	※消防計画に定める時期

※特定用途防火対象物における通報訓練の実施時期について、法令による定めはありませんが、消火訓練、避難訓練と併せて年2回以上実施するよう消防計画に定めてください。なお、本章4の旅館・ホテル、社会福祉施設・病院、物品販売店舗等については、年2回以上実施しなければならない消防訓練のうち、1回以上、検証訓練を行ってください。

非特定用途防火対象物における消火、避難及び通報訓練ついては、年1回以上実施するよう消防計画に定めてください。

また、統括防火管理者を要する防火対象物についても、消火、避難訓練を年２回以上、当該防火対象物全体にわたって実施しなければなりません。

なお、統括防火管理者が行う訓練とテナントの各防火管理者が行う訓練は、当然別のものですが、これらの訓練を合同で行うことは可能です。

3 消防訓練の内容

（1）通報訓練

火災を発見した場合の消防機関への119番通報、自衛消防隊・在館者への非常放送、隣接棟への連絡等を迅速的確に行うための訓練です。

①　消防機関への通報

昭和57年１月22日（金）早朝、愛知県内の住宅兼新聞販売店の１階から出火、２階で寝ていた主婦が火災に気づいて119番通報したのですが、消防の指令室で聞き返しているうちに45秒も経ち、結果として母子５人が焼死するといった痛ましい事故がありました。手早く通報を終えていたら、あるいは避難し得たかもしれません。いざというときに必要事項を要領よくしゃべるというのは、かなり難しいことですから、通報内容を予め文案にして適当な場所に貼り付けておくくらいの用心深さが必要なのです。

消防機関へ119番通報する場合は、次の内容を簡潔、明瞭に通報してください。

①デジタル公衆電話

①、②ともに通報要領は次のとおり。
受話器をあげ発信音（プー）が聞こえたら119とプッシュしてください。
テレホンカードや硬貨なしでかけられます。
（緊急通報ボタンはありません。）

②カード公衆電話

受話器をあげて前面の赤ボタン（緊急通報ボタン）を押し、発信音が聞こえたら、119とプッシュしてください。
（テレホンカードや硬貨なしでかけられます。）

③携帯電話・スマートフォン

携帯電話やスマートフォン等の移動電話から119番通報（119とプッシュ）した場合は、中継基地等の関係から災害発生地域（通報している場所）を管轄する消防本部以外の消防本部へ通じることがありますので、特に次のことに注意してください。

- 場所と目標をしっかりと確認する。
- 携帯電話又はスマートフォンからの通報であることを告げる。
- 消防本部から場所の確認等のため、かけ直すことがあるので、電源を切らない。

注　携帯電話・スマートフォンは、消防機関へ常時通報することができる電話には含まれません。

ア 火災・救急の別

イ 所在地・名称、目標となる建物

ウ 出火階と燃えている物

エ 要救助者（逃げ遅れ）の有無

また、電話の種類によって取り扱いが異なりますので、事前にその要領を確認しておいてください。

② 火災通報装置

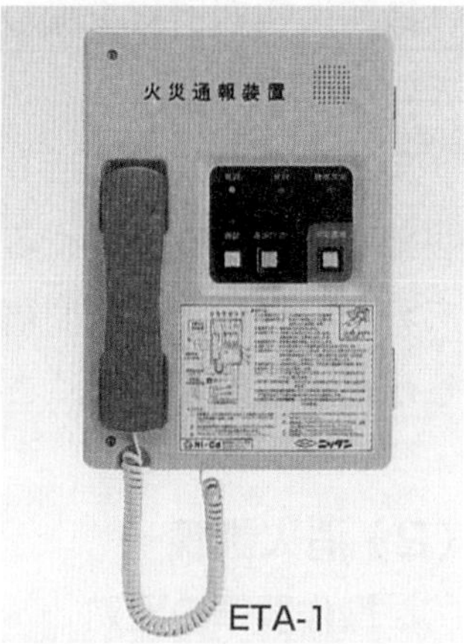

火災通報装置

火災通報装置とは押しボタンを押すだけで、自動的に119番通報がなされ、火災が発生したこと、火災が発生した事業所名、所在地等を合成音で消防機関へ知らせる装置です。人間の動きとしては、ワンタッチでボタンを押すだけですから間違いの起きようがなく、作動すればランプの点灯等の表示がなされ、確認できるようになっています。陽気寮火災事件（神戸市、昭和61年７月31日（木））では、宿直指導員が寮生の避難誘導に懸命になった余り、119番通報が大幅に遅れたのですが、場合によっては火災通報装置を自動火災報知設備と連動するようにしておけば、人間のワンタッチ動作も不要ということで、なお安全です。

③ 自衛消防隊・在館者への非常放送

自衛消防隊員や在館者への非常放送を行う場合に最も重要なことは、出火場所、火災の状況を早期に把握し、避難誘導の時機を判断することです。

非常放送しなければならない内容は、主に下表のようなものがあります。

ベルが鳴ったとたん、非常放送が出来なくなった。

◆放送内容の例

放送すべき場合	放送の項目	放送の内容（例）
感知器が作動した場合	現場確認指示の放送	「ただ今○階○○で火災警報を受信しました。係員は直ちに異状の有無を確認してください。」なお、お客様は次の放送に十分注意して下さい。
確認の結果、火災でなかった場合	現場確認結果の放送	「お客様にお知らせします。現場確認の結果、火災ではありませんでした。」
火災が確認された場合	消火避難指示の放送	「お客様へお知らせします。ただ今○階○○で火災が発生しました。従業員の指示に従って避難してください。また、避難に際しましては、エスカレーター及びエレベーターは使用しないでください。」 「自衛消防隊へ連絡します。○階の消火班は直ちに消火作業にあたれ、避難誘導班は誘導配置につけ。」

非常放送は全館又は火災階及び直上階（選択方式）に対して一斉に放送されるだけに、大勢の人が一度に廊下や階段に殺到し、パニックとなるおそれがないわけではありません。このようなパニックの発生をおそれて、火災発生の際に従業員にだけ分かるような放送のしかたを指導されているようなところもあるようですが、これはとんでもない間違いです。火災発生の初期情報を隠しておいて、もし火災が拡大し、自衛消防隊で手に負えなくなったときに全館放送したとすれば、その混乱は最初に初期情報を流したときの比ではありません。それこそ大パニックが起こることは目に見えているのです。

また、この非常放送もいざやらなければならないとなると緊張してしまい、手短に必要な情報を明確に落ち着いて行うことは非常に難しいものです。そのためには、放送文例をあらかじめ作成しておき、日頃から夜間宿直者や指揮班、連絡班に属する自衛消防隊員は、非常放送の手順や放送のしかたを訓練しておくことが重要です。

（２）消火訓練

①　操作要領の習熟

過去の火災事例から消火器や屋内消火栓の「使い方を知らなかった」、「出火場所直近の屋内消火栓を使用せず、遠くの消火器を取りに行っている間に火勢が拡大した」というように、小火で消し止めるチャンスを逃してしまい火災を大きくしてしまった事例が多くあります。

自衛消防隊の隊員は、消火器や屋内消火栓の機能を熟知しておくことはもちろん、訓練を重ねて操作要領を体得しておく必要があります。

②　号令と規律

消火活動は集団的に行動してこそその効果を発揮するものですから、これを構成する各隊員の基本動作の習得が大切です。つまり規律のとれた統制ある消火活動でなければ、効果のある初期消火は望めませんし、各隊員の安全も確保できないことになります。例えば、屋内消火栓のノズルを握っている隊員に水を出すことを明確に知らせてやらなければ、どのような不測の事態を招くかわかりません。そのためには、指揮者の明確な指示が必要となり、明確な指示を出すためには、各隊員に正確に伝わるような号令が必要です。片手をまっすぐに上に挙げながら「集まれ！」、手で方向を示しながら「かかれ！」又は「始め！」などの号令や指揮者への報告時の敬礼動作などは消防訓練を

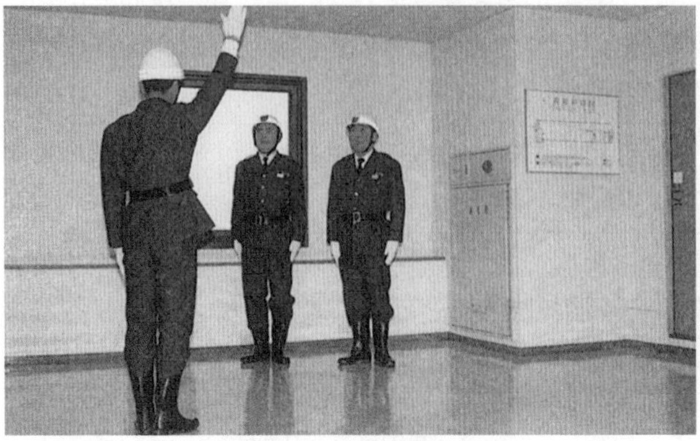

「集まれ！」指揮者は号令を明瞭に伝える。

「ホースを延長して火点に向かえ！」号令にこたえて隊員も素早く行動する。

行うに当たって最小限必要とされるものです。

しかし、このような号令や動作は、充分に訓練をしないとテレくささから明確に指示ができないものですから、消防職員の訓練を参考にしたり、消防学校へ体験入校してみることも一つの方法です。

③ 消火器訓練

消火器の種類、構造、機能については、第6章第3 1（1）で述べましたので、ここでは消火器による消火訓練を実施する場合の注意すべき事項を紹介します。

自衛消防隊の消火器訓練

まず、消火器共通の注意事項として、

(ア) 事前点検を行うこと。

(イ) かなりの重量があるので足元に落とさないように注意すること。

(ウ) 使用に際しては安全栓を必ず抜くこと。

(エ) ノズルをしっかりと火点に向けること。

等に注意が必要です。

泡消火器の注意事項としては、

(ア) 運搬時に肩に担いだり、横抱えにすると発泡するので注意すること。

(イ) 油火災では油面をかきまわさずに一か所に泡が集積されるような要領で放射すること。

等が大切です。

最も重要なことは、消火器の消火能力にあまり大きな期待を持って、いつまでも消火器に固執することなく、消えないと思ったら、素早く屋内消火栓に切り替えるということを頭の中に叩き込むことです。

④ 屋内消火栓訓練

消火薬剤の放射時間などその使用に限界がある消火器と異なり、圧力があり、かつ豊富な水量で消火活動が可能な屋内消火栓による消火が有効であることは明らかです。陽気寮火災、松寿園火災やホテル・ニュージャパン火災でも、この屋内消火栓が有効に活用されていれば、ごく初期の間に消火し得たのです。

それだけに平素から万一に備え屋内消火栓の訓練を行っておく必要があります。

屋内消火栓の種類、構造、機能については、第6章第3 1（2）で述べましたので、ここでは屋内消火栓の操作要領と消火訓練実施時の注意すべき事項を紹介します。

まず、「**1号消火栓**」の操作方法を説明します。「1号消火栓」は2～3人で操作するのが最適であり、操作手順は次のとおりです。

1号消火栓使用手順

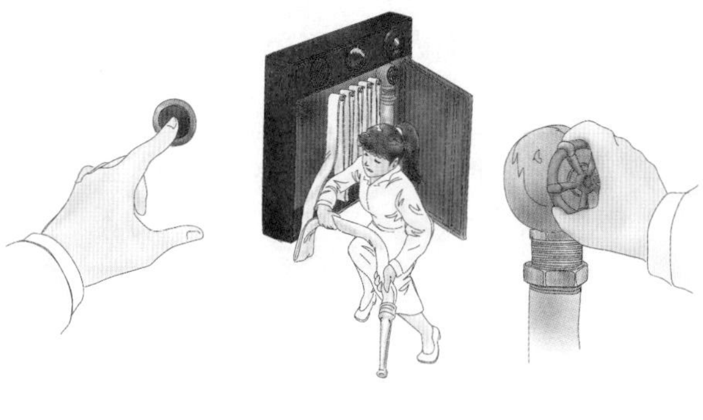

(ア)　屋内消火栓の扉を開ける。

(イ)　１人はノズルを持ってボックス内のホースを展張、火点に至り「放水始め！」と指示する。もう１人はこれを補助する。

(ウ)　残りの１人はホースが展張されるのを確認しながら、「放水始め！」の合図でポンプ起動ボタンを押す。(起動すれば表示灯が点灯するので確認する。)

(エ)　バルブを全開する。

なお、「１号消火栓」の使用について注意すべき点は次のとおりです。

(ア)　ホース展張後、ホースの折れやねじれ、曲がりがないか確認すること。

(イ)　放水中はノズルを絶対に放さないこと。ノズルを放すと反動力で激しく振れることがあり危険です。

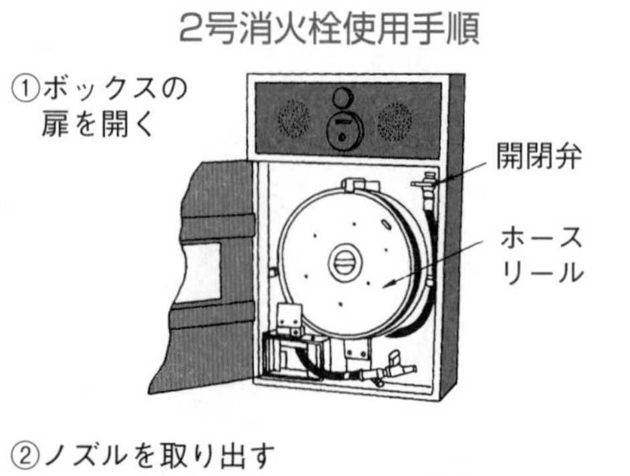
2号消火栓使用手順
①ボックスの扉を開く
開閉弁
ホースリール
②ノズルを取り出す
ノズル受け
ノズル
③開閉弁のレバーを「開」の位置に回す
リミットスイッチ
開閉弁レバー
「開」位置
④ホースを延長し、ノズル手元の開閉コックを「左」に回し、消火する
消防ホース
握手
ノズル

(ウ)　ポンプをいったん起動させると、屋内消火栓ボックス内で停止することができず、ポンプ室の制御盤で停止させなければなりません。ぼや火災を屋内消火栓で消火したのはよかったのですが、うっかりポンプを停止することに気が付かず、ポンプは回転したままという例もあります。

(エ)　不注意に扱えば危険がないわけではありませんから、訓練実施時には各隊員の役割を明確にし、大きな声で「放水始め！」「放水止め！」などの号令をかけさせることが安全につながるのです。

次に「**２号消火栓**」の操作方法を説明します。

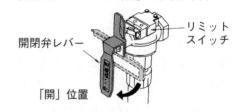

「２号消火栓」は「１号消火栓」と違って１人で操作できるようになっています。

操作手順は右図に示したとおりです。

ホースもリール式ですから展張も容易ですし、折れ曲がることもありません。炎を恐れず、しっかりと火点まで近づいて確実に放水する必要があります。

最後に「１号消火栓」、「２号消火栓」ともに重要なことは、屋内消火栓は確かに消火能力は抜群ですが、これとて限界があるということです。

放水しても、なお消えないときは早めに避難させることが安全策です。

なお、易操作性１号消火栓、広範囲型２号消火栓も上記と同様です。

（３）避難訓練

① 避難器具訓練

火災の際に、避難階段、救助袋、避難はしご等の避難設備や避難器具の設置場所を把握していなかったり、その使用方法を知らなかったために、適切な避難誘導ができずに、大惨事を招いてしまったといった事例があります。平素から避難誘導を担当している自衛消防隊員だけでなく全従業員が知っておくことが重要なのです。

また、避難器具訓練の実施に当たっては、滑り降りてみるといった使用体験により、いざというときに素早く避難できるようにしなければ何の効果もありませんので、正しく安全に使用するための設定の操作技術を習得することが重要です。

ここで、もっと重要なことは、避難器具は、あくまで他の手段で逃げられなくなった場合の「最悪の条件下」で使用する設備であるということです。まずは、最良の避難設備である階段を使用することが基本であることを忘れてはなりません。

② 避難訓練の進め方

一般的な事業所における避難訓練の進行方法を紹介すると次のようになります。

㈠ 出火場所・延焼状況についての非常放送（非常ベルの鳴動、必要により発煙筒を使用）
㈡ 避難誘導担当者（自衛消防隊）を指定場所へ配置
㈢ 在館者へ避難開始の指示
㈣ 避難誘導担当者から在館者へ避難場所・避難方法を伝達・誘導（必要によりトランジスタメガホンを使用）
㈤ 防火戸・防火シャッターの閉鎖、避難口の開放
㈥ 排煙設備の起動、空調設備の停止
㈦ 避難器具の設定と使用
㈧ 避難者の人員点呼、逃げ遅れ者の有無の確認
㈨ 消防隊への報告

4 検証訓練の実施

昼間の自衛消防組織は一応組織されていたとしても、夜間の自衛消防組織はきわめて弱体です。特に旅館、ホテル及び社会福祉施設、病院においては、夜間勤務体制と収容人員を比較すれば、限られた従業員（自衛消防隊員）で119番通報、初期消火から多くの宿泊客、入所者等の避難誘導を短時間に的確に実施することは容易に行えるものではありません。

これらの防火対象物においては、最も条件の悪い夜間に火災が発生した場合を想定して、実火災に近い状態のシミュレーション訓練を行い、実火災に即した具体的な自衛消防活動を体得しておくとともに、一定の時間内に全ての行動ができるかどうか検証するとともに、その検証結果をもとに、適切な防火管理体制に改善し、防火対象物の安全性を高める必要があります。

この対策として、自治省消防庁（当時）から昭和62年８月に旅館、ホテル等に対して、平成元年３月に社会福祉施設、病院に対して、平成２年６月に百貨店、スーパーマーケット等の物品販売店舗等に対して、それぞれ夜間の防火管理体制指導マニュアルを作成し、夜間の防火管理体制の検証

を進めるよう通知がなされています。

(1) 検証訓練の実施対象

次に掲げる防火対象物は、年2回以上実施しなければならない消防訓練のうち、1回以上、検証訓練を行ってください。

旅館、ホテル等	次のアからウに該当するもの ア　収容人員が 30 人以上 イ　地階を除く階が3以上 ウ　延べ面積が 1,000㎡以上
社会福祉施設、病院	病院及び消防法施行規則第 13 条第2項に定める社会福祉施設で防火管理者の選任を要するもの
百貨店、スーパーマーケット等の物品販売店舗等	次のアからエに該当するもの（木造建築物を除く） ア　収容人員が 300 人以上 イ　階数が3以上 ウ　延べ面積が 1,000㎡以上 エ　屋内消火栓設備が設置されているもの

(2) 検証訓練で対応しなければならない事項

火災発生時に自衛消防隊員がしなければならない最低限必要な行動は、次の7つで建物構造や内装、消防防災設備等の設置状況等に応じて設定される限界時間内に所定の行動を終わらせることができるか検証します。

①出火場所の確認
②現場確認
③消防機関への通報
④初期消火
⑤区画の形成
⑥非常放送、避難誘導
⑦消防隊への情報提供

(3) 検証結果に基づく改善策

検証の結果、限界時間内に所定の対応事項が完了できなかった場合には、次の改善内容を検討し、実現可能な対応策を講じる必要があります。

(4) 訓練による対応時間の短縮

現状の夜間の防火管理体制に変更を加えず、訓練回数を増やし、消火器や非常用放送設備等の基本的な操作の習熟を図ることにより、対応時間の短縮を図るものですが、大幅な改善は望めません。

(5) 夜間の防火管理体制の変更

現状の夜間の防火管理体制の対応事項や人員構成に変更を加えるもので、具体的には次のような改善策があります。

①夜間勤務者を増加させる。

②指揮系統等組織体制を整備する。

③隊員の役割を適材適所に配置するよう分担を見直す。

④従業員宿舎に副受信機を設置して、応援体制の整備を図る。

（６）対応事項の変更

初期消火作業における屋内消火栓の使用、構内電話や無線機を使用した情報伝達の実施、夜間勤務者の仮眠場所の変更等、対応事項の変更により、限界時間の延長や対応時間の短縮を図る改善策です。

（７）設備等の強化

上記の対応だけで対応時間を限界時間内にすることができない場合には、次のような設備等を強化することによって限界時間の延長や対応時間の短縮を図ります。

①火災通報装置を設置する。

②自動火災報知設備と火災通報装置を連動させる。

③無線機、館内非常電話等を設置する。

④非常用放送設備の起動装置及びマイク並びに119番通報可能な電話機を全階に設置する。

⑤副受信機を仮眠場所等に設置する。

⑥避難器具を設置する。

⑦１人で操作できる２号消火栓等を設置する。

⑧防災設備等をシステム化する。

⑨非常用エレベーター又は停電時最寄り階停止装置付エレベーターに改造する。

⑩階段部分に誘導音装置付誘導灯を設置する。

⑪スプリンクラー設備を設置する。

（８）建物構造等の強化

上記の対応だけで対応時間を限界時間内にすることができない場合に、建物自体にかかる抜本的な対策を施すもので、スプリンクラーの設置と同様な高度レベルの改善策であり、改善に時間がかかりますが、その効果は極めて大きいものとなります。

具体的には、次のような建物構造等を強化することによって限界時間の延長や対応時間の短縮を図ります。

①寝具類に防炎製品を使用する。

②内装を不燃化する。

③階段室をたて穴区画、各階を複数区画化、又は別棟区画する。

④安全な避難路を有するバルコニー等を設置する。

⑤屋外階段を増設する。

⑥建替え・改築等により建物の耐火性能を向上させる。

5 訓練時の留意事項

(1)　火災に対する消火、通報、避難の各訓練は消防法施行規則第３条に基づいて行い、防災管理対象物で地震等を対象にした年に１回以上行う避難訓練は消防法施行規則第51条の８に基づくものですが、両者は別個の訓練であることに注意する必要があります。

　ただし、管理権原者の都合によっては同じ機会に行うことは差し支えありません。

(2)　平常時の火災発生を想定した訓練では、公設の消防隊が現場に到着するまでの間、自衛消防組織が消防用設備等を活用して迅速、的確に人命の安全確保と災害の拡大防止を図れるよう従業員等に習熟させる必要があります。

(3)　地震等の発生を想定した訓練では、被害想定に沿った訓練内容でなければなりません。また、公設消防隊の到着が著しく遅れることなどを考慮し、自主防災組織が一体的に自衛消防活動を行うことができるようにします。

(4)　訓練を行う従業員等が偏って殆ど訓練に参加していないという状況が生じないよう、ローテーションを組んで訓練計画を立てて行います。

(5)　倉庫については「倉庫における火災危険性の把握等について（通知）」（令和３年３月26日消防予第132号）を参考に、倉庫の危険性に応じた効果的な消防訓練を行うように努めます。

6 訓練の通知

　消防訓練を行うときは、事前に消防機関に通報すると共に、実施日時及び訓練内容等について従業員等に周知徹底しておくことが大切です。

第8章

危険物等の安全管理

第1 危険物の種類と特性

一般に危険物といわれるものは、私たちの生活環境の中に数多く存在しています。例えば、高圧ガス（プロパンガス等）、石油類（ガソリン、灯油等）、火薬類、毒劇物、放射性物質等が挙げられます。

このような危険物については、それぞれの法律により行政上の保安対策がとられてきましたが、特に消防法では火災を発生させやすい発火性、又は引火性の物質を「危険物」と定義し、その貯蔵・取扱い等に必要な規制を行ってきました。

1 消防法で定める危険物

消防法上の危険物は「別表第１の品名欄に掲げる物品で、同表に定める区分に応じ同表の性質欄に掲げる性状を有するもの」のうち、政令で定められた確認試験を行って決定されたものをいいます。

消防法上の危険物は一般的に火災発生の危険性が大きいこと、火災の拡大危険が大きいこと、また、火災が発生すると消火が困難であること等の性質を有しています。化学的、物理的性質、消火技術の面から類型化したものを「類別」、それを細分化したものを「品名」と呼びます。

◆消防法〈別表第１〉等に定められている危険物
「指定数量」は危険物の規制に関する政令〈別表第３〉

類　別	品名（＊は政令で定める物質）	性　　質		指定数量	該当物質の例
第１類	1　塩素酸塩類 2　過塩素酸塩類 3　無機過酸化物 4　亜塩素酸塩類 5　臭素酸塩類 6　硝酸塩類 7　よう素酸塩類 8　過マンガン酸塩類 9　重クロム酸塩類 10＊過よう素酸塩類・過よう素酸 クロム、鉛又はよう素の酸化物 亜硝酸塩類・次亜塩素酸塩類 塩素化イソシアヌル酸 ペルオキソ二硫酸塩類 ペルオキソほう酸塩類 炭酸ナトリウム過酸化水素付加物 11　上記のいずれかを含有するもの	酸化性固体	第１種酸化性固体	50kg	過酸化バリウム、 過塩素酸アンモニウム、 過ヨウ素酸カリウム、 臭素酸ナトリウム、 亜硝酸ナトリウム
			第２種酸化性固体	300kg	トリクロロイソシアヌル酸
			第３種酸化性固体	1,000kg	硝酸アンモニウム、 硝酸カリウム、 硝酸ストロンチウム

第２類	1　硫化りん	可燃性固体		100kg	
	2　赤りん			100kg	
	3　硫黄			100kg	
	4　鉄粉			500kg	
	5　金属粉 6　マグネシウム 7＊(なし) 8　上記のいずれかを含有するもの		第１種可燃性固体	100kg	マグネシウム粉（150 メッシュパス）
			第２種可燃性固体	500kg	マグネシウム粉（80～100 メッシュパス）
	9　引火性固体			1,000kg	固形アルコール
第３類	1　カリウム	自然発火性物質及び禁水性物質		10kg	
	2　ナトリウム			10kg	
	3　アルキルアルミニウム			10kg	
	4　アルキルリチウム			10kg	
	5　黄りん			20kg	
	6　アルカリ金属（カリウム及びナトリウムを除く）及びアルカリ土類金属 7　有機金属化合物（アルキルアルミニウム及びアルキルリチウムを除く） 8　金属の水素化物 9　金属のりん化物 10　カルシウム又はアルミニウムの炭化物 11＊塩素化けい素化合物 12　上記のいずれかを含有するもの		第１種自然発火性物質及び禁水性物質	10kg	リチウム粉
			第２種自然発火性物質及び禁水性物質	50kg	水素化リチウム、ジエチル亜鉛
			第３種自然発火性物質及び禁水性物質	300kg	
第４類	1　特殊引火物	引火性液体		50ℓ	ジエチルエーテル、アセトアルデヒド
	2　第１石油類		非水溶性液体	200ℓ	ガソリン、トルエン、酢酸エチル、メチルエチルケトン
			水溶性液体	400ℓ	アセトン、ピリジン
	3　アルコール類			400ℓ	メチルアルコール、エチルアルコール プロピルアルコール
	4　第２石油類		非水溶性液体	1,000ℓ	灯油、軽油、キシレン
			水溶性液体	2,000ℓ	酢酸、ギ酸イソアミル
	5　第３石油類		非水溶性液体	2,000ℓ	重油、クレゾール、アニリン
			水溶性液体	4,000ℓ	グリセリン、酪酸
	6　第４石油類			6,000ℓ	ギヤー油、シリンダー油
	7　動植物油類			10,000ℓ	パーム油、アマニ油、ヤシ油
第５類	1　有機過酸化物 2　硝酸エステル類 3　ニトロ化合物 4　ニトロソ化合物 5　アゾ化合物 6　ジアゾ化合物 7　ヒドラジンの誘導体 8　ヒドロキシルアミン 9　ヒドロキシルアミン塩類 10＊金属のアジ化物・硝酸グアニジン 11　上記のいずれかを含有するもの	自己反応性物質	第１種自己反応性物質	10kg	アジ化ナトリウム 過酸化ベンゾイル 硝酸イソソルビド
			第２種自己反応性物質	100kg	ニトロメタン 硫酸ヒドラジン カルボヒドラジド
第６類	1　過塩素酸 2　過酸化水素 3　硝酸 4＊ハロゲン間化合物 5　上記のいずれかを含有するもの	酸化性液体		300kg	

消防法別表第１備考〈抜粋〉

10　引火性液体とは、液体（第３石油類、第４石油類及び動植物油類にあつては、１気圧において、温度20度で液状であるものに限る。）であつて、引火の危険性を判断するための政令で定める試験において引火性を示すものであることをいう。

11　特殊引火物とは、ジエチルエーテル、二硫化炭素その他１気圧において、発火点が100度以下のもの又は引火点が零下20度以下で沸点が40度以下のものをいう。

12　第１石油類とは、アセトン、ガソリンその他１気圧において引火点が21度未満のものをいう。

13　アルコール類とは、１分子を構成する炭素の原子の数が１個から３個までの飽和１価アルコール（変性アルコールを含む。）をいい、組成等を勘案して総務省令で定めるものを除く。
14　第２石油類とは、灯油、軽油その他１気圧において引火点が21度以上70度未満のものをいい、塗料類その他の物品であつて、組成等を勘案して総務省令で定めるものを除く。
15　第３石油類とは、重油、クレオソート油その他１気圧において引火点が70度以上200度未満のものをいい、塗料類その他の物品であつて、組成を勘案して総務省令で定めるものを除く。
16　第４石油類とは、ギヤー油、シリンダー油その他１気圧において引火点が200度以上250度未満のものをいい、塗料類その他の物品であつて、組成を勘案して総務省令で定めるものを除く。
17　動植物油類とは、動物の脂肉等又は植物の種子若しくは果肉から抽出したものであつて、１気圧において引火点が250度未満のものをいい、総務省令で定めるところにより貯蔵保管されているものを除く。

2 危険物施設

（1）指定数量

指定数量とは危険物の規制に関する政令別表第３に掲げる品名ごとに定められた数量をいい、危険物規制の基本的事項のひとつです。

例えば、ガソリンは第４類第１石油類なので200ℓ、灯油なら第２石油類で1,000ℓが指定数量となり、この基準値以上の製造・貯蔵・取扱いを行う場合に危険物施設として規制されるのです。

（2）施設の種類

危険物施設は製造所・貯蔵所・取扱所の３つに大別され、指定数量以上の危険物の製造・貯蔵・取扱いは、消防法令で定める基準に適合したこれらの施設で行わなければなりません。

3 危険物規制の概要

（1）法体系

施設の位置、構造、設備の基準及び取扱いの基準は以下の関係法令により詳細に規定されています。危険物施設（製造所・貯蔵所・取扱所）を設置又は変更するときは管轄市町村長等の許可が必要となります。

また、指定数量未満の危険物の貯蔵・取扱いについては市町村火災予防条例で技術基準を定めています。

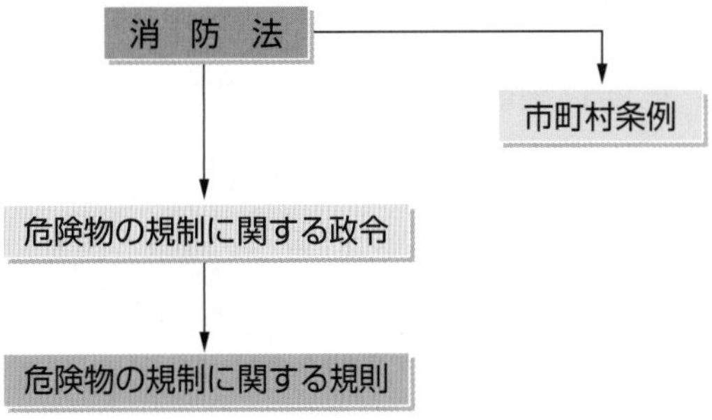

（2）危険物施設の基準維持と保安管理

危険物施設の所有者、管理者、占有者は常にその位置、構造及び設備が技術上の基準に適合するように維持しなければなりません。この義務を怠ると市町村長等の基準適合命令が発せられる場合があります（消防法第12条）。また、措置命令、義務規定違反等の場合は使用停止命令だけではなく、製造所等の許可を取り消されることがあります（同法第12条の２）。

さらに、危険物施設の安全を確保するため、年に１回以上点検を実施し、点検記録を作成して保存しなければなりません。

（3）危険物の貯蔵及び取扱い

危険物事故の原因の大半が、その貯蔵、取扱いに係る人為的ミスであることから、危険物の貯蔵や取扱いの方法とその規制については、危険物の種類及びその施設ごとに詳細に規定されています（同法第10条３項、危険物の規制に関する政令第24条以下）。なお、その義務違反に対しては、遵守命令及び使用停止命令を市町村長等が発することがあります（同法第11条の５、第12条の３）。

◆危険物施設における火災事故発生要因

（令和３年中）

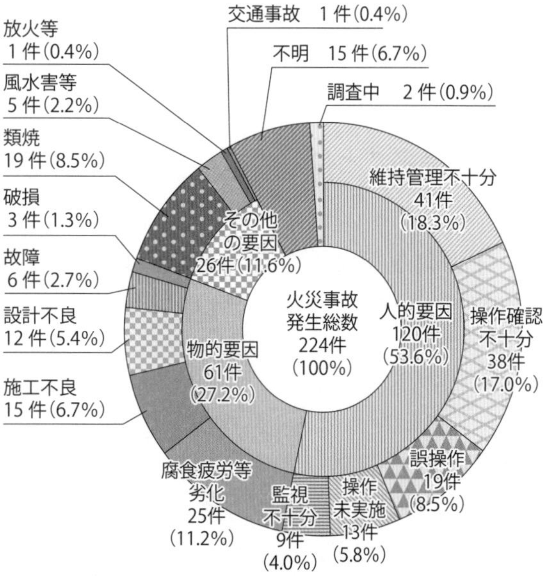

◆危険物施設における火災事故の着火原因

（令和３年中）

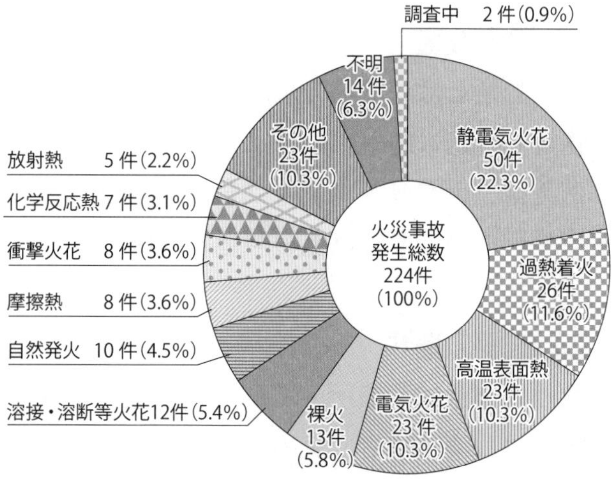

（令和４年版　消防白書より）

4 危険物取扱者

危険物施設における危険物の取扱作業は、一定の資格を有する危険物取扱者が自ら取り扱い、又は立ち会いしなければならないとされています（同法第13条３項）。危険物取扱者の区分は甲種危険物取扱者、乙種危険物取扱者及び丙種危険物取扱者とされ、それぞれ都道府県知事のおこなう危険物取扱者試験に合格した者に各危険物取扱者の免状が交付されます（同法第13条の２）。

横転して炎上するタンクローリー

なお、危険物取扱者が取り扱うことができる危険物

免状の種類	取扱作業	立ち会い
甲　種	全　類	全　類
乙　種	免状で指定された類のもの	免状で指定された類のもの
丙　種	指定された危険物（注）	×

（注）指定された危険物…ガソリン、灯油、軽油、第３石油類（重油、潤滑油、引火点130度以上のもの）、第４石油類、動植物油類

及び甲種・乙種の危険物取扱者がその取扱作業に関して立ち会うことのできる危険物の種類は、甲種危険物取扱者にあっては全ての種類の危険物、乙種危険物取扱者にあっては当該免状に指定された種類の危険物、丙種危険物取扱者にあってはガソリン、灯油、軽油、一部の第３石油類、第４石油類及び動植物油類とそれぞれ規定されています（危険物の規制に関する規則第49条）。なお、危険物取扱者は３年毎に１回、保安に関する講習を受講しなければなりません。また、免状に貼付の写真は10年毎に１回、貼り替えが義務づけられています。

5 防火管理者と危険物

防火管理者として、危険物に関してどのような点に注意すべきかを述べてみます。まず、その管理する建物内に、

①危険物及び危険物施設はどんなものがあるのか
②危険物の近くでの火気の使用は適正か
③危険物の廃棄は安全な方法でおこなわれているか
④危険物の取扱方法は適正か
⑤機械設備からの危険物の漏れ、あふれはないか等

日頃から必要な情報を収集し、危険物取扱者と連携して建物全体の防火管理を考えなければなりません。また、万一事故が発生した場合の対処法、連絡先等について確認しておくことも重要です。

6 その他の危険物品

（１）指定可燃物（消火し難い物質）

指定可燃物とは、消防法第９条の４で、わら製品、木毛、合成樹脂その他の物品で火災が発生した場合にその拡大が速やかであり、又は消火の活動が著しく困難となるものとして、政令で定める物品をいい、危険物の規制に関する政令別表第４に品名と数量が規定されています。指定可燃物の貯蔵・取扱いについては、火災予防条例でその技術上の基準が定められており、届出内容どおりに維持管理することが大切です。

◆指定可燃物（危険物の規制に関する政令別表第４）

品　　名	数　量	代表的な物品の例示
綿花類	200kg	
木毛及びかんなくず	400kg	
ぼろ及び紙くず	1,000kg	
糸類	1,000kg	
わら類	1,000kg	乾燥わら・干し草など
※再生資源燃料	1,000kg	
可燃性固体類	3,000kg	動植物固形油脂（ラードなど）

石炭・木炭類		10,000kg	コークス・活性炭など
可燃性液体類		2㎥	塗料類（可燃性液体量40%以下、引火点40℃以上、燃焼点60℃以上）など
木材加工品及び木くず		10㎥	
合成樹脂	発泡させたもの	20㎥	
	その他のもの	3,000kg	

※再生資源燃料とは、資源の有効な利用の促進に関する法律（平成３年法律第48号）第２条第４項に規定する再生資源を原材料とする燃料をいう。

（2）高圧ガス等（消防活動に支障を生じさせ易い物質）

圧縮アセチレンガス、液化石油ガス、毒物・劇物等（消防法上の危険物又は指定可燃物以外の物質）は、火災が発生した場合、大爆発あるいは有毒ガス等が発生するなどして、消火活動に重大な支障が生じるうえに、通常の火災には見られない特殊、かつ、重大な被害を周囲に引き起こす可能性があります。

したがって、これらの高圧ガス等を貯蔵・取扱いする場合は、あらかじめその旨を所轄消防長又は消防署長に届け出なければならないことが消防法第９条の３によって規定されているほか、それぞれ関係法令によりその貯蔵・取扱いの技術上の基準が設けられています。

◆届出の対象となる物質（危険物の規制に関する政令第１条の10）

品　　名	数　量
圧縮アセチレンガス	40kg
無水硫酸	200kg
液化石油ガス	300kg
生石灰（酸化カルシウム80%以上を含有するもの）	500kg
シアン化水素、シアン化ナトリウム、水銀、ひ素等（毒物及び劇物取締法第２条第１項）	30kg
アンモニア、塩化水素、四塩化炭素、硫酸等（毒物及び劇物取締法第２条第２項）	200kg

第９章

地震対策

第１　地震時防火管理体制の必要性

我が国は、地震大国と言われ、国土の面積は世界の１％もないのに、地震は世界で起こる地震のおおよそ10％が日本及び日本付近で起こっています。2000年から2009年までの年平均回数で見ると、マグニチュード5.0以上の地震が全世界の10％、マグニチュード6.0以上の20％が日本周辺で発生し、日本は世界第４位の地震大国となっています。

また、国土面積当たりの地震発生頻度では、日本は世界第６位となっています。

この様な日本における地震発生の状況からしますと、これまで何度となく多くの人的、物的な被害をもたらしてきた地震は、これからも当然に発生することを前提に、防火・防災対策を講じていかなければなりません。

1964年の新潟地震（M7.5）以後、今日まで日本各地で発生した地震の建物被害等を見ると、廊下や階段等の避難施設の被害はもとより、屋内消火栓、スプリンクラー及び自動火災報知設備等の消防用設備の機能障害に加え、二次災害として同一防火対象物内で複数個所からの出火も予想されるところです。これは、通常の防火管理体制だけでは到底対応できない事態を招くことは間違いありません。したがって、地震時の防火管理体制として、通常とは異なる具体的な地震時対策をどうしても確立しておく必要があるのです。

1 地震被害

地震時においては、建物や敷地の崩壊、液状化による道路等の施設の損壊等のほか、二次災害として火災の多発、コンビナート施設での爆発、さらには海浜部における津波による建物及び道路等の流出、また、ライフラインの途絶等の各地域では甚大な被害を負うことになります。

（1）地震による火災

地震時には、二次災害として複数個所からの火災の発生を考慮しておかなければなりません。大正12年の関東大震災や平成７年の阪神淡路大震災及び平成23年の東日本大震災を振り返って見ると、地震時における火災の恐ろしさは明らかです。

中央防災会議の作業部会と内閣府の検討会は、2013年12月19日、マグニチュード（M）７級の新たな地震モデルに基づく、震度分布や被害想定をまとめた報告書を発表しています。これによれば東京都心東部を中心に震度6強～7の揺れに見舞われ、火災や建物倒壊などによる死者は最大約2万3,000人とされています。

この報告書の被害の最大値は、冬の夕方、風速8m下で首都中枢への影響が大きい都心南部を震源とするM7.3の地震が発生した場合を想定したもので、火災が相次ぎ延焼が2日程度続いたとき、死者約2万3,000人のうち約1万6,000人が火災で死亡し、負傷者も約12万3,000人に上り、約61万棟の建物が全壊ないしは焼失するとされています。

地震発生直後に同時多発火災が起きた
（阪神・淡路大震災）

地震による火災の特徴として一般的には次のようなことが指摘されています。

① 激しい揺れによる建物の倒壊危険がある中で、火の始末は極めて困難なため、同時に多数の火災が発生する。

② 電話が不通となり、119番通報ができない。

③ 地震時には、道路や橋梁等の損壊、建物の倒壊による車両の通行が阻害されるほか、併せて複数の地域で同時に火災が多発し、水道管の破損等で消火栓などの消防水利が使えなくなることから、消防機関による消火体制が著しく低下する。

④ 建物の倒壊等によって、木造部が露出したり、危険物の流失、ガスの漏洩等により、非常に火災が延焼拡大し易い状態になる。

（2）地震による建物の倒壊

激しい地震動によって建物が大きく揺れ、建物が倒壊したり、破損したりします。建物は、硬い地盤と軟らかい地盤では揺れ方に差があり、埋立地の様な柔らかい地盤程揺れが大きくなって、被害が大きくなる傾向があります。

また、木造建物と鉄筋コンクリート造の建物などでは、建物の剛度が異なるため、短周期とやや長周期の地震波で被害に違いが出てきます。さらに、屋内では、天井や什器等の収容物の落下で避難路が塞がれたり、屋外では窓ガラスや看板の落下等で負傷者を多数出す懸念もあります。

総務省消防庁では、学校など、防災拠点となる公共施設の耐震化率が、平成30年度末時点で、94.2%であることを発表しました。

都道府県別では、最も高いのが東京都（98.6%）、最も低いのが島根（87.2%）となっています。

また、消防白書によれば、消防団員は令和2年4月1日現在で81万8,478人ですが、消防団員等充実強化法が成立した直後の平成26年4月1日現在の86万4,347人から比べますと5.3%減少しており、依然として消防団員の確保が難しい状況が続いています。

（3）地震による山崩れ等

地震による地滑りや山崩れ、落石等によって交通網が破断されたり、建物が埋まることがありま

◆東日本大震災に伴い発生した火災と平成23年中の火災の比較

		東日本大震災		平成23年（1～12月）	
出火件数／件		330		50,006	
	建物	218		26,795	
	林野	4		2,093	
	車両	31		5,129	
	船舶	0		90	
	航空機	0		4	
	その他	77		15,895	
損害棟数／棟		1,200		38,406	
	全焼	943		9,288	
	半焼	31		2,443	
	部分焼	113		10,466	
	ぼや	113		16,209	
建物焼損床面積／㎡		138,050		1,395,112	
建物焼損表面積／㎡		1,938		126,480	
林野焼損面積／a		96,333		207,093	
車両焼損数		1,108		8,109	
船舶焼損数		8		123	
死者数／人		7		1,766	
負傷者数／人		36		7,286	
り災人員／人		2,267		57,776	
り災世帯数／世帯		838		24,491	
損害額／千円		15,416,629		112,835,173	
	建物	13,948,789		103,491,287	
	林野	595,004		1,017,060	
	車両	41,555		2,561,797	
	船舶	8,243		332,497	
	航空機	0		226,923	
	その他	822,547		2,359,982	
	爆発	491		2,845,627	
出火原因（上位7つ）／件		電気装置	33	放火	5,632
		ストーブ	31	たばこ	4,752
		電灯電話等の配線	31	こんろ	4,178
		配線器具	21	放火の疑い	3,931
		電気機器	19	たき火	3,443
		灯火	15	火あそび	1,736
		こんろ	9	火入れ	1,622

※東日本大震災による火災の死者及び負傷者数については、各消防機関が把握した数値を計上しており、火災によるものかどうか不明なものは計上されておりません。

す。また、地震で生じた断層や地割れ、地盤の液状化によって建物が倒壊したり、交通障害によって災害支援、復旧活動が大きな制約を受けることになります。

(4) 地震による津波

大規模な地震が、特に「海溝」や「トラフ」と呼ばれる深海で発生したとき、水深の浅い海浜部の奥まで巨大な津波が襲ってきて、甚大な被害をもたらすことがあります。

津波は別名「岸波」と言われるように、一般にV字型、U字型の湾等で外洋に開いていると、湾等の奥に進むにしたがって次第に波が高くなります。また、海が深いところでは極めて短時間のうちに到達することもあり、第1波より後から来る第2波、第3波の方が波が高くなる傾向にありますから注意が必要です。

津波の特徴として次のようなことが言われています。

① 引き潮から始まる津波と、押し寄せから始まる津波の二つのタイプがある。

② 沖合で地震が発生し、陸上で地震の被害がない場合でも、津波だけで大きな被害を受けることもある。

③ 津波は沿岸地域の広範囲に被害を及ぼす。

④ 大規模な地震による津波は衰えることなく、かなり遠方まで到達する。

⑤ 地震は短時間で治まるが、津波は数時間にわたって繰り返し襲ってくる。

(5) 地震によるパニック

地震は突然襲ってくるため、個人、群衆の区別なくパニックを起こさせることがあります。

屋内にいるときに地震に遭い、照明器具や什器等の収容物の落下や転倒を目の当たりにしたために、自制心を失って人を押しのけ建物外に出ようとしたりします。しかし、ビルの外ではカーテンウォールや窓のガラスが落下したり、いきなり道路に飛び出して車両に轢かれることもあります。

また、大規模な商業施設や劇場等では、多数の人が避難口に殺到し、将棋倒しという極めて恐ろしい、パニックの一形態を示す状況が発生するかも知れません。こうした場合には、「整然と落ち着いて行動すれば必ず助かる」という様な安心させる指示ないしは放送と、地震の情報提供を的確に出来るよう、パニックを起こさせない対応ができるようにしておくことが求められます。

(6) 長周期地震動による被害

震源から遠い地域でも、数秒から十数秒の比較的周期の長い地震波によって被害が出ることがあります。これを長周期地震動と言っています。建物は、構造や規模等で一定の固有周期を持っていますが、通常は小数点以下の短い周期なのです。近年の高層ビルや容量数万Kℓという大きな石油タンク等では、この固有周期が長いことから、長周期地震動の周期と共振し易いものがあります。東日本大震災では、大阪の高層ビルで2m程の揺れ幅が確認されました。

長周期地震動によって起こり得る被害は、次のようなものです。

① コンビナート区域にある大型石油タンクのスロッシングによるタンクの亀裂、変形により、危険物の漏洩等

② 超高層ビルにおけるエレベーターへの閉じ込め事故、上層階での家具等の転倒、落下による

被害

③　免震ビルの基礎周辺の積層ゴムの大変形

④　長大橋梁の構成部材の変形、ひずみ等

気象庁では、高層ビル内における地震時の人の行動の困難さの程度や、家具や什器の移動・転倒などの被害の程度を４階級に区分した「**長期地震動階級関連解説表**」を作成し、「**長期地震動階級**」を発表しています。

◆長期地震動階級関連解説表（高層ビルにおける人の体感・行動・室内の状況等）

長周期地震動階級	人の体感・行動	室内の状況	備　　考
階級1	室内にいたほとんどの人が揺れを感じる。驚く人もいる。	ブラインドなど吊り下げものが大きく揺れる。	—
階級2	室内で大きな揺れを感じ、物に掴まりたいと感じる。物につかまらないと歩くことが難しいなど、行動に支障を感じる。	キャスター付き什器がわずかに動く。棚にある食器類、書棚の本が落ちることがある。	—
階級3	立っていることが困難になる。	キャスター付き什器が大きく動く。固定していない家具が移動することがあり、不安定なものは倒れることがある。	間仕切壁などにひび割れ・亀裂が入ることがある。
階級4	立っていることができず、はわないと動くことができない。揺れにほんろうされる。	キャスター付き什器が大きく動き、転倒するものがある。固定していない家具の大半が移動し、倒れるものもある。	間仕切壁などにひび割れ・亀裂が多くなる。

2 緊急地震速報

（１）緊急地震速報は警報

現在の科学技術では、地震の起こる日時、場所、規模を特定して直前予知を行うことは難しいと言われています。ただし、東海地震に関しては地震前の前兆現象を検知できる可能性が考えられており、気象庁から東海地震に関する情報が発表され、お知らせが行われることになっています。この様に地震の予知については科学技術の限界があり、前兆現象の捕捉もできないまま現実に地震が起こる可能性が高いことを考えておかなければなりません。こうした中で、一種の警報として「緊急地震速報」が出てきました。

緊急地震速報は、地震の発生する前に出される予知情報と違って、あくまで発生した地震に対して、襲ってくる揺れの大きさと、その時間を推定して発表される情報なのです。

緊急地震速報は、地震波のP波とS波の速度の差に着目して、数秒ないし数十秒でも早く建物の利用者等に地震発生の警報を出して、被害の軽減を図ってもらおうとするシステムですから、震源に近い地域にあってはP波とS波の時間差がなくなり、本格的な揺れに間に合わないという事態も生じてきます。

また、「令和５年２月１日より、緊急地震速報の発表基準に長周期地震動階級の予想値が追加され、長周期地震動階級３以上を予想した場合も、緊急地震速報（警報）が発表されます。

◆長周期地震動の速報

発表規準	震度５弱以上を予想した場合 ＋（または） 長周期地震動階級３以上を予想した場合
対象地域	震度４以上を予想した地域 ＋（または） 長周期地震動階級３以上を予想した地域

※緊急地震速報（予報）の発表条件には、長周期地震動階級１以上を予想した場合を追加されます。

（2）緊急地震速報の活用

緊急地震速報には、２種類の情報があります。１つは、地震が発生した後、推定震度が５弱以上になった場合に発表される一般向け情報です。この種の緊急地震速報を受信したときには、強い揺れが来るまで僅かな時間しかありませんので、冷静に先ずは自身の身の安全を最優先に行動させるようにします。

もう一つは、高度利用者向けの情報が提供されるものです。緊急地震速報を活用しようとする用途に合わせて、推定震度を任意に設定しておき、気象庁から送られてくる高度利用者向け情報を受信し、その地点での推定震度や揺れの推定時間を解析して、鉄道や工場、病院等の機器を制御します。最近では、デパートや地下街などでもお客様の安全を確保するために、この様な緊急地震情報の活用が図られています。

3 大規模地震対策の概要

現在、我が国で大規模地震に対する対策が取られていますが、その概要は次の表の通りです。

なお、平成27年５月30日20時23分に小笠原諸島西方沖で発生した地震は、小笠原海溝から沈み込んだ太平洋プレート内の震源の深さが682ｋｍで起こったマグニチュード8.1という極めて大きなものでした。地震波が比較的減衰しないスラブ内を進み、震源も非常に深いところにあったことから、東京や神奈川の一部などで震度５強や５弱という揺れのほか、47都道府県の極めて広い範囲に震度１以上の揺れを観測するという世界的にも類を見ない地震だったといわれています。この地震によって、東京、神奈川、埼玉の３都県では、転倒ややけどで13名が負傷をしたと伝えられています。さらに、東京や埼玉県の一部では600世帯が停電したり、国土交通省の調べでは、首都圏で合せて１万９千台のエレベーターが緊急停止し、そのうち14台で閉じ込め事故が発生しています。これまで小笠原海溝での地震については大きな関心が寄せられていなかったように思いますが、今後は、津波対策なども含めて関心が高まってくることが予想されます。

◆大規模地震対策の概要

項目	内容	東海地震 地震防災対策強化地域 8都県 157市町村	南海トラフ地震 地震防災対策推進地域 29都府県 707市町村	日本海溝・千島海溝周辺海溝型地震 地震防災対策推進地域 5道県 117市町村	首都直下地震 緊急対策区域 1都9県 309市町村	中部圏・近畿圏直下地震
被害想定	想定地震	東海	南海トラフ	宮城県沖	都心南部直下	上町断層
	死者数（人）	約9,200	約323,000	約290	約23,000	約42,000
	全壊建物数（棟）	約460,000	約2,386,000	約21,000	約610,000	約970,000
	経済的被害（円）	約37兆	約215兆	約1.3兆	約95兆	約74兆
基本法令	・地震予知に資する観測・測量体制の強化 ・直前予知を前提とした警戒避難態勢	大規模地震対策特別措置法（S53）				
	・観測・測量体制の整備努力 ・防災施設の整備、津波からの円滑な避難計画等	※南海トラフ全域で対応	南海トラフ地震に係る地震防災対策の推進に関する特別措置法（H14）	日本海溝・千島海溝周辺海溝型地震に係る地震防災対策の推進に関する特別措置法（H16）	首都直下地震対策特別措置法（H25）	
	・避難地、避難路、消防用施設等の整備推進のための国庫補助率嵩上等	地震防災対策強化地域における地震対策緊急整備事業に係る国の財政上の特別措置に関する法律（S55）				
		地震防災対策特別措置法（H7）				
大綱	・大規模地震への防災・減災対策として具体的な施策や今後検討事項となる施策をまとめたもの ・中央防災会議が決定する	大規模地震防災・減災対策大綱 H26.3策定				
基本計画	・各基本法令に基づき作成 ・強化（推進）地域、緊急対策区域の行政機関、民間事業者等が定める応急（対策）計画の基本となるべき事項等を定めたもの ・中央防災会議が決定する （緊急対策推進基本計画は閣議決定）	地震防災基本計画 S55.4策定	推進基本計画 H26.3策定 R1.5変更	推進基本計画 H18.3策定	緊急対策推進基本計画 H26.3策定 H27.3変更	—
応急対策活動要領	・大規模地震・津波災害が発生した際に、政府が実施する災害応急対策活動を示すとともに、関係機関の役割について記載している （個々の地震毎に別途具体計画を策定する） ・中央防災会議が決定する	大規模地震・津波災害応急対策対処方針 H26.3策定 R1.5改定				

（令和元年版　消防白書より）

第２ 職場の地震対策

1 対策の必要性

現在、首都直下地震、東海地震、南海トラフ地震の切迫性が指摘されていますが、今の科学技術の水準からしますと、すべての地震を予知することは不可能で、消防計画に必要事項を定める義務が課せられている地域以外でも、地震大国の日本においては、どの場所であっても地震による被害が及ぶ可能性を考慮しておく必要があります。

したがって、地震による被害を最小限にくい止めるための予防対策は、すべての事業所において講じておくことが大切です。

地震被害の主な予防対策としては、次のことが挙げられます。

① 耐震性の程度に応じて建物の構造及び用途や使用状況等から予想される危険を排除し、安全性を確保する。

② 防火管理者が中心となり、普段から避難経路の確保や老朽化した建築設備等の点検や整備を行う。

③ 従業員各人に職場の安全対策や人命安全対策についての意識を徹底させ、周知しておく。

④ 地震発生時に行うべき措置の内容を具体的に定め、日頃から訓練しておく。

地震災害予防対策の体系

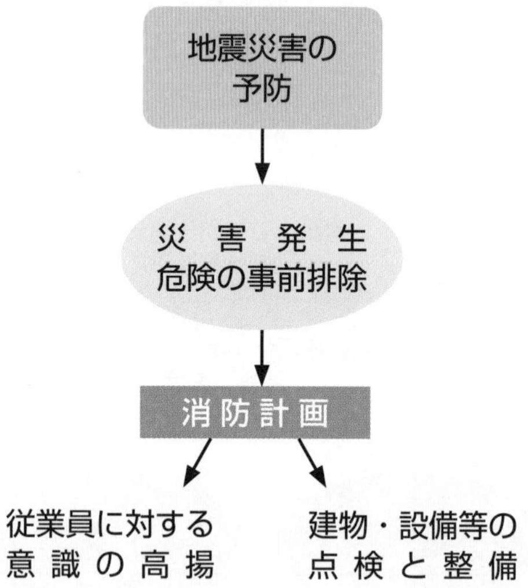

2 出火防止対策

地震による火災の発生を防止することは、被害を軽減する上で特に重要です。

過去の地震火災の発生要因を見ると、発生した年月、時間、場所など生活様式や地域特性等によっても異なりますが、概して火気使用設備器具や危険物等に起因しているものが多く、次に挙げるような予防対策を事前に講じておくことが大切です。

（１）火気使用設備器具等の事前対策

① 事前点検項目

ア　火気使用設備器具本体及び燃料容器の転倒防止措置がされているか。

イ　火気使用設備器具の周囲に燃えやすいものが置かれていないか。

ウ　周囲に転倒、落下するものはないか。

エ　周囲が不燃材料で区画された安全な場所で使用されているか。

オ　自動消火装置及び燃料の自動停止装置が設置されているか。正しく作動するか。

②　**安全措置の要点**

ア　ボイラーなどの総合的な点検は、専門の業者に依頼する。

イ　火気使用設備器具等の転倒や落下防止措置は、地震動に十分耐えられる強度をもった施工にする。

ウ　燃料配管やコックなどは、機能や材質を重視し、より安全なものを使用する。

エ　火気使用設備器具等の設置場所からの出火を防ぐため、周囲の整理・整頓を常に心掛ける。

オ　地震動の感知によって電源を自動的に遮断する装置の使用を促し、不要な電熱器具の電源プラグは抜いておく。

（2）危険物施設等における事前の出火防止対策

危険物施設等については主に次のような点検事項があり、危険物の性質に応じて安全措置を施すことが大切です。

①　地震動によって危険物が容器からあふれることはないか。

②　タンク等の転倒、落下防止措置は万全か。

③　安全な場所で使用されているか。

④　危険物の転倒、落下、浸水、混合を防ぐ措置をしているか。

⑤　送油管等の緩衝装置の機能は良いか。

（3）その他の出火防止対策

①　**教育、訓練の徹底**

定期的、計画的な教育訓練を実施し、小規模な地震であっても出火防止の初動措置を行う「習慣」を付けさせる。

②　**初期消火対策を講じる**

万一の出火に備えて、消火器など初期消火のための準備と管理を怠らない。

3 建築物等の点検と補強対策の留意事項

いつ地震が発生しても被害が大きくならないように、特に危険防止の観点から点検担当者を定めて、職場ごとに平素から対策を立てる。

(1)　総合的な耐震診断や補強については、建築士や専門の施工業者に相談する。

(2)　ロッカー等は、壁、床に転倒防止用具を使用して固定する。

(3)　看板や照明器具は、固定する箇所を多くする等、安全性に十分な余裕をもった補強をする。

(4)　ロッカー等の上にはなるべく重いものを置かないようにする。やむを得ない場合は落下防止措置を施す。

(5)　避難経路に障害物が転倒又は落下する可能性があるときは、予め移動する。

4 津波対策

(1) 津波警報・注意報等

気象庁は、地震が発生した時には地震の規模や位置を推定し、これをもとに沿岸で予想される津波の高さを求め、地震が発生してから約３分（日本海で発生し、緊急地震速報の技術によって精度の良い震源位置やマグニチュードが迅速に求められる地震では約２分）を目標に、大津波警報（特別警報と位置付けられる。）、津波警報又は津波注意報が津波予報区単位で発表されます。

この時、予想される津波の高さは、通常は５段階の数値で発表されます。ただし、地震のマグニチュードが８を超えるような巨大地震に対しては、精度のよい地震の規模をすぐに求めることができないため、その海域における最大の津波想定等をもとに津波警報、注意報が発表されます。その場合、最初に発表される大津波警報や津波警報では、予想される津波の高さを「巨大」や「高い」という言葉で発表され、非常事態であることが伝えられます（気象庁ホームページ参照）。

また、報道機関の放送等により大津波警報・津波警報の発表を認知し若しくは法令の規定により大津波警報・津波警報、津波注意報の通知を受けた場合、又は強い地震（概ね震度４程度以上）を感じたとき若しくは弱い地震であっても長い時間ゆっくりとした揺れ（例えば、津波地震（ヌルヌル地震）など）を感じた場合で、かつ必要と認められた場合には、市町村長から計画に基づいた避難指示又は避難勧告が発令されます。

(2) 避難対策

津波に対する一般的な留意事項は次のとおりです。

① 強い地震を感じたら、早急に沿岸から離れ、直ちに高台などに避難する。
② 正しい情報をラジオ、テレビ、広報車などを通じて入手する。
③ 地震を感じなくても、津波警報が発令されたときに沿岸の危険な区域にいる場合は、直ちに高台へ避難する。
④ 津波注意報でも、海水浴や磯釣りは危険なので行わない。
⑤ 津波は繰り返し襲ってくるものなので、警報や注意報が解除されるまで注意する。

5 消防計画に基づく地震対策

地震に備えた予防対策や地震発生時の活動要領を、事前に消防計画の中に定めておき、いつでも迅速に行動できるよう訓練しておくことが大切です。

消防計画に定める内容は大きく分けて三つあり、それぞれ次のようになっています。

(1) 地震に備えての予防対策

① 建築物、工作物等の安全確保のための点検と補強に関する事項
② 火気使用設備器具等の点検と安全措置に関する事項
③ 危険物、毒劇物、高圧ガス等の施設の点検と安全措置に関する事項
④ 消火器等の準備と適正管理に関する事項

⑤　建物からの安全避難の確保（避難障害の排除など）と点検に関する事項
⑥　防災についての従業員各人の任務分担に関する事項
⑦　救出、救護等の資器材及び非常用物品の準備に関する事項
⑧　防災教育及び訓練に関する事項

（2）地震発生時の活動対策

①　出火防止及び初期消火活動に関する事項
②　危険物、毒劇物、高圧ガス等の流失、漏洩時の緊急措置に関する事項
③　救出及び応急手当等の人命安全に関する事項
④　被害状況の把握、情報収集及び伝達等に関する事項
⑤　避難場所及び避難方法に関する事項
⑥　地震発生時の任務分担に関する事項
⑦　地域住民に対する初期消火活動等の協力に関する事項
⑧　地域特性に応じた津波対策に関する事項

（3）地震後から施設再開までの応急対策

①　倒壊危険箇所の立入禁止措置に関する事項
②　火気設備等の使用前点検に関する事項
③　屋内消火栓設備等損傷に伴う消火器補強に関する事項
④　復旧工事に伴う安全対策に関する事項
⑤　施設の重要度に応じた保安要員の配置等に関する事項

阪神・淡路大震災により破損した屋内消火栓

6 防災教育・訓練

消防計画は、災害の際に実践されなければ意味がありません。消防計画の内容を理解し、いざという時にスムーズに行動できるようにするには、防災教育と訓練の実施が不可欠です。訓練を積み重ね、それぞれの行動を確認しておくことが大切です。

訓練のポイントは、次のとおりです。

①　地震に対する身の安全の確保
②　ゆれがおさまってから出火防止、初期消火

◆気象庁震度階級関連解説表（参考）

①　人の体感・行動、屋内の状況、屋外の状況

<table>
<tr><th>震度階級</th><th>人の体感・行動</th><th>屋内の状況</th><th>屋外の状況</th></tr>
<tr><td>0</td><td>人は揺れを感じないが、地震計には記録される。</td><td>－</td><td>－</td></tr>
<tr><td>1</td><td>屋内で静かにしている人の中には、揺れをわずかに感じる人がいる。</td><td>－</td><td>－</td></tr>
<tr><td>2</td><td>屋内で静かにしている人の大半が、揺れを感じる。眠っている人の中には、目を覚ます人もいる。</td><td>電灯などのつり下げ物が、わずかに揺れる。</td><td>－</td></tr>
<tr><td>3</td><td>屋内にいる人のほとんどが、揺れを感じる。歩いている人の中には、揺れを感じる人もいる。眠っている人の大半が、目を覚ます。</td><td>棚にある食器類が音を立てることがある。</td><td>電線が少し揺れる。</td></tr>
<tr><td>4</td><td>ほとんどの人が驚く。歩いている人のほとんどが、揺れを感じる。眠っている人のほとんどが、目を覚ます。</td><td>電灯などのつり下げ物は大きく揺れ、棚にある食器類は音を立てる。座りの悪い置物が、倒れることがある。</td><td>電線が大きく揺れる。自動車を運転していて、揺れに気付く人がいる。</td></tr>
<tr><td>5弱</td><td>大半の人が、恐怖を覚え、物につかまりたいと感じる。</td><td>電灯などのつり下げ物は激しく揺れ、棚にある食器類、書棚の本が落ちることがある。座りの悪い置物の大半が倒れる。固定していない家具が移動することがあり、不安定なものは倒れることがある。</td><td>まれに窓ガラスが割れて落ちることがある。電柱が揺れるのがわかる。道路に被害が生じることがある。</td></tr>
<tr><td>5強</td><td>大半の人が、物につかまらないと歩くことが難しいなど、行動に支障を感じる。</td><td>棚にある食器類や書棚の本で、落ちるものが多くなる。テレビが台から落ちることがある。固定していない家具が倒れることがある。</td><td>窓ガラスが割れて落ちることがある。補強されていないブロック塀が崩れることがある。据付けが不十分な自動販売機が倒れることがある。自動車の運転が困難となり、停止する車もある。</td></tr>
<tr><td>6弱</td><td>立っていることが困難になる。</td><td>固定していない家具の大半が移動し、倒れるものもある。ドアが開かなくなることがある。</td><td>壁のタイルや窓ガラスが破損、落下することがある。</td></tr>
<tr><td>6強</td><td rowspan="2">立っていることができず、はわないと動くことができない。揺れにほんろうされ、動くこともできず、飛ばされることもある。</td><td>固定していない家具のほとんどが移動し、倒れるものが多くなる。</td><td>壁のタイルや窓ガラスが破損、落下する建物が多くなる。補強されていないブロック塀のほとんどが崩れる。</td></tr>
<tr><td>7</td><td>固定していない家具のほとんどが移動したり倒れたりし、飛ぶこともある。</td><td>壁のタイルや窓ガラスが破損、落下する建物がさらに多くなる。補強されているブロック塀も破損するものがある。</td></tr>
</table>

②　木造建物（住宅）の状況

震度階級	木造建物（住宅）	
	耐震性が高い	耐震性が低い
5弱	－	壁などに軽微なひび割れ・亀裂がみられることがある。
5強	－	壁などにひび割れ・亀裂がみられることがある。
6弱	壁などに軽微なひび割れ・亀裂がみられることがある。	壁などのひび割れ・亀裂が多くなる。壁などに大きなひび割れ・亀裂が入ることがある。瓦が落下したり、建物が傾いたりすることがある。倒れるものもある。
6強	壁などにひび割れ・亀裂がみられることがある。	壁などに大きなひび割れ・亀裂が入るものが多くなる。傾くものや、倒れるものが多くなる。
7	壁などのひび割れ・亀裂が多くなる。まれに傾くことがある。	傾くものや、倒れるものがさらに多くなる。

③　鉄筋コンクリート造建物の状況

震度階級	鉄筋コンクリート造建物	
	耐震性が高い	耐震性が低い
5強	−	壁、梁（はり）、柱などの部材に、ひび割れ・亀裂が入ることがある。
6弱	壁、梁（はり）、柱などの部材に、ひび割れ・亀裂が入ることがある。	壁、梁（はり）、柱などの部材に、ひび割れ・亀裂が多くなる。
6強	壁、梁（はり）、柱などの部材に、ひび割れ・亀裂が多くなる。	壁、梁（はり）、柱などの部材に、斜めやＸ状のひび割れ・亀裂がみられることがある。１階あるいは中間階の柱が崩れ、倒れるものがある。
7	壁、梁（はり）、柱などの部材に、ひび割れ・亀裂がさらに多くなる。１階あるいは中間階が変形し、まれに傾くものがある。	壁、梁（はり）、柱などの部材に、斜めやＸ状のひび割れ・亀裂が多くなる。１階あるいは中間階の柱が崩れ、倒れるものが多くなる。

④　地盤・斜面等の状況

震度階級	地盤の状況	斜面等の状況
5弱 5強	亀裂や液状化が生じることがある。	落石やがけ崩れが発生することがある
6弱	地割れが生じることがある。	がけ崩れや地すべりが発生することがある
6強 7	大きな地割れが生じることがある。	がけ崩れが多発し、大規模なすべりや山体の崩壊が発生することがある。

⑤　ライフライン・インフラ等への影響

ガス供給の停止	安全装置のあるガスメーター（マイコンメーター）では震度５弱程度以上の揺れで遮断装置が作動し、ガスの供給を停止する。 さらに揺れが強い場合には、安全のため地域ブロック単位でガス供給が止まることがある※。
断水、停電の発生	震度５弱程度以上の揺れがあった地域では、断水、停電が発生することがある※。
鉄道の停止、高速道路の規制等	震度４程度以上の揺れがあった場合には、鉄道、高速道路などで、安全確認のため、運転見合わせ、速度規制、通行規制が、各事業者の判断によって行われる。（安全確認のための基準は、事業者や地域によって異なる。）
電話等通信の障害	地震災害の発生時、揺れの強い地域やその周辺の地域において、電話・インターネット等による安否確認、見舞い、問合せが増加し、電話等がつながりにくい状況（ふくそう）が起こることがある。そのための対策として、震度６弱程度以上の揺れがあった地震などの災害の発生時に、通信事業者により災害用伝言ダイヤルや災害用伝言板などの提供が行われる。
エレベーターの停止	地震管制装置付きのエレベーターは、震度５弱程度以上の揺れがあった場合、安全のため自動停止する。運転再開には、安全確認などのため、時間がかかることがある。

⑥　大規模構造物への影響

長周期地震動による超高層ビルの揺れ	超高層ビルは固有周期が長いため、固有周期が短い一般の鉄筋コンクリート造建物に比べて地震時に作用する力が相対的に小さくなる性質を持っている。しかし、長周期地震動に対しては、ゆっくりとした揺れが長く続き、揺れが大きい場合には、固定の弱いＯＡ機器などが大きく移動し、人も固定しているものにつかまらないと、同じ場所にいられない状況となる可能性がある。
石油タンクのスロッシング	長周期地震動により石油タンクのスロッシング（タンク内溶液の液面が大きく揺れる現象）が発生し、石油がタンクから溢れ出たり、火災などが発生したりすることがある。
大規模空間を有する施設の天井等の破損、脱落	体育館、屋内プールなど大規模空間を有する施設では、建物の柱、壁など構造自体に大きな被害を生じない程度の地震動でも、天井等が大きく揺れたりして、破損、脱落することがある。

第10章

防火管理責任

第1 防火管理と刑事責任

1 重視される防火管理責任

(1) 明星56ビル火災の防火管理責任で6人有罪

平成13年9月1日(土)防災の日に、東京都新宿区歌舞伎町の明星56ビルで火災が発生、客ら44人が焼死するという悲惨な事件がありました。ビルの唯一の避難経路である階段に、段ボール等の物品等を放置したため、これらから出火し(放火とされる)逃げ場がなかったので、多くの焼死者が発生したのです。しかも、自動火災報知設備や防火戸も適正に管理されていなかったので、その防火管理責任の手落ちについて、本件ビルの所有会社を傘下に持つ「明星興産グループ」の実質的オーナーである会長、同ビル所有会社「久留米興産」の社長、3階の麻雀店の店長、同店の関係者、同店の実質的経営者、同ビル4階の飲食店の経営者ら6人が、業務上過失致死傷罪に問われ起訴されました。裁判の結果5人に有罪判決が下されました。

確かに、これら6人には防火管理上の手落ちはあったのですが、しかし、焼死の直接の原因となったのは、放火ではないかとされているのですから、放火と関係のないこれらの人らが刑事責任を問われるのは、一見酷なような気もしないではありません。しかし、火災原因とは関係なく、もし、これらの人らが、それぞれの役割に応じて適切な防火管理を実行しておれば、44人が死亡することはなかったはずなのですから、その意味で防火管理責任が問われることになっても、いっこうに不思議でもないのです。

新宿歌舞伎町明星56ビル火災

(2) 有馬池之坊満月城火災事件がリーディングケース

しかし従前は、火災の直接の原因となった失火者か、あるいは防火管理に手落ちがあったとしても、せいぜい防火管理者が処罰される程度で、社長や会長が管理・監督責任を問われるというケースは皆無でした。しかし、このような処罰傾向が大きく変わったのは、神戸市で昭和43年11月に発生した有馬池之坊満月城火災事件からでした。

この火災も、自動火災報知設備等が設置されていなかったため、初期発見が遅れ宿泊客ら30人が焼死したのですが、出火原因は不明でした。しかし、この事例についても、もし、火災報知設備が適切に設置されておれば、火災を早期に覚知し、宿泊客は避難し得たと判断されて、本旅館の経営者は業務上過失致死傷罪で起訴され、そして有罪となりました。従って、この火災事件が、社長の管理責任が問われたという最初の事例―リーディングケース―とされたのです。

（3）防火管理違反に実刑

その後、このような処罰傾向は続き、しかも、場合によっては実刑を科せられるという極めて重い処罰になりました。これも次第に、防火管理違反がいかに社会的に重大なものであるかが、よく知られるようになったからと言えそうです。

昭和57年２月８日（月）、33人の死者と29人の重軽傷者を出したホテル・ニュージャパン火災事件では、業務上過失致死傷罪に問われた同ホテル社長と支配人に対して、防火設備などの設置などを怠った社長の過失を認め禁錮３年の実刑、支配人に対しては禁錮１年６月（執行猶予５年）を科しました。

特に社長については「営利追求に腐心するあまり、既存の消防用設備の点検を十分にせず、従業員の大幅な削減を行うなどした結果、このような大惨事を招いた。ホテル経営者として最も基本的な心構えに欠けていた」として、防火管理責任としては過去最高の実刑判決となりました。控訴審及び上告審も同様でした。

川治プリンスホテル火災事件（昭和55年11月20日（木）、死者45人）においても、実質的な経営者の妻が、防火管理責任を問われ、禁錮２年６月の実刑を科せられています。いずれも営業を重視し、必要な防火管理の実施を怠ったことによるものなのですが、起訴された歌舞伎町明星56ビル火災事件の会長・社長らにも、厳罰が科せられました。

このように、防火管理を怠ったがため火災が発生し、そのため死傷者が生じたような場合に、直接の失火者はもちろん、防火管理者やその上司、場合によっては社長・会長といった役職の管理者まで、刑事責任を負わなければならないことにもなるのですから、少なくとも「防火管理責任」とは何かという程度の理解は、防火管理者にとっても必要だと思われます。

もっとも、本書は、いたずらに防火管理責任の厳罰化傾向を強調しようとするものではありません。むしろ、多くの火災事件において、防火管理者や

○刑法
第二一一条　業務上必要な注意を怠り、よって人を死傷させた者は、五年以下の懲役若しくは禁錮又は百万円以下の罰金に処する。重大な過失により人を死傷させた者も、同様とする。

経営者等の防火管理関係者が重く処罰されている事例を直視することによって、防火管理とはどのような義務を負うものだといったことが、より具体的に理解されるだろうと考えるからなのです。例えば、防火管理者の役割はここまで、それから先は経営者らの判断に、というような役割・分担がより明確になるからです。

防火管理は目に見える利益を生まないだけに、ややともすれば社内で軽視されるような風潮がなきにしもあらずだったのですが、しかし、このような軽視が直ちに企業の存続に直接係わるようになった事例は、既に二、三に止まらないのですから、後悔先に立たず、企業を挙げて防火管理に取り組まなければならないのは言うまでもありません。それにはまず、防火管理責任の概要をしっかりと理解しておく必要があります。

2 業務上過失致死傷事件

さて、火災事件において死傷者が発生したような場合、先に述べたようにその原因者は業務上過失致死傷罪で処罰されるのですが、本罪は火災事件だけではなく、一般に災害といわれるもの、すなわち、交通事故、工場爆発火災、土木工事災害、ガス漏れ事故災害等々があるのですが、このような危険業務に従事する者の過失により、死傷者が発生したときは、業務上過失致死傷罪が成立するとされています。

この危険業務というのは「……危険業務は、その者の行為が、直接危険をつくり出す性質のものである場合のほか、その者が、危険を生じやすい生活関係において、予想される危険の発生を防止することを期待される地位―保護者・物の管理者等の地位―においてある仕事をしている場合もまた包含される」(藤木英雄『大コメンタール刑法第二版』有斐閣平成12年) と言うのですから、旅館・ホテルをはじめ、各対象物の経営者や防火管理者は、危険の発生しやすい場において、その危険発生を予め発見・防止することを、まさに期待される地位にあると言えるのです。

にもかかわらず、防火管理の不備 (例えば、スプリンクラー設備及び自動火災報知設備設置義務懈怠(けたい)、同点検整備義務懈怠、非常放送及び避難誘導実施義務懈怠、非常口ドアの即時開放義務懈怠、防火管理者未選任・消防計画未作成) 等により、火災が発生しその結果死傷者が出れば、刑法第211条により処罰を受けることになります。

もっとも、防火管理責任は防火管理者１人が負うものでもなく、また経営者等のみの責任でもありません。つまり、その組織体の一人ひとりが、その役割と分担とに応じた防火管理の責任を負うべきであって、それがとりもなおさず、火災予防の実効性を高めることになるのです。例えば、大洋デパート火災事件 (昭和48年11月29日 (木)、死者104人) では、検察官は次のようにそれぞれの職制に応じた防火管理責任があると判断して社長以下を起訴しました。

社長　消防法第８条による管理権原者、第17条による防火対象物の関係者として、

常務取締役　営繕担当として消防用設備の設置に関する業務に従事していた者として、

> **○刑法**
> **第一一六条**　失火により、第一〇八条に規定する物又は他人の所有に係る第一〇九条に規定する物を焼損した者は、五十万円以下の罰金に処する。
> **第一一七条の二**　第一一六条又は前条第一項の行為が業務上必要な注意を怠ったことによるとき、又は重大な過失によるときは、三年以下の禁錮又は一五〇万円以下の罰金に処する。

人事部長　防火教育、各種訓練を実施すべき業務に従事していた者として、

営業課長　出火階の火元責任者であるとともに、火災発生時には部下を指揮して消火・通報・避難・誘導などを行う業務に従事していた者として、

防火管理者　物品の整理、消防計画作成、訓練実施などを行う業務に従事していた者として、

いずれもその業務を怠った者として、それぞれの責任を問われたのです。要は社長をトップとする階層社会において、それぞれが分担する業務と役割によって防火管理責任が生ずると言えるのです。しかしながら第一審は、検察官のそのような考え方をとらず、大洋デパートにおける防火管理体制は甚だ不備、杜撰であったことはきわめて明らかであるとしながら、消防法令上、防火管理業務に関する指揮命令系統と企業の一般指揮命令系統は切り離されているとして、管理権原者でもなく、また防火管理者でもない人事部長や営業課長に防火管理責任はないとして無罪としました。

しかしながら上記のような判断は、防火管理の現状を正確に把握したものとはとうてい言えそうもありません。例えば現在、防火管理業務と一般業務とが截然と明確に区別されている例はまず見受けられませんし、おそらく防火管理者とて専任で、防火管理業務のみに専念している例というのは極めて少ないはずです。

さらに判決によれば、管理権原者たる社長と、防火管理者との２人で、すべての防火管理業務が行えるとするようなのですが、従業員1,000人を超える大規模デパートで、どうして２人のみで、防火管理が行えるのでしょうか。不思議としか言いようがありません。大規模組織体のトップである社長と、防火管理者との間には、それぞれの職制、役割に応じて、社長を補佐し、あるいは防火管理者を指揮・監督する中間管理職が存在するはずであり、それが大洋デパートにおいては人事部長であり、営業課長という職制であったと考えられるのです。

要するに、当該対象物の防火管理は、その対象物の組織体を全一体として捉え、それぞれの分担・役割に応じた責任を果たしてこそ、防火管理の実効が挙がると考えざるを得ないのです。

3 業務上失火責任

(1) 火災発見・防止義務

火災の直接の原因となった失火者などが防火管理責任を問われる場合は、業務上の失火責任(刑法第116条)が適用されます。防火管理上の必要な注意を怠って火災が発生し、その結果死傷者が出たような場合は、業務上過失致死傷責任が生じるということについてはすでに述べたのですが、防火管理を怠って単に火災のみ生じたような場合は、業務上失火責任が成立します。

一般的に言って各火災事件において防火管理上のミスから業務上失火罪が成立している例はそんなに多くありません。直接行為者の失火責任、たとえば、ホテルの夜警員が仮眠中、石油ストーブを転倒させて出火したような場合、その失火責任を問われるのは当然としても、失火の直接行為者でない防火管理者等がなぜ失火責任を問われるのか、左の条文を見る限りではうなずけないかもしれません。しかし、このことについては多少古いのですが、明快な判例があるのです。

「本件国有鉄道京都駅旧本屋の火災は、その階上で食堂を経営している……ホテルの……らが、昭和25年11月17日……午後９時過頃、従業員更衣室に設備してあった……電気アイロンを……使用した後……通電状態のまま退去したため、長時間のアイロンの過熱により出火したことが原因と

なって発生したものであること、……被告人は巡視し更衣室にも行ったが、……不注意にもそれが通電状態のまま放置してあったのを看過、……一夜に数回巡視すべき義務があるのに……その後の巡視を怠ったこと、かくて……翌朝４時15分頃出火し、焼失するに至った各事実が認められるのである。……されば本件火災は……電気アイロンを通電状態のまま放置したことが根本の原因をなしたものであるが、……被告人が夜警として、……その過熱状態を早期に発見防止すべき注意義務があるのに、これを怠ったことにより本件火災が発生したものであることは明らかであり、被告人は刑法第117条の２前段の刑責を免れないものといわねばならない。すなわち同条前段にいう“業務”は、これを所論の如く当該火災の原因となった火を直接取扱うことを業務の内容の全部又は一部としているもののみに限定することなく、本件夜警の如きもなお包含するものと解するのを相当する」(最判昭33・７・25『判時』158号４頁)。

説明するまでもなく、失火責任というのは火災の発見･防止義務まで含まれるとするのですから、この意味では防火管理者が失火責任を問われる可能性はあると言えるのです。次の例はこのことを十分に示唆しています。

(２) 統括防火管理者と防火管理者の失火責任

昭和54年４月６日(金)に発生した大阪市の富国生命ビル火災で、煙がダクト・階段等を伝って全館に急激に侵入したため、一時は地下街を含めビル全体にいた従業員や買物客3,500人が、避難するという大騒ぎになりました。この火災事件に関して当時の新聞は次のように報じています。

『大阪府曾根崎署は13日、火が広がったのは火元になった喫茶店のダクト内に溜まっていた油ごみを２年間も清掃せず放置していたためと断定、同ビル全体の防火管理者(注･統括防火管理者)と、喫茶店の防火管理者の２人を業務上失火容疑で、近く書類送検する方針を決めた。地下街や雑居ビルに張りめぐらされたダクトは、大火災の〝導火路〟になりやすいだけに、管理・防火責任を厳しく追及、送検に踏み切ったもので、消防庁では地下街火災で防火管理者の刑事責任を問うのは初めてといっている。

調べによると、A課長は消防法第８条の２に定められた複合用途ビルの統括防火管理者で、防火を含めビル全体の管理維持をする立場にあり、ビル内の各店に対し年１回以上のフードとダクトの清掃計画をさせていた。しかし、50年以降の約３年間実際の清掃が行われていないことを知りながら各店への注意を怠った疑い。またＢ課長は喫茶「ピサ」の防火管理者で、火気を使う施設の自主検査をする業務があるが、これを無視し清掃などしなかった、などの疑い……。

曾根崎署は地下街火災は大惨事につながる恐れが強いだけに厳しく原因を究明していたが、ルーズなダクト管理は危険が大きいとしてＡ課長の責任も問うことにしたといっている。Ａ課長は『清掃専門業者に頼む費用は各店負担で、１万円～７万円、平均して約４万円ぐらいかかり、このため強くは要求できず店の自主性にまかせていた』という。

ここでいう“責任”とは、いわゆるダクト火災を発生させたとする責任ですから、失火責任にほかなりません。このように失火に関して直接行為者でなくとも、失火責任を問われるのですから、防火管理者や経営者はもとより、職務上火災を発見・防止する業務を有する人は、今一度、自分の周囲を冷静な目で見直してみる必要があるでしょう。

なおここでやや意外な感がするのは、統括防火管理者までが、本件火災に関して責任ありとされていることです。詳細は分かりませんが、清掃されていないことを知っていながら、注意を与えなかったことにつき、責任ありとされているようですから、いわば各防火管理者に対する統括防火管理者としての監督責任を問われたのです。

なお本件は結局、送検されなかったのですが、業務上の失火責任がどういうものであるかを明らかにしたものであるとともに、今後の統括防火管理についての責任を、示唆した事例であるとも言えるのです。

第２ 防火管理と民事責任

1 火災と損害賠償責任

防火管理義務を怠って火災が発生し、またはそれによって死傷者が出たような場合、防火管理関係者が刑事責任を問われることは、前に述べたとおりなのですが、しかし防火対象物で火災が発生したり、あるいは死傷者が出ると刑事責任ばかりでなく、同時に被災者側から損害賠償請求される事例も、現在ではすでに一般化されているとも言えるようです。

例えば、千日デパート火災事件（昭和47年５月13日、死者118人）では、ドリーム観光、プレイタウン経営の千土地観光、３階火元店賃借人ニチイ、失火者を雇用する電気工事請負人大村電機の関係者四者を被告として、遺族の会247人の原告が損害賠償を求める訴訟を起こしています。

また、この訴訟とは別個にビル所有者に対して本火災によって損害を被ったテナント35店も損害賠償請求をしました。いずれもビル所有者等において防火管理義務を怠ったことがその理由なのです。このように防火管理は民事上の責任の有無をめぐって重要なキーポイントになるのですから、刑事責任と同様もしくはそれ以上に防火管理関係者にとって重大な問題でもあるわけです。ところがこのような責任を誰と誰がどのように負担するのかというと、これが現代の社会情勢を反映してきわめて困難な問題となります。

一般住宅間の類焼の責任問題とか、下宿人の焼死にアパート経営者はいかなる責任を有するかといった、単純な民事問題から、権利関係が複雑にからみ合った複合用途ビルで火災が発生した場合の被害者に対する賠償責任まで、さまざまなケースが考えられるのですが、そのいずれもが大小の差はあれ防火管理義務を怠ったことにより災害が発生し、それにより生じた責任を誰がどのように負担するのかという問題に尽きるのです。

火災に関する民事事件においても、この防火管理責任を詳細に判示している例が多いのですから、防火管理関係者にとって刑事判決に示されている防火管理義務と同様、その内容は今後の防火管理業務に非常に参考になると思われるのです。

さてそれでは、火災事件に関する民事事件では、防火管理責任をめぐって原告と被告とで、どのような形で争われているのかをみてみると、通常、相手側の不法行為責任を問うという方法（民法第709条）、また相手側に契約上の不履行責任を問うという方法（同第415条）、さらに相手側に土地・工作物の設置について瑕疵があったという土地・工作物設置の責任（同第717条）を問うという方法が多いようです。もっとも、これらの方法のうち単独で損害賠償請求をするという例は少なく、たいていは、この３つのいずれにもすべて該当するといった請求例が多くみられます。

○民法

第七〇九条　故意又は過失によって他人の権利又は法律上保護される利益を侵害した者は、これによって生じた損害を賠償する責任を負う。

○失火ノ責任ニ関スル法律

民法第七百九条ノ規定ハ失火ノ場合ニハ之ヲ適用セス但シ失火者ニ重大ナル過失アリタルトキハ此ノ限ニ在ラス

2 損害賠償事例

（1）失火と不法行為責任

失火責任で最も単純な形はいわゆる類焼の場合です。類焼を受けた方は火元に対して、当然、不法行為を理由にして損害賠償請求ができるのですが、よく知られているように、いわゆる失火責任法によって火元に重過失がない限り民法第709条の適用が排除されることになります。しかしながら最近では重過失認定の幅が多少拡げられているような傾向がないでもありません。

例えば『被告人が電気コンロを消火しないまま就寝するならば、……毛布等が右コンロに接触、引火するなどして火災が発生するであろう蓋然性は極めて高いものであったということができる。そうすると、被告としては、わずかの注意さえあれば、容易に右違法な結果を予見できたのであるから、……右コンロを消して火災の発生を未然に防止すべき注意義務を負っていたといわざるを得ず……重大な過失に当たるといわなければならない』（札幌地判昭53・8・22、『判時』926号97頁）という事例があります。失火責任法の適用があるからといって安心してはいけないのです。

（2）失火と債務不履行責任

次の例は多少複雑になります。アパート経営者の妻が調理のため天ぷら鍋に油を入れて加熱中、洗濯物を早く干し終えようとして炎の大きさも確かめずその場を離れたため出火、アパートは全焼しました。このためアパートの居住者らからアパート経営者らに対し、不法行為または債務不履行に基づき家財の焼失、新居への移転に伴う出費、慰籍料等の損害を請求したのですが、判決では次に示すように重過失を認め原告らの火災損害額を基礎にしてそれぞれの約8割を実損害と認定した結果、被告には総額約500万円の支払いを命じています。

『天ぷら油は煮沸した場合引火性の強い可燃性ガスを発生し、ガスバーナーの火を引火するおそれがあるので絶えず油の煮沸状況を監視し、仮に同所を離れる際は……ガスバーナーの炎を消火するか、または炎を確認して炎を小さく調節するか、あるいは他に監視の者を立合わせるなどして火災発生を未然に防止すべき注意義務があった……のに、前記のとおりガスの炎の大きさを目で確認することなく漫然と本件台所を離れたのであって、被告……においてわずかな注意を払えば煮沸した天ぷら油は容易にガスバーナーの火を引火するに至るということは予見できたというべきである』（東京地判昭51・4・15『判時』839号92頁）。

この事例は重過失の認定の例でもあるのですが、アパート経営者に対して居住者らが、不法行為責任とともに債務不履行責任（本来ならば賃貸契約どおり、アパートの居室を提供する義務があるのに火災によりその債務を怠ったという意味）を問うている例でもあるのです。従って、この趣旨からすればアパートの居住者が火元の場合には逆にアパート経営者から火元である居住者に債務不履行を理由に損害賠償請求されることもあり得るのです。

さらにこのことは一般に旅館・ホテルの経営者と宿泊者との間でも同様のことが言えるのです。たとえば旅館・ホテルが火災にあい被害を受けた宿泊客は、相手側の債務不履行の理由に損害賠償を請求することは当然ですし、この逆の場合、例えばホテル・ニュージャパン火災で、失火者である宿泊客に対してホテル側から損害賠償請求するということが報道されていますが、上記の理由により法律的には可能であるわけです。

(3) 失火と工作物責任

旅館・ホテル等で火災が発生し死傷者が出たような場合、被害者から旅館・ホテル側に対して損害賠償を求める事例は多いのですが、その請求事由として挙げられるのは旅館・ホテル側の不法行為責任、債務不履行責任と並んで、もう一つの請求理由として土地・工作物責任があります。つまり、焼死者が発生したのは旅館・ホテルの諸設備に瑕疵（かし）があったからだと主張するのです。

次の事例は旅館に宿泊中、発生した火災により逃げ遅れて焼死した宿泊客の遺族が、旅館の土地・工作物責任として、当該旅館のボイラー設備の設置及び保存の瑕疵、ならびに法令上設置が義務づけられている自動火災報知設備、非常警報設備、誘導灯が設置されていなかったことなどを理由にあげ、損害賠償請求をした事例なのですが、これに対して裁判所は次のように判断しています。

『ところで土地の工作物の瑕疵により火災が生じた場合の責任について“失火ノ責任ニ関スル法律”……が適用されるかどうかについてまず検討する。民法第717条は特別に工作物の管理者に危険防止を万全ならしめる処置をなすべきこととして工作物の瑕疵から生じた損害について無過失賠償責任を負担せしめるものであり、これは危険責任の見地から理解すべきものとされている……、これらのことを考え合せれば、土地の工作物の瑕疵により火災が発生した場合その占有者もしくは所有者は、延焼した部分については同法を適用し工作物の設置または保存について重大なる過失ある場合に限り、その損害について賠償責任を負うべきものとしても、工作物から直接に生じた火災による損害については同法の適用は排除せられ、民法第717条により賠償責任を負担するものと解するのが相当である』（東京地判昭43・２・21『判時』530号52頁）。

この判示には多少の説明がいるのですが、要は民法第415条や同第717条について失火責任法の適用があるかどうか従来から二様の考え方があったのです。しかし、ここでは明確に工作物から直接に生じた火災については失火責任法の適用はないとしたのですから、その責任は容易に認められることになるのです。この結果、本事例ではボイラーの煙突に亀裂が入っていたとし、『本件ボイラー設備のような瑕疵（かし）によって発生した火災は、右安全施設上の瑕疵の競合により……、両名を焼死せしめるに至ったものと認められる』としてその請求を認容しました。

以上で、失火により相手側に損害を与えた場合、被害を受けた側からどのような方法で加害者に対して損害賠償請求されるか、三つの場合についてその概略を述べたのですが、過去の民事火災事件をみてみますと、この三つのうち一つだけの理由で損害賠償請求をしている例は少なく、たいてい不法行為責任、債務不履行責任、土地・工作物責任のいずれかの義務違反があったとして請求している事例が多いのです。

最近の事例としては、大阪市の給油所にバイクに乗った近くの飲食店の店主が訪れ、バイクの給油を依頼するとともに、携えてきた灯油用のポリ容器にガソリン給油機の前で、容器を示して灯油を注文し、自分はそのまま用を足すためにその場を離れたというのがあります。給油所の従業員はこの注文をガソリンと間違え、その容器の中にガソリンを入れて客に引き渡したのです。このことを知らずに石油ストーブに給油したため出火し、この飲食店は全焼するとともに隣家にも延焼したのです。

そこで延焼を受けた家では、飲食店及び給油所を相手どって損害賠償請求訴訟を提訴しました。結果は飲食店の店長には灯油用ポリ容器を示して灯油を注文したのであるから過失はなく、ガソリンを販売した店員にこそ不注意があったのであるから、使用者たる給油所にその責任があるとしました（大阪地判昭60・11・15）。

3 ビル所有者とテナントの責任

新宿歌舞伎町の明星56ビル火災の刑事責任については既に述べたのですが、本件については死者の遺族らにより、ビルの所有者らに対して損害賠償請求がなされているようですから、いずれ裁判でその結果は明らかになると思われます。この際に問題になるのは、本件ビルの所有者とテナントの責任をどう考えるかの問題があります。具体的に言えば、ビル所有者はテナントに賃貸した部分（テナントの占有部分）には、全く防火管理責任を有しないのか、そうだとすると、ビルの共用部分のみの防火管理責任でよいのか等々の問題です。このような事例に対する過去の判例を調べてみると、代表的なものとして３例ほどあるのですが、その事例の結論だけを述べるとすると、およそ次のようになります。

（1）有楽サウナ火災事件（昭和43年）

サウナ室から出火し、客ら３人が焼死したという事例なのですが、遺族らはサウナ経営者らに対して、避難誘導、誘導灯等の設置に手落ちがあったとして損害賠償を求めました。これに対して１審判決はサウナ経営者の責任を認めるともに、サウナ風呂の所在する本件ビルの所有者に対しても、『……本件のような雑居ビルにあっては、……各賃借人の部屋内部についても、必ずしも管理能力のない賃借人と共同して管理し、その瑕疵を修補すべき立場にある……』（東京地判昭55・４・25『判時』975号52頁）としました。

ビルをテナントに賃貸したとしても、その部分について全くビル所有者の責任が免責されるものではないことが明らかにされています。ビル所有者の責任を極めて重視した考え方と言えそうです。

（2）スナック「エルアドロ」火災事件（昭和53年）

小規模雑居ビルの２階にあった本スナックから出火、出入口が１か所であったこと、出入口天井付近からの出火とともに、通路の壁が可燃材であったこと、店長の避難誘導等に手落ちがあったことなどが重なって、客ら11人が焼死したという悲惨な事例となりました。遺族らは経営者らに対して損害賠償請求を行ったのですが、本件一審は経営者と店長の責任を認めるともに、本件ビルの所有者（ビル外居住）に対しても、非常口が１か所しかないことに瑕疵があったとし『……このようなビルの外部構造に関しては、ビル内部を他に賃貸ししていても、なお、ビル所有者である被告が、これを事実上管理支配し、そこに瑕疵があれば、これを修復しえて損害の発生を防止しうる関係にある』（新潟地判昭58・６・21『判時』1083号36頁）として、ビル所有者の防火管理責任を認めました。この事例もビル所有者の責任を重く見ています。

（3）喫茶・オリオン火災事件（昭和43年）

小規模雑居ビル（耐火造地下１階地上７階建て）の地階及び２、３階をオリオンが賃借し、４階～７階は工事中でビル所有者が管理していました。火災はオリオン経営の３階のボーリング場から出火、１人が焼死しました。遺族が消防用設備等の不備を理由にオリオンらに損害賠償を請求したのですが、ビル所有者に対しても次のように述べてその責任を認めました。

『……２、３階を被告オリオンが占有使用し、４階以上を被告所有者が占有していた本件ビルにおいては、少なくとも、右階段部分は、被告らの共同占有にかかるものと認めるのが相当である。以上の事実によれば、被告らはいずれも、設置又は保存に瑕疵の存在する土地工作物である右階段部分の占有者であり、右瑕疵によって原告が受けた傷害に基づく損害の賠償義務がある』（大阪地判昭50・３・20『判時』797号125頁）としました。この事例では、テナントは賃借した部分のみの防火管理責任を負うのではなく、その共用部分についても責任があるとして、テナントの責任を重視しています。

新宿歌舞伎町の明星56ビル火災では、テナントが放置した物品から出火したとされるのですから、テナントの責任は明らかなのですが、だからと言って、そのテナントのみの責任でもなく、ビル所有者の責任もまた問われることを、これらの判例は示唆しています。逆な言い方をすれば、雑居ビルの防火管理は、元来、どうあるべきかを教えているとも言えるのです。

過去に火災を起こした大規模防火対象物—大洋デパート、ホテル・ニュージャパン、千日デパート、スーパー長崎屋尼崎店……—等々は全て姿を消しました。企業の存続というものは、経営の不振から退場することも、もちろん多いのですが、防火管理の不備から立ち行かなくなることもまた事実なのです。

このように、直接、企業の存亡にかかわる重大な責任を負っているのが、防火管理者である**「あなた」**なのです。そして、その災害を未然に防ぐのが防火管理者である**「あなた」**でもあるのです。

4 認知症高齢者と監督責任

認知症の高齢者が起こした事故の責任を家族が負うべきかどうかということについて、最高裁は、㋐精神障害者との親族関係の有無や濃淡、㋑同居の有無、その他の日常的な接触の程度、㋒精神障害者の財産管理への関与の状況など、両者のかかわりの実情、㋓精神障害者の心身の状況や日常生活における問題行動の有無・内容、㋔これらに対応して行われている監護や介護の実態など、様々な事情を総合考慮して責任を判断すべきだとしています。また、大阪高等裁判所は、認知症高齢者が出火させた事案に関して、妻の外出行為等には重大な過失がないとして監督責任を否定しています。こうした認知高齢者に係る事故は、単に家族に関する問題に止まらず、一般的に認知症の高齢者が出入りする可能性のある用途の防火対象物においても、防火管理等の面で考慮しておく必要があります。特に、負傷させないように安全に避難させるにはどうすれば良いのかなどという課題は、現在の高齢化社会では防火管理者としても逃れられない問題だと思います。

5 津波避難と組織的過失

東日本大震災で小学校の児童74名が津波により人命を失った事故で、被災した児童23人の遺族が市及び県を相手に国家賠償法に基づく損害賠償を求める裁判で、最高裁決定により上告が退けられ二審の仙台高裁判決が確定した事案では、平均的な公務員を念頭に置いた過失判断を行わず、いわゆる「組織的過失」の考え方に依拠し、組織体としての過失を認めています。つまり、児童の津波被災に関し、校長、教頭、教職員らの特定の公務員の個人的な個々の過失を問題にせず、学校組織、教育委員会等の組織的な過失としてその責任を認めたもので、近年の判例の傾向を考慮した判断が行われています。

（本書では、判決文登載の公刊物として『判時』の略称を用いましたが、正確には『判例時報』（判例時報社）です。）

◆防火管理責任に係る主な火災と判決例◆

火災名・発生年月日 〔都道府県名〕	死傷者数	焼損面積	判決概要
池之坊満月城火災 昭和43年11月2日 〔兵庫県〕	死者　30人 傷者　44人	6,950㎡	社長（管理権原者、防火管理者） 禁錮２年（執行猶予２年） ▶神戸地裁　昭53.12.25確定
磐光ホテル火災 昭和44年2月5日 〔福島県〕	死者　30人 傷者　35人	15,511㎡	総務部長（防火管理者） 禁錮２年（執行猶予２年） ▶仙台高裁　昭53.1.24確定
寿司由楼火災 昭和46年1月2日 〔和歌山県〕	死者　16人 傷者　15人	2,749㎡	社長（管理権原者、防火管理者） 禁錮10月（執行猶予２年） ▶和歌山地裁　昭51.5.31確定
椿グランドホテル火災 昭和47年2月25日 〔和歌山県〕	死者　3人 傷者　6人	11,120㎡	代表取締役（管理権原者） 禁錮10月（執行猶予２年） 罰金10万円 ▶和歌山地裁　昭51.3.30確定
千日デパートビル火災 昭和47年5月13日 〔大阪府〕	死者　118人 傷者　81人	8,763㎡	ビル管理部課長（防火管理者） 禁錮2年６月（執行猶予３年） キャバレー代表取締役（管理権原者） 同　支配人（防火管理者） 以上２人 禁錮１年６月（執行猶予２年） ▶最高裁　平2.11.29確定
釧路オリエンタルホテル火災 昭和48年6月18日 〔北海道〕	死者　2人 傷者　27人	830㎡	常務取締役（管理権原者） 人事部長（防火管理者） 以上２人 禁錮１年６月（執行猶予２年） ▶釧路地裁　昭52.3.16確定
大洋デパート火災 昭和48年11月29日 〔熊本県〕	死者　103人 傷者　121人	12,581㎡	人事部長 無罪 売場課長（３階火元責任者） 無罪 営繕課員（防火管理者） 無罪 ▶最高裁　平3.11.4確定
千成ホテル火災 昭和50年3月10日 〔大阪府〕	死者　4人 傷者　61人	1,501㎡	経営者（管理権原者） 無罪 管理人 禁錮１年２月（執行猶予３年） ▶大阪高裁　昭59.3.13確定
スナック　エル・アドロ火災 昭和53年3月10日 〔新潟県〕	死者　11人 傷者　2人	78㎡	経営者（管理権原者） 店長 以上２人 禁錮１年 ▶東京高裁　昭57.12.22確定

川治プリンスホテル雅苑火災 昭和55年11月20日 〔栃木県〕	死者　45人 傷者　22人	3,582㎡	社長（管理権原者） 禁錮２年６月（執行猶予３年） ▶宇都宮地裁　昭60.5.15確定 専務（管理権原者） 禁錮２年６月 ▶最高裁　平2.11.16確定
ホテルニュージャパン火災 昭和57年2月8日 〔東京都〕	死者　33人 傷者　34人	4,186㎡	ホテル代表取締役（管理権原者） 禁錮３年 ▶最高裁　平5.11.25確定 支配人兼総務部長（防火管理者） 禁錮１年６月（執行猶予５年） ▶東京地裁　昭62.5.20確定
蔵王観光ホテル火災 昭和58年2月21日 〔山形県〕	死者　11人 傷者　2人	2,264㎡	社長（防火管理者） 禁錮２年（執行猶予３年） ▶山形地裁　昭60.5.8確定
大東館別館火災 昭和61年2月11日 〔静岡県〕	死者　24人	788㎡	実質的経営者（管理権原者） 禁錮２年 仲番頭（防火管理者） 禁錮１年（執行猶予３年） ▶静岡地裁　平5.3.11確定
長崎屋尼崎店火災 平成2年3月18日 〔兵庫県〕	死者　15人 傷者　6人	814㎡	店長（管理権原者） 総務マネージャー（防火管理者） 以上２人 禁錮２年６月（執行猶予３年） ▶神戸地裁　平5.9.13確定
新宿歌舞伎町ビル火災 平成13年9月1日 〔東京都〕	死者　44人 傷者　3人	160㎡	建物所有者・取締役（管理権原者） 禁錮３年（執行猶予５年） 代表取締役（管理権原者） 禁錮３年（執行猶予５年） テナント経営者（管理権原者） 禁錮３年（執行猶予５年） テナント店長（防火管理者） 禁錮２年（執行猶予４年） テナント経営者（管理権原者） 禁錮３年（執行猶予５年） ▶東京地裁　平20.7.2確定
宝塚カラオケボックス 「ビート」火災 平成19年1月20日 〔兵庫県〕	死者　3人 傷者　5人	107㎡	経営者（管理権原者） 禁錮４年 ▶大阪高裁　平20.7.3確定 アルバイト従業員 禁錮１年６月 ▶神戸地裁　平19.10.22確定
エレガントバス江戸城火災 平成20年4月28日 〔北海道〕	死者　3人	104㎡	経営者（管理権原者） 禁錮１年６月（執行猶予５年） ▶札幌地裁　平23.9.6確定

静養ホーム「たまゆら」火災 平成21年3月19日 〔群馬県〕	死者　10人 傷者　1人	340㎡	理事長（管理権原者） 禁錮２年（執行猶予４年） ▶前橋地裁　平25.1.18確定
居酒屋「石狩亭」火災 平成21年11月22日 〔東京都〕	死者　４人 傷者　12人	117㎡	経営者（管理権原者） 禁錮２年６月（執行猶予５年） ビル会社社長及び防火管理者 禁錮１年８月（執行猶予３年） ▶東京地裁　平25.2.13確定
グループホーム「みらいとんでん」火災 平成22年3月13日 〔北海道〕	死者　7人 傷者　2人	227㎡	施設運営会社社長 一審　無罪 二審　禁錮２年（執行猶予４年） ▶最高裁　令元.5.13確定
ホテル「プリンス」火災 平成24年5月23日 〔広島県〕	死者　7人 傷者　3人	1,361㎡	経営者 ホテル運営会社社長（管理権原者） 禁錮３年（執行猶予５年） ▶広島地裁　平29.1.25確定
認知症高齢者グループホーム「ベルハウス東山手」 平成25年2月8日 〔長崎県〕	死者　5人 傷者　7人	51㎡	施設運営会社代表 禁錮２年（執行猶予４年） ▶長崎地裁　平30.2.1確定

添 付 資 料

- **防火・防災管理者選任（解任）届出書**
- **統括防火・防災管理者選任（解任）届出書**
- **消防計画作成（変更）届出書**
- **全体についての消防計画作成（変更）届出書**
- **甲種防火対象物用消防計画作成例**
  - 別表１　防火管理業務の委託状況表
  - 別表２　防火管理委員会構成員名簿
  - 別表３　日常の火災予防の担当者と日常の注意事項
  - 別表４　自主検査チェック票（日常）［火気関係］
  - 別表５　自主検査チェック票（日常）［閉鎖障害等］
  - 別表６　自主検査チェック票（定期）
  - 別表７　消防用設備等自主点検チェック票
  - 別表８　消防用設備等点検計画表
  - 別表９　自衛消防隊の編成と任務（本部隊）［平常・休日夜間］
  - 別表10　自衛消防隊の編成と任務（地区隊）［平常・休日夜間］
- **一般用消防計画作成例**（乙種防火対象物用）
- **全体の消防計画作成例**
  （統括防火管理者の選任が必要となる対象物）

※火災予防分野の各種の申請や届出については、電子申請等の手続きが検討されていますので、最寄りの消防機関に確認して申請や届出を行ってください。

別記様式第1号の2の2（第3条の2、第51条の9関係）

□防火 □防災 管理者選任（解任）届出書

年　月　日

殿

管理権原者

住所

（法人の場合は、名称及び代表者氏名）

氏名

電話番号

下記のとおり、□防火 □防災 管理者を選任（解任）したので届け出ます。

記

防火対象物	建築物その他の工作物又は	所在地	電話（　　）			
		名称				
		管理権原	□単一権原　□複数権原	複数権原の場合に管理権原に属する部分の名称		
		用途※1		令別表第1※1（　）項	収容人員※1	
		種別	□甲種　□乙種			
		区分	名称		令別表第1	収容人員
		令第2条を適用するもの※2			（　）項	
					（　）項	
		令第3条第3項を適用するもの※2			（　）項	
					（　）項	

防火・防災管理者	選任	氏名（フリガナ）			
		住所			
		選任年月日	年　月　日		
		職務上の地位			
		資格 講習 種別	□防火管理（□甲種（□新規講習　□再講習）□乙種）	□防災管理（□新規講習　□再講習）	
		資格 講習 講習機関			
		資格 講習 修了年月日	年　月　日	年　月　日	
		資格 その他	□令第3条第1項第（　）号（　）	□令第47条第1項第（　）号	
			□規則第2条第（　）号	□規則第51条の5第（　）号	
	解任	氏名			
		解任年月日	年　月　日		
		解任理由			
その他必要事項					

受付欄※3	経過欄※3

備考
1　この用紙の大きさは、日本産業規格A4とすること。
2　□印のある欄については、該当の□印にレを付けること。
3　※1欄は、複数権原の場合にあっては管理権原に属する部分の情報を記入すること。
4　※2欄は、消防法施行令第2条を適用するものにあっては同一敷地内にある同令第1条の2の防火対象物ごとに、同令第3条第3項を適用するものにあっては管理権原に属する部分ごとに記入すること。欄が不足する場合は、任意で書類を作成し添付すること。
5　消防法施行令第1条の2第3項第2号及び第3号防火対象物にあってはその他必要な事項の欄に工事が完了した際の防火対象物の規模を記入すること。
6　消防法施行令第3条第2項又は同令第47条括弧書を適用するものにあってはその他必要な事項の欄に管理的又は監督的な地位にある者のいずれもが防火及び防災管理上必要な業務を適切に遂行することができない理由を記入すること。
7　防火・防災管理者の資格を証する書面を添付すること。
8　※3欄は、記入しないこと。

別記様式第１号の２の２の２の２（第４条の２、第51条の11の３関係）

統括□防火□防災管理者選任（解任）届出書

年　　月　　日

殿

管理権原者

住所

（法人の場合は、名称及び代表者氏名）

氏名

電話番号

下記のとおり、統括□防火□防災管理者を選任（解任）したので届け出ます。

記

防火対象物	建築物その他の工作物又は	所在地			
		名称		電話（　　）	
		用途		令別表第１	（　　　）項
		種別	□甲種　□乙種	収容人員	
統括防火・防災管理者	選任	氏名（フリガナ）			
		住所			
		選任年月日	年　月　日		
		資格 講習 種別	□防火管理（□甲種　□乙種）	□防災管理	
		資格 講習 講習機関			
		資格 講習 修了年月日	年　月　日	年　月　日	
		資格 その他	□令第３条第１項第（　）号（　）	□令第47条第１項第（　）号	
			□規則第２条第（　）号	□規則第51条の５第（　）号	
	解任	氏名			
		解任年月日	年　月　日		
		解任理由			
その他必要事項					
受付欄※			経過欄※		

備考　１　この用紙の大きさは、日本産業規格Ａ４とすること。
　　　２　□印のある欄については、該当の□印にレを付けること。
　　　３　統括防火・防災管理者の資格を証する書面を添付すること。
　　　４　※印の欄は、記入しないこと。

別記様式第１号の２（第３条、第51条の８関係）

消防計画作成（変更）届出書

年　　月　　日

殿

□防火
□防災　管理者

住所

氏名

別添のとおり、□防火
□防災 管理に係る消防計画を作成（変更）したので届け出ます。

管理権原者の氏名 （法人の場合は、名称及び代表者氏名）			
防火対象物 又は 建築物その他の工作物 の所在地			
防火対象物 又は 建築物その他の工作物 の名称 （変更の場合は、変更後の名称）			
複数権原の場合に管理権原に属する部分の名称 （変更の場合は、変更後の名称）			
防火対象物 又は 建築物その他の工作物 の用途※1 （変更の場合は、変更後の用途）		令別表第１※1	（　　）項
その他必要な事項 (変更の場合は、主要な変更事項)			
受　付　欄※2	経　過　欄※2		

備考　１　この用紙の大きさは、日本産業規格Ａ４とすること。
　　　２　□印のある欄については、該当の□印にレを付けること。
　　　３　※１欄は、複数権原の場合にあっては管理権原に属する部分の情報を記入すること。
　　　４　※２欄は、記入しないこと。

別記様式第１号の２の２の２（第４条、第51条の11の２関係）

全体についての消防計画作成（変更）届出書

<table>
<tr><td colspan="4">年　　月　　日

殿

統括 □防火 □防災 管理者
住所
氏名

別添のとおり、全体についての □防火 □防災 管理に係る消防計画を作成（変更）したので届け出ます。</td></tr>
<tr><td>管理権原者の氏名
（法人の場合は、名称及び代表者氏名）</td><td colspan="3"></td></tr>
<tr><td>防火対象物 又は 建築物その他の工作物 の所在地</td><td colspan="3"></td></tr>
<tr><td>防火対象物 又は 建築物その他の工作物 の名称
（変更の場合は、変更後の名称）</td><td colspan="3"></td></tr>
<tr><td>防火対象物 又は 建築物その他の工作物 の用途
（変更の場合は、変更後の用途）</td><td></td><td>令別表第１</td><td>（　　）項</td></tr>
<tr><td>その他必要な事項
（変更の場合は、主要な変更事項）</td><td colspan="3"></td></tr>
<tr><td>受　付　欄※</td><td colspan="3">経　　過　　欄※</td></tr>
<tr><td></td><td colspan="3"></td></tr>
</table>

備考　１　この用紙の大きさは、日本産業規格Ａ４とすること。
　　　２　□印のある欄については、該当の□印にレを付けること。
　　　３　※印の欄は、記入しないこと。

甲種防火対象物用消防計画作成例

（　　　　　　　　消防計画）

第1章　総　則

第１節　目的等

（目的）

第１条　この計画は、消防法第８条第１項の規定に基づき、＿＿＿＿＿＿の防火管理について必要な事項を定め、火災、地震　その他の災害の予防及び人命の安全並びに被害の軽減を図ることを目的とする。

（適用範囲）

第２条　この計画は、＿＿＿＿＿＿の事業所に勤務し、出入りするすべての関係者に適用する。

第２節　防火管理業務の一部委託

（防火管理業務の一部委託）

第３条　防火管理業務の一部を＿＿＿＿＿＿＿に委託する。

２　委託方式及び委託者が行う防火管理業務の範囲と方法は、**別表１**のとおりとする。

３　委託を受けて防火管理業務に従事する者は、管理権原者、防火管理者、自衛消防隊長等の指示、命令を受けて　適正に業務を実施しなければならない。

４　委託を受けて防火管理業務に従事する者は、受託した防火管理業務の実施状況について、定期に防火管理者に報告しなければならない。

第３節　管理権原著と防火管理者の業務と権限

（管理権原著）

第４条　管理権原者は、＿＿＿＿＿＿＿の防火管理業務について、すべての権限及び責任を有する。

２　管理権原者は、管理的又は監督的な立場にあり、かつ、防火管理業務を適正に遂行できる権限を持つ者を防火管理者に選任して、防火管理業務を行わなければならない。

３　管理権原者は、防火管理者が消防計画を作成又は変更する場合は、必要な指示を与えなければならない。

４　管理権原者は、防火上の建物構造・設備の不備及び消防用設備等の不備・欠陥を発見又は報告を受けた場合は、速やかに改修しなければならない。

※統括防火管理者を選任する防火対象物

５　管理権原者は、＿＿＿＿＿＿＿＿＿協議会構成員としてビル全体の安全性に務めるとともに、定期に開催される＿＿＿＿＿＿＿防火管理協議会に参加する。

（防火管理者）

第５条　防火管理者は、消防計画の作成及び実行に関し、一切の権限を有し、次の業務を行う。

（１）消防計画の作成（変更）

（２）自衛消防組織（隊）の編成と任務分担

（３）火災予防上の自主検査の実施と維持管理及び改修の促進

※当該計画の適用範囲内の設備等を記す。

①　建物　　基礎部分、外壁、内装、天井他

②　防火設備　　防火戸、防火シャッター、排煙設備、非常照明

③　避難設備　　階段、避難口、非常階段

④　電気設備　　変電室、分電盤

⑤　危険物施設　少量危険物の貯蔵・取扱い、指定可燃物

⑥　火を使用する設備・器具　　給湯設備、ガス設備、ボイラー、厨房設備

⑦ 消防用設備等

消火器、屋内消火栓設備、自動火災報知設備、誘導灯

（4）防火対象物の法定点検の立ち会い

（5）消防用設備等の法定点検とその立会い及び維持管理

（6）収容人員の適正な管理

（7）従業員等に対する防火上必要な教育の実施

（8）消火、通報及び避難訓練の実施

（9）消防機関との連絡

（10）工事中における立会い、その他火気使用又は取扱いの監督

（11）管理権原者への報告等

（12）放火防止対策の推進

（13）大規模な地震に関する諸対策

（14）その他

※統括防火管理者を選任する防火対象物

（15）統括防火管理者と連絡及び報告

第４節　消防機関への報告、通報等

（消防機関への報告、通報等）

第６条　管理権原者等は、次の業務について、消防機関へ報告、届出及び連絡を行う。

種　　別	届出等の時期	届出者等
防火管理者選任（解任）届	防火管理者を選任又は解任した時	管理権原著
消防計画作成（変更）届	消防計画を作成又は次の事項を変更した時 （1）管理権原者又は防火管理者の変更 （2）自衛消防組織の変更 （3）用途変更、増築、改築、模様替えによる消防用設備等の変更 （4）防火管理業務の一部委託に関する事項の変更	防火管理者
消防訓練実施の通報及び指導の要請	通報は、消防訓練を実施する10日前、指導の要請は消防署と相談適宜行う	防火管理者
消防訓練実施結果報告書	消防訓練実施後速やかに	防火管理者
消防用設備等点検結果報告	年に１回、防火管理者が立会い総合点検を実施、報告書の内容を防火管理者が確認した後	管理権原者
防火対象物の点検及び報告	年に一回、防火管理者が立ち会い、点検を実施、報告書の内容を防火管理者が確認した後	管理権原者

（防火管理資料の保管等）

第７条　防火管理者は、前条で報告又は届け出した書類等の写し、その他防火管理業務に必要な書類等を一括して編冊編さんし、保管する。

第５節　防火管理委員会の設置

（防火管理委員会）

第７条の２　防火管理業務の適正な運用を図るため、に防火管理委員会を置く。

２　防火管理委員会の構成は、**別表２**のとおりとする。

３　管理権原者は、事前に会議の構成メンバーを指定する。

４　会議は、＿＿月と＿＿月に行い、次の場合は、臨時に開催する。

（1）社会的反響の大きな火災、地震などによる被害発生時
（2）防火管理者などからの報告、掟案により管理権原者が会議を開催する必要があると認めたとき
5　会議の主な審議事項は次のとおりとする。
（1）消防計画の変更に関すること。
（2）防火・避難施設、消防用設備等の点検・維持管理に関すること。
（3）自衛消防組織及び装備に関すること。
（4）自衛消防訓練の実施細部に関すること。
（5）工事等をする際の火災予防対策に関すること。
（6）火災予防上必要な教育に関すること。
（7）その他

第2章　予防管理対策

第1節　火災予防上の点検、検査

(日常の火災予防)
第8条　防火管理者は、所定の区域ごとに火元責任者（又は防火責任者以下「火元責任者」という。）を定め、日常の火災予防の徹底を図らなければならない。
2　前項に定める各担当者の任務及び全従業員が注意すべき事項は**別表3**のとおりとする。
(火元責任者等が実施する自主検査)
第9条　火元責任者等は、日常、担当区域の自主点検を実施しなければならない。
2　自主検査は、日常的に行う検査と定期的に行う検査に区分して、計画的に実施すること。
（1）日常的に行う検査は、**別表4**『自主検査チェック票（日常）「火気関係」』及び**別表5**『自主検査チェック票（日常）「閉鎖障害等」』に基づき、各担当地区の火元責任者がチェックすること。
ア　「火気関係」のチェックは、使用後及び毎日終業時に行うこと。
イ　「閉鎖障害等」のチェックは、1日2回行うこと。
（2）定期的に行う検査は、**別表6**「自主検査チェック票（定期）」に基づき、各担当者区域の火元責任者等がチェックすること。

(防火管理者が実施する自主点検等)
第10条　防火管理者は、＿＿ケ月に＿＿回以上、火元責任者等と一緒に**別表4**及び**別表5**に基づく自主検査の実施状況を確認する。
2　建物の構造、防火・避難施設の機能等の検査は、年2回以上実施すること。
3　消防用設備等の自主点検は、**別表7**により、法定点検の合間に、年2回以上実施すること。

(消防用設備等の法定点検)
第11条　消防用設備等の法定点検は、＿＿＿＿＿＿＿に委託して**別表8**により行う。
2　防火管理者は、消防用設備等の法定点検を実施する場合には、必ず立ち会う。

第2節　点検結果の報告等

(点検結果の報告等)
第12条　自主点検及び法定点検の実施者は、その結果を定期的に防火管理者に報告しなければならない。ただし、点検結果に不備、欠陥があった場合は、速やかに防火管理者に報告しなければならない。
2　防火管理者は、不備、欠陥があると報告された内容については、速やかに管理権原者に報告する。
3　防火管理者は、不備、欠陥部分の改修について、管理権原著の指示を受けて改修計画を策定、その促進を図る。

第3節　火災予防措置

(火気の使用制限等)

第13条　防火管理者は、喫煙及び火気等の使用制限を行うものとする。
（１）喫煙できる場所
　喫煙できる場所は、次のとおりとする。
　　ア　休憩室
　　イ　談話室
（２）火気使用設備・器具が使用できる場所
　厨房及び給湯室以外では使用しない。
２　喫煙及び火気使用設備・器具の使用に関する注意事項は、次のとおりとする。
（１）火気使用設備・器具は指定された場所で使用するとともに、本来の目的以外には使用しないこと。
（２）火気使用設備・器具を使用する場合は、事前に器具等を点検してから使用すること。
（３）火気使用設備・器具を使用する場合は、周囲を整理・整頓し、可燃物に接近して使用しないこと。
（４）火気使用設備・器具を使用した後は、必ず点検を行い、安全を確認すること。
（５）喫煙場所以外では、喫煙しないこと。
（６）催物等のために一時的に火気を使用する場合には、あらかじめ防火管理者に連絡し承認を得ること。

（避難施設等における遵守事項）
第14条　防火管理者及び従業員等は、避難施設及び防火施設の機能を有効に保持するため、次の事項を遵守しなければならない。
（１）避難口、廊下、階段及び避難通路等の避難施設
　ア　避難の障害となる設備を設け、又は物品を置かないこと。
　イ　床面は避難に際して、つまづき、すべり等を生じないように維持すること。
　ウ　避難口等に設ける戸は、容易に解錠、開放できるものとし、開放した戸が廊下、階段等の幅員を避難上有効に確保できること。
（２）火災が発生したときの延焼防止又は有効な消防活動を確保するための防火施設
　ア　防火設備（防火戸）及び防火シャッターは、常時閉鎖できるようその機能を有効に保持し、かつ、閉鎖の障害となる物品を置かないこと。
　　なお、防火設備の開閉範囲とその他の部分とは色別しておくこと。
　イ　防火設備に接近して、延焼の媒介となる可燃性物品を置かないこと。
２　避難施設又は防火施設の機能を妨げるような物品等を発見した者は、直ちに除去しなければならない。
　なお、容易に除去できない場合は、速やかに防火管理者に報告しなければならない。

（避難経路図の管理）
第15条　防火管理者は、避難経路図を作成し、に提出するとともに、これを自衛消防隊員及び従業員に周知する。

（収容人員の管理）
第16条　防火管理者は、当該防火対象物の収容能力を把握し、過剰な人員が入場しないように従業員に徹底する。
２　一時的な催物等により、混雑が予想される場合には、避難通路の確保、避難誘導員の配置など必要な措置を図る。

第４節　工事中の安全対策

（工事中の安全対策）
第17条　防火管理者は、工事を行うときは、工事中の安全対策を策定する。
　また、次の各号に掲げる工事を行うときは、消防機関と相談し必要に応じ消防計画を作成（変更）し、消防機関に届け出るものとする。
（１）増築、改築等で建築基準法第７条の３に基づき特定行政庁に仮使用申請をしたとき。
（２）消防用設備の機能を停止あるいは著しく影響を及ぼす工事を行うとき。
２　防火管理者は、工事人に対して次の事項を遵守させるものとする。

（1）溶接や溶断等火気を使用する工事を行う場合は、事前に消火器等を準備、消火できる体制を整えて行う。
（2）防火管理者が指定した場所以外では、喫煙及び火気の使用は行わないこと。
（3）工事場所ごとに火気の使用責任者を定めること。
（4）危険物を持ち込む場合は、その都度、防火管理者の承認を受けること。
（5）放火を防止するため、資機材等を整理整頓すること。
（6）防火戸は通行以外は閉鎖し、防火シャッターの開放は最小限とし、その範囲を示すこと。
（7）その他防火管理者が指示すること。

第５節　放火防止対策

（放火防止対策）

第18条　防火管理者は、次の各号に留意し、放火防止対策に努めるものとする。
（1）建物の周囲及び廊下、階段室、トイレ等の可燃物を整理・整頓又は除去すること。
（2）物置及び倉庫等の鍵の管理と施錠を励行すること。
（3）出入口を特定し、出入りする人たちに対する呼びかけや監視を強化すること。
（4）アルバイトやパート等の従業員の明確化を行い、不法侵入者の監視を行うこと。
（5）外来者用トイレを従業員と共用するなど、監視を強化すること。
（6）監視カメラ等の設置による死角の解消及び不定期巡回による監視等を行うこと。
（7）火元責任者等及び最後に退社する者が、火気及び施錠の確認を行うこと。
（8）休日や夜間の巡回を励行すること。
（9）駐車場内の車両は、施錠すること。

第３章　自衛消防活動対策

（自衛消防隊の編成等）

第19条　火災その他の災害が発生した場合に、被害を最小限にとどめるため、自衛消防隊を編成する。

２　自衛消防隊の組織及び任務分担は、**別表９**及び**別表 10** のとおりとする。

（自衛消防隊の装備等）

第20条　自衛消防隊の装備は、次のとおりとする。
（1）
（2）
（3）

２　装備品の管理は、自衛消防隊長が管理すること。

（自衛消防隊の活動範囲）

第21条　自衛消防隊の活動範囲は、＿＿＿＿＿管理範囲内とする。

２　近接する防火対象物からの火災で延焼阻止活動が必要な場合又は応援要請があった場合には、自衛消防隊長の判断に基づき活動しなければならない。

第４章　休日、夜間の防火管理体制

（休日、夜間の火災予防管理）

第22条　休日、夜間等従業員の数が著しく少なくなる時間帯においては、あらかじめ巡回者及び巡回範囲を定めて巡回し、火災予防上の安全確保に努める。

（休日、夜間における自衛消防活動）

第23条　休日、夜間等従業員の少ない時間における自衛消防活動は、第 19 条で定める任務分担に基づき、在館する隊員が次の措置を行う。
（1）通報連絡

（２）初期消火
（３）避難誘導
（４）消防隊への情報提供
（５）緊急連絡網による関係者への連絡

第５章　震災対策

第１節　震災事前措置

（震災事前措置）
第24条　地震時の災害を予防するために、次の各号に掲げる措置を行わなければならない。
（１）窓ガラス、看板及び広告塔等の落下、飛散、倒壊を防止措置をすること。
（２）事務室等の棚、備品、器具、什器及び物品等の転倒、落下の防止措置をすること。
（３）火気使用設備・器具の上部及び周囲に、転倒落下のおそれのある物品、燃えやすい物品を置かないこと。
（４）火気使用設備・器具の自動消火装置、燃料の自動停止装置等の作動状況検査を行うこと。
（５）危険物等の転倒、落下、浸水等による発火防止及び送油管等の碰衝装置の検査を実施すること。

（非常用物品等の準備）
第25条　地震に備え、次に掲げる非常用物品を備蓄するとともに、定期的に点検整備を実施する。
（１）
（２）
（３）
（４）
（５）
（６）
２　前項の非常用物品は、防火管理者等が備蓄倉庫等に保管し、管理する。

※第２節は、大規模地震特別措置法、南海トラフ地震及び日本海溝・千島海溝型地震の特別措置法の指定地域事業所用です。

第２節　警戒宣言発令時の対策

（警戒宣言発令時の自衛消防組織）
第26条　警戒宣言が発令されたときの自衛消防隊は、**別表９**及び**別表 10** に定める任務を遂行しなければならない。

（休日、夜間における対応）
第27条　＿＿＿＿＿＿を中心に、在館者で**別表９**及び**別表 10** に定める任務を分担し行わなければならない。
２　別に定める緊急連絡表により必要な要員を招集しなければならない。
３　警戒宣言の発令を知ったときは、自主的に参集しなければならない。
４　招集における交通手段は、公共の交通機関を利用するものとする。

（従業員に対する警戒宣言発令の伝達等）
第28条　警戒宣言が発令された場合は、従業員に対して、放送設備を使用して速やかに伝達する。
２　自衛消防隊長は、避難誘導班に指定されている者を所定の配置につかせる。

（在館者に対する警戒宣言発令の伝達）
第29条　在館者等に対する警戒宣言発令の伝達は、避難誘導班の配置が完了したことを確認した後、放送設備により行わなければならない。

(誘導案内)
第30条　避難誘導姓は、携帯拡声器及びロープ等を携行し、所定の位置につき、適切な誘導、案内により混乱防止を図らなければならない。
2　避難誘導は、混乱の防止を図るため、避難階に近い階層から順次実施しなければならない。

(火気使用の中止等)
第31条　警戒宣言が発令されたときは、禁煙とし、火気使用設備・器具の使用も原則として中止する。
なお、やむを得ず火気を使用する際は、防火管理者の承認を得た後に、消火体制を講じたうえで最小限の使用とする。
2　危険物の取扱いは直ちに中止する。
なお、やむを得ず取り扱う場合は、防火管理者の承認を得て、出火防止等の対策を講じるものとする。
3　エレベーターは、地震時管制運転装置付き以外のものは、運転を停止するものとする。

(従業員が行う被害防止措置)
第32条　警戒宣言が発令された場合、従業員は、事務所内の被害を防止するために　次の各号に定める措置を行わなければならない。
(1) 照明器具（吊り下げ式）等の固定
(2) 事務機器の転倒、落下防止
(3) 窓ガラス等の破損、散乱防止
(4) 避難通路の確保、非常口の開放等
(5) 初期消火用の水の確保
(6) 非常持出品の準備

(時差退社等)
第33条　警戒宣言発令時は時差退社とし、周辺の混乱を防止するために、公共の交通横関を利用する。

第3節　震災対策

(震災時従業員の初期対応)
第34条　地震が発生した場合は、身の安全を守ることを最優先とし、次の初期対応を行わなければならない。
(1) 火気使用設備・器具の直近にいる従業員は、元栓、器具栓の閉止又は電源の遮断を行い、各火元責任者はその状況を確認し、防火管理者等に報告すること。
(2) ボイラー担当者は、ボイラーの使用停止と燃料バルブ等の閉鎖を行うこと。
(3) 全従業員で周囲の機器や物品等の転倒、落下等の有無を確認し、異常があった場合は防火管理者等に連絡すること。
(4) 火元責任者等は、建物、火気使用設備・器具、危険物施設等について点検を実施し、その結果を防火管理者等に報告すること。
なお、異常が認められた場合は応急措置を行うこと。
(5) 防火管理者は、前各号による被害の状況等を把握すること。
(6) 火気使用設備・器具は、安全が確認された後に使用すること。

第4節　地震時の活動

(地震時の活動)
第35条　地震時の活動は、前条及び自衛消防活動によるほか、次の事項を実施するものとする。
(1) 情報収集・伝達活動
通報連絡粧は、テレビ、ラジオ等により地震情報の収集を行い、周辺の状況を把握すること。
(2) 救出・救護
ア　救出救護については、応急救護班が中心となり、他の自衛消防隊員と協力して実施すること。
イ　負傷者が発生した場合には、応急手当を行うとともに、負傷程度に応じ、応急救護所、医療機関に搬送すること。

ウ　地震の規模により、消防隊等による救出に時間がかかる場合には、救出資器材を活用して救助作業を実施すること。

（３）避難誘導活動

ア　避難誘導班は、在館者等を落ち着かせ、自衛消防隊長から避難命令があるまで、照明器具等の落下に注意しながら、柱回りや壁ぎわ等の安全な場所で待機させること。

イ　避難は、防災関係機関の避難命令又は自衛消防隊長の指示により行うこと。

ウ　在館者等を広域避難場所（〇〇公園）まで避難誘導を行う場合は、事前に順路、道路状況、地域の被害状況について説明をすること。

エ　避難誘導を行う場合は、先頭と最後尾に避難誘導班員を配置し、避難者の安全に十分注意しながら誘導すること。

オ　避難する際は、車両等を使用せず全員徒歩により行うこと。

カ　避難する際は、分電盤を遮断すること。

キ　避難誘導は、避難誘導担当と協力して行うものとする。

（４）避難路の確保

安全防護班は、避難者の安全を確保するために、避難通路に落下、転倒、倒壊した物品の除去を行うこと。

第６章　防災教育及び自衛消防訓練

第１節　防災教育等

（防災教育の実施時期等）

第36条　防災教育は、毎日の朝礼時又は就業時に実施するほか次表の区分に従い計画事項、計画内容、実施回数を定める。

計画事項	計画内容	実施回数
従業員に対する教育	1　防火管理機構の周知徹底 2　防火管理上の遵守事項 3　各従業員の防火管理に関する任務及び責任の周知徹底 4　その他火災予防上必要な事項（火災予防及び消火に関する実務知識）	年２回以上
新任者に対する教育	1　防火管理機構の周知徹底 2　防火管理上の遵守事項 3　各従業員の防火管理に関する任務及び責任の周知徹底 4　安全な作業に関する基本的事項 5　消防計画の周知徹底 6　その他火災予防上必要な事項（火災の現象、消火器の原理、避難の要領等）	採用時１回

（各種防火管理講習等）

第37条　防火管理者は、消防機関が実施する各種防火管理講習及び講演会等に積極的に参加するとともに、従業員に対する防火講演等を随時開催する。

２　防火管理者は、防火管理再講習を期限内に受講しなければならない。

第２節　自衛消防訓練

（自衛消防訓練の種別等）

第38条　防火管理者は、次表により計画的に自衛消防訓練を実施するものとする。

２　総合訓練は、努めて大規模地震を想定した内容を加味する。

３　ビル全体で実施する訓練にも参加する。

４　訓練指導者はとし、訓練時における事故防止及び安全対策の確立を図る。

訓練の種別	実施時期
消火訓練	月　　　月
通報訓練	月　　　月
避難訓練	月　　　月
総合訓練	月　　　月

（消防機関への通報）

第39条　防火管理者は、前条に掲げる自衛消防訓練を実施しようとするときは、事前に消防機関に通報するか、又は、消防訓練実施計画報告書により届出すること。

また、訓練を実施した結果は消防訓練実施結果報告書により届出すること。

2　防火管理者は、自衛消防訓練の実施結果を確認し、その結果を日常の防火管理体制及び次回に実施する自衛消防訓練に反映させなければならない。

附　則

この計画は、平成＿＿年＿＿月＿＿日から施行する。

別表１

防火管理業務の委託状況表

（　　　　年　　月　　日 現在）

<table>
<tr><td rowspan="4">防火対象物</td><td>名称</td><td colspan="3">用途（　　　　　　）</td></tr>
<tr><td>所在地</td><td colspan="3">電話（　　）　－</td></tr>
<tr><td>管理権原者氏名</td><td colspan="3"></td></tr>
<tr><td>1
委託する対象物の区分</td><td colspan="3">□　全域
□　一部
〔　　　　　　　　　〕</td></tr>
<tr><td rowspan="8">受託者</td><td rowspan="3">2
法人等</td><td>名称（氏名）</td><td colspan="2"></td></tr>
<tr><td>所在地（住所）</td><td colspan="2">電話（　　）　－</td></tr>
<tr><td>代表者氏名</td><td colspan="2"></td></tr>
<tr><td rowspan="5">3
防災教育担当者</td><td>氏名</td><td colspan="2"></td></tr>
<tr><td>職務上の地位</td><td colspan="2"></td></tr>
<tr><td>交付年月日及び番号</td><td colspan="2">年　　月　　日　第　　号</td></tr>
<tr><td rowspan="2">担当事務所</td><td>名称</td><td></td></tr>
<tr><td>所在地</td><td>電話（　　）　－</td></tr>
</table>

<table>
<tr><td rowspan="6">委託の方式及び受託者の行う防火管理業務の範囲・方法</td><td rowspan="2">4
□常駐方式</td><td>5
範囲</td><td>□ 火気使用箇所の点検等監視業務
□ 避難又は防火上必要な構造及び設備の維持管理
□ 火災等が発生した場合の初動措置（初期消火、通報連絡、避難誘導等）
□ 周囲の可燃物管理
□ その他（　　　　　　　　　　　　　　　　　　　　　）</td></tr>
<tr><td>方法</td><td>6
常駐時間及び人員
営業日等　　時　　分～　　時　　分　営業時間内（　　）人／営業時間外（　　）人
上記以外　　時　　分～　　時　　分　（　　）人
7
常駐場所（　　　　　　　　　　　　　　　　　　　　　）</td></tr>
<tr><td rowspan="2">4
□巡回方式</td><td>5
範囲</td><td>□ 巡回による火気使用箇所の点検等監視業務
□ 火災等を発見した場合の初動措置（初期消火、通報連絡、避難誘導等）
□ 周囲の可燃物管理
□ その他（　　　　　　　　　　　　　　　　　　　　　）</td></tr>
<tr><td>方法</td><td>8
巡回時間回数及び人員
営業日等　　時　　分～　　時　　分
→ 営業時間内（　　）時間に１回の割合で（　　）人巡回
　 営業時間外（　　）時間に１回の割合で（　　）人巡回
上記以外　　時　　分～　　時　　分
（　　）時間に１回の割合で（　　）人巡回
9
巡回要員待機場所（　　　　　　　　　　　　　　　　　）</td></tr>
<tr><td rowspan="2">4
□遠隔移報方式</td><td>5
範囲</td><td>□ 火災等異常の遠隔監視及び現場確認業務
□ 火災等が発生した場合の初動措置（初期消火、通報連絡、避難誘導等）
□ 関係者への通報
□ その他（　　　　　　　　　　　　　　　　　　　　　）</td></tr>
<tr><td>方法</td><td>10
遠隔移報警備時間及び人員
営業日等　　時　　分～　　時　　分（　　）人
上記以外　　時　　分～　　時　　分（　　）人
11
現場確認要員待機場所（　　　　　　　　　　　　　　　）
12
到着確認所要時間（　　　　　　　　　　）分</td></tr>
<tr><td colspan="2">13
特記事項</td><td colspan="2"></td></tr>
</table>

別表２

防火管理委員会構成員名簿

	役　　職	氏　　名	電話番号
会　長			
副会長			
防火管理者			

構　成　員				
番　号	役　　職	氏　　名	使用階	電話番号

別表３

日常の火災予防の担当者と日常の注意事項

防　火　管　理　者				役職・氏名			
火元責任者		火気責任者		火元責任者		火気責任者	
担当区域	氏　名	担当区域	氏　名	担当区域	氏　名	担当区域	氏　名
地下１階				5　階			
				6　階			
1　階				7　階			
2　階							
3　階							
4　階							

担　当　者　の　任　務	
防火管理者	・当該施設の防火管理業務の統括責任を負う。 ・火元責任者と火気責任者に対し指導監督を行う。
火元責任者	・担当区域の火災予防について責任を持つとともに、火気責任者に対し指導監督を行う。 ・防火管理者の補佐を行う。
火気責任者	・担当区域の火災予防について「自主検査チェック票」などに基づきチェックし、防火管理者に報告する。

従業員等の注意事項
1　消火器、屋内消火栓などが設置してある場所や階段、通路、出入口などの周辺には物品を置かないこと。 2　防火戸の付近には、閉鎖の障害となる物品を置かないこと。 3　火気設備器具の周辺は、よく整理整頓、燃えるものを接して置かないこと。 4　休憩室、事務室などから最後に出る人は、必ず火の始末をすること。 5　従業員、職員等の喫煙は、指定された場所で行い、必ず吸殻入れを用いて喫煙すること。 6　死角となる廊下、階段室、トイレなどに燃えるものを置かないこと。 7　危険物品等を使用するときは、防火管理者の承認を得ること。 8　異常事態が発生したときは、必ず防火管理者に報告すること。 9　喫煙場所などの吸殻入れ、通路のゴミ入れを確認するほか、吸殻は不燃性の蓋付き水入り容器に入れるなどして処分すること。 10　建物内外の整理整頓を行い、ゴミやダンボール箱など燃えやすいものは、決められた時間以外は、外に出さないこと。 11　電気、ガスなどの火気設備器具のスイッチを切り、各室の安全を確かめた後に施錠すること。 12　火気責任者は、担当区域の火気の状況を責任を持って管理すること。 13　その他
（1）シンナーや塗料など火災予防上危険な物品は、持ち込ませないこと。
（2）避難通路上へのはみ出し陳列（ワゴン、平台、ハンガーなど）は、行わないこと。
（3）裸火の使用又は危険物品を持ち込むときは、防火管理者の承認を得ること。
（4）店内で、喫煙しているお客を発見した場合は、直ちに制止すること。

別表4

自主検査チェック票（日常）［火気関係］

＿＿月

実施責任者	火気責任者	担当区域	

日	曜日	実施項目						
		ガス器具のホース老化・損傷	電気器具の配線老化・損傷	火気設備器具の異常の有無	吸殻の処理	倉庫等の施錠確認	終業時の火気の確認	その他（共用部分の可燃物の有無）
1								
2								
3								
4								
5								
6								
7								
8								
9								
10								
11								
12								
13								
14								
15								
16								
17								
18								
19								
20								
21								
22								
23								
24								
25								
26								
27								
28								
29								
30								
31								

（備　考）不備・欠陥がある場合には、直ちに防火管理者に報告します。
（凡　例）○…良　　×…不備　　△…即時改修

防火管理者確認	

別表５

自主検査チェック票（日常）［閉鎖障害等］

実施責任者		火気責任者			担当範囲		階			
実施日時			／	時	／	時	／	時	／	時
実施項目		確認個所	チェック状況		チェック状況		チェック状況		チェック状況	
避難障害	避難口									
	廊下 避難通路									
	階段									
閉鎖障害	防火設備 (戸)、防火 シャッター									
操作障害等	屋内消火栓									
	自火報	受信機電源スイッチ								
備　考										

（備　考）不備・欠陥がある場合には、直ちに防火管理者に報告します。
（凡　例）○…良　　×…不備　　△…即時改修
チェック状況には、不備等があった場合に、不備事項等を記入します。

防火管理者 確認	

自主検査チェック票（定期）

別表６

検査実施者氏名	検査実施日	検査実施者氏名	検査実施日	防火管理者確認
構造関係 ＿＿＿＿＿＿ 防火関係 ＿＿＿＿＿＿ 避難関係 ＿＿＿＿＿＿	年　月　日 年　月　日 年　月　日	火気設備器具 ＿＿＿＿＿ 電気設備 ＿＿＿＿＿ 危険物施設 ＿＿＿＿＿	年　月　日 年　月　日 年　月　日	

実施項目及び確認個所			検査結果
建物構造	（1）基礎部	上部の構造体に影響を及ぼす沈下・傾き・ひび割れ・欠損等はないか。	
	（2）柱・はり・壁・床	コンクリートに欠損・ひび割れ・脱落・風化等はないか。	
	（3）天井	仕上材にはく落・落下のおそれのあるたるみ・ひび割れ等はないか。	
	（4）窓枠・サッシ・ガラス	窓枠･サッシ等には、ガラス等の落下、又は枠自体のはずれのおそれのある腐食、ゆるみ、著しい変形等がないか。	
	（5）外壁（貼石・タイル・モルタル・塗壁等）・ひさし・パラペット	貼石・タイル・モルタル等の仕上材に、はく落・落下のおそれのあるひび割れ・浮き上がり等が生じていないか。	
	（6）屋外階段	各構成部材及びその結合部に、ゆるみ・ひび割れ・腐食・老化等はないか。	
	（7）手すり	支柱が破損・腐食していないか。取付部にゆるみ・浮きがないか。	
	（8）消防隊非常用侵入口は表示されているか。また、進入障害はないか。		
防火施設	（1）外壁の構造及び開口部等	① 外壁の耐火構造等に損傷はないか。 ② 外壁の近く及び防火戸の内外に防火上支障となる可燃物の堆積及び避難の障害となる物品等を置いていないか。 ③ 防火戸は円滑に開閉できるか。	
	（2）防火区画	① 防火区画を構成する壁、天井に破損はないか。 ② 階段内に配管、ダクト、電気配線などが貫通していないか。 ③ 自動閉鎖装置（ドアチェック等）付の防火戸等のくぐり戸が最後まで閉まるか。 〔確認要領・常時閉鎖式は最大限まで開放して閉まるのを確認する。 ・煙感知器連動閉鎖式は、防火戸を止めているマグネット等を手動により外し自動的に閉鎖するのを確認する。〕 ④ 防火シャッターの降下スイッチを作動させ、防火シャッターが最後まで降下するか。 ⑤ 防火戸・防火シャッターが閉鎖した状態で、隙間が生じていないか。 ⑥ 防火ダンパーの作動状況は良いか。	
避難施設	（1）廊下・通路	① 有効幅員が確保されているか。 ② 避難上支障となる物品等を置いていないか。	
	（2）階段	① 手すりの取り付け部の緩みと手すり部分の破損がないか。 ② 階段室の内装は不燃材料になっているか。 ③ 階段室に設備・機器等の障害物を設置していないか。 ④ 非常用照明がバッテリーで点灯するか。	
	（3）避難階の避難口（出入口）	① 扉の開放方向は避難上支障ないか。 ② 避難扉の内部から容易に開けられるか。 ③ 避難階段等に通ずる出入口の幅は適切か。 ④ 避難階段等に通ずる出入口・屋外への出入口の付近に障害物はないか。	
火気使用設備・器具	（1）厨房設備（大型レンジ、フライヤー等）ガスコンロ、湯沸器	① 可燃物からの保有距離は適正か。 ② 異常燃焼時に安全装置は適正に機能するか。 ③ ガス配管は亀裂、老化、損傷していないか。 ④ 油脂分を発生する器具の天蓋及びグリスフィルターは清掃されているか。 ⑤ 排気ダクトの排気能力は適正か。また、ダクトは清掃されているか。 ⑥ 燃焼器具の周辺部に炭化しているところはないか。	
	（2）ガスストーブ、石油ストーブ	① 自動消火装置は適正に機能するか。 ② 火気周囲は整理整頓されているか。	
電気設備	（1）変電設備	① 電気主任技術者等の資格を有する者が検査を行っているか。 ② 変電設備の周囲に可燃物を置いていないか。 ③ 変電設備に異音、過熱はないか。	
	（2）電気器具	① タコ足の接続を行っていないか。 ② 許容電流の範囲内で電気器具を適正に使用しているか。	
危険物施設	（1）少量危険物貯蔵取扱所	① 標識は掲げられているか。 ② 掲示板（類別・数量等）には、正しく記載されているか。 ③ 換気設備は適正に機能しているか。 ④ 容器の転倒、落下防止措置はあるか。 ⑤ 整理掃除状況は適正か。 ⑥ 危険物の漏れ、あふれ、飛散はないか。 ⑦ 屋内タンク、地下タンクの場合に、通気管のメッシュに亀裂等はないか。	
	（2）指定可燃物貯蔵取扱所	① 標識は掲げられているか。 ② 貯蔵取扱周囲に火気はないか。 ③ 整理整頓（集積）の状況は良いか。	

（備　考）不備・欠陥がある場合には、直ちに防火管理者に報告します。
（凡　例）○…良　　×…不備　　△…即時改修

別表７

消防用設備等自主点検チェック票

検査実施者氏名		防火管理者確認	

	実施設備	確　　認　　項　　目	点検結果
消火設備	消火器 （　　年　　月　　日実施）	・階ごと、定められた場所に配置されているか。 ・変形、損傷等の異常はないか。 ・周囲に障害物がなく容易に使用できるようになっているか。 ・適応する消火器が設置されているか。 ・標識は適正な位置につけられているか。	
	屋内消火栓設備 （　　年　　月　　日実施）	・扉の開閉を妨げる物品等はないか。 ・ホース、ノズルに異常はなく漏水していないか。 ・表示灯は点灯し、容易に確認することができるか。 ・ポンプの周囲は整理されているか。 ・制御盤の電源はしゃ断されていないか。	
	スプリンクラー設備 泡消火設備 （　　年　　月　　日実施）	・ヘッドの周囲に障害物はないか。 ・ヘッドの変形・腐食・漏水はないか。 ・間仕切変更等によるヘッドの未警戒部分はないか。 ・圧力計の指示圧力は適正か。 ・送水口周囲に障害物はないか。 ・ポンプの周囲は整理されているか。 ・制御盤の電源はしゃ断されていないか。	
	二酸化炭素ハロゲン化物粉末消火設備 （　　年　　月　　日実施）	・ヘッドの変形・破損はないか。 ・起動装置の周囲に操作の障害物はないか。 ・ボンベ室は漏水・異常高温となっていないか。 ・操作等の説明標識はついているか。 ・ポンプの周囲は整理されているか。 ・制御盤の電源はしゃ断されていないか。 ・移動式ホース及びノズルに破損、亀裂、操作障害はないか。	
警報	自動火災報知設備 （　　年　　月　　日実施）	・感知器の変形、破損はないか。 ・間仕切変更等による感知器の未警戒部分はないか。 ・発信機の周囲に障害物はないか。 ・表示灯は点灯し、容易に確認することができるか。 ・受信機の電源はしゃ断されていないか。 ・主ベル又は地区ベルは停止位置になっていないか。 ・火災表示・回路導通試験は正常か、警戒区域図はあるか。	

設備	ガス漏れ火災警報設備 （　　年　　月　　日実施）	・検知器・中継器の変形・損傷はないか。 ・受信機の電源はしゃ断されていないか。 ・ガス漏れ表示・回路導通試験は正常か、警戒区域図はあるか。	
	漏電火災警報機 （　　年　　月　　日実施）	・変流器に変形・損傷はないか。 ・受信機の電源はしゃ断されていないか。 ・音響装置は停止されていないか。	
	非常警報器具又は 非常警報設備 （　　年　　月　　日実施）	・サイレン・放送の音量は十分か。 ・電源に異常、しゃ断はされていないか。 ・放送設備の階選択・一斉放送等の操作機能は正常か。	
避難設備	避難器具 （　　年　　月　　日実施）	・操作場所及び降下場所の周囲に十分空間がとられているか。 ・操作場所の窓は容易に開放できるか。 ・降下空間の途中に看板等の障害物はないか。 ・本体の変形・破損等はないか。	
	誘導灯 誘導標識 （　　年　　月　　日実施）	・標識・パネルの表面に破損がなく、点灯しているか。 ・非常電源に異常はないか。 ・照明器具・装飾品等で見えにくくなっていないか。	
消防用水・消火活動上必要な施設	排煙設備 （　　年　　月　　日実施）	・垂れ壁・可動壁の作動障害はないか。 ・排煙口近くに排煙を妨げる物品等はないか。 ・手動操作箱に変形・破損はないか。 ・制御盤の電源はしゃ断されていないか。	
	連結散水設備 （　　年　　月　　日実施）	・ヘッドの周囲に障害物はないか。 ・ヘッドの変形・破損・漏水はないか。 ・送水口付近のバルブの開閉は表示どおりとなっているか。 ・送水口付近に障害物がなく、放水区域表示図があるか。	
	連結送水管 （　　年　　月　　日実施）	・各階の放水口のバルブからの漏水はないか。 ・扉の開閉を妨げる物品はないか。 ・放水口の付近に障害物がなく、基準階段図はあるか。 ・放水用器具は収納されているか。	
	非常コンセント設備 （　　年　　月　　日実施）	・保護箱周囲に障害物はないか。 ・蓋は容易に全開できるか。 ・表示灯は点灯しているか。 ・コンセントの変形・損傷はないか。	

（備　考）不備・欠陥がある場合には、直ちに防火管理者に報告します。
（凡　例）○…良　　×…不備・欠陥　　△…即時改修

別表８

消防用設備等点検計画表

消火設備	□ 消火器・簡易消火器具　□ 屋内消火栓設備　□ スプリンクラー設備 □ 水噴霧消火設備　□ 泡消火設備　□ 不活性ガス消火設備 □ ハロゲン化物消火設備　□ 粉末消火設備　□ 屋外消火設備 □ 動力消防ポンプ設備 □ 防火安全性能を有する設備等 （例…パッケージ型消火設備、共同住宅用スプリンクラー設備など）
警報設備	□ 自動火災報知設備　□ ガス漏れ火災警報設備　□ 漏電火災警報器 □ 消防機関へ通報する火災報知設備　□ 非常警報器具及び非常警報設備 □ 防火安全性能を有する設備等 （例…特定小規模施設用自動火災報知設備、共同住宅用警報設備など）
避難設備	□ 避難器具　□ 誘導灯及び誘導標識
消防用水	□ 消防用水
消火活動に必要な施設	□ 排煙設備　□ 連結散水設備　□ 連結送水管 □ 非常コンセント設備　□ 無線通信補助設備 □ 防火安全性能を有する設備等 （例…共同住宅用連結送水管、共同住宅用非常コンセント設備）
非常電源・配線	□ 非常電源専用受電設備　□ 蓄電池設備　□ 自家発電設備 □ 燃料電池設備　□ 配線

（備考）該当する項目の□にレ印を付すること。

機器点検＿＿＿＿月と＿＿＿＿月（配線を除く）

総合点検＿＿＿＿月（消火器及び簡易消火器具、消防機関へ通報する火災報知設備、誘導灯及び誘導標識、消防用水、非常コンセント設備、無線通信補助設備を除く）

別表９

自衛消防隊の編成と任務（本部隊）［平常・休日夜間］

自衛消防隊本部長　（　　　　　　　　　　）（自衛消防隊に対する指揮、命令、監督等を行う。）
自衛消防隊長　　　（　　　　　　　　　　）（自衛消防隊本部長が不在の場合は、その任務を代行する。）
自衛消防副隊長　　防火管理者　　　　　　　（隊長を補佐し、隊長が不在時は、その任務を代行する。）

本部隊の編成	火災（災害）時の任務	警戒宣言が発せられた時の任務
指揮班 班長 （　　　　　） （　　　　　） （　　　　　） （　　　　　）	1　隊長、副隊長の補佐 2　自衛消防本部の設置 3　消防隊への命令の伝達及び情報収集 4　消防隊への情報の提供及び災害現場への誘導 5　その他指揮統制上必要な事項	1　報道機関等により警戒宣言発令に関する情報を収集し、本部長に連絡する。 2　周辺地域の状況を把握する。 3　放送設備、掲示版、携帯拡声器等により在来者に対する周知を図る。 4　食料品、飲料水、医薬品等及び防災資器材の確認をする。 5　在館者の調査 6　その他
通報連絡班 班長 （　　　　　） （　　　　　） （　　　　　）	1　消防機関への通報及び通報の確認 2　館内への非常通報及び指示命令の伝達 3　関係者への連絡（緊急連絡一覧表による。）	
消火班 班長 （　　　　　） （　　　　　） （　　　　　）	1　出火階に直行し、屋内消火栓による消火作業に従事（出火場所へ直行して屋外消火栓で消火作業を行う。） 2　地区隊が行う消火作業への指揮指導 3　消防隊との連携及び補佐	建物構造、防火・避難設備、電気、ガス、エレベーター、消防用設備等、危険物の点検及び保安の措置を講ずる。
避難誘導班 班長 （　　　　　） （　　　　　） （　　　　　）	1　出火階及び上層階に直行し、避難開始の指示命令の伝達 2　非常口の開放及び開放の確認 3　避難上障害となる物品の除去 4　未避難者、要救助者の確認及び本部への報告 5　ロープ等による警戒区域の設定	混乱防止を主眼として、退館者の案内及び避難誘導を行う。
安全防護班 班長 （　　　　　） （　　　　　） （　　　　　） （　　　　　）	1　火災発生地区へ直行し、防火シャッター、防火戸、防火ダンパー等の閉鎖 2　非常電源の確保、ボイラー等危険物施設の供給運転停止 3　エレベーター、エスカレーターの非常時の措置	上記の消火班の任務と同様とする。
応急救護班 班長 （　　　　　） （　　　　　）	1　応急救護所の設置 2　負傷者の応急処置 3　救急隊との連携、情報の提供	上記の指揮班と通達連絡班の任務に同様の他、救出資機材等の確認をする。

別表 10

自衛消防隊の編成と任務（地区隊）［平常・休日夜間］

地区隊長	担当区域の初動措置の指揮体制を図るとともに自衛消防隊長（本部）への報告連絡を行う。

地区隊の編成

- 自衛消防隊本部長（　　）― 自衛消防隊長（　　）― 自衛消防隊副隊長（防火管理者）― 本部隊
  - 1階　地区隊長（　　）
    - 通報連絡担当（　　）
    - 消火担当（　　）（　　）
    - 避難誘導担当（　　）（　　）
    - 安全防護担当（　　）
    - 救護担当（　　）
  - 2階　地区隊長（　　）
    - 通報連絡担当（　　）
    - 消火担当（　　）（　　）
    - 避難誘導担当（　　）（　　）
    - 安全防護担当（　　）
    - 救護担当（　　）
  - 3階　地区隊長（　　）
    - 通報連絡担当（　　）
    - 消火担当（　　）（　　）
    - 避難誘導担当（　　）（　　）
    - 安全防護担当（　　）
    - 救護担当（　　）
  - 　階　地区隊長（　　）
    - 通報連絡担当（　　）
    - 消火担当（　　）（　　）
    - 避難誘導担当（　　）（　　）
    - 安全防護担当（　　）
    - 救護担当（　　）

	火災（災害）時の任務	警戒宣言が発せられた場合の任務
通報連絡担当	防災センターへの通報及び隣接各室への連絡	テレビ、ラジオ等により情報を収集する。
消火担当	消火器等による初期消火及び本部隊消火班の補助	担当区域の転倒、落下防止措置を講ずる。
避難誘導担当	出火時における避難者の誘導	本部の指揮により、避難誘導を行う。
安全防護担当	水損防止、電気、ガス等の安全措置及び防火戸、防火シャッターの操作	消火担当の任務に同じ。
救護担当	負傷者に対する応急処置	危険個所の補強、整備を行う。

一般用消防計画作成例　（乙種防火対象物用）

（　　　　　　　消防計画）

（目的）

1．この計画は、火災等の予防及び人命の安全並びに被害の軽減を図ることを目的とする。

（適用範囲）

2．この計画は、○○に勤務し、出入りするすべての関係者に適用する。

（管理権原著）

3．管理権原著は、事業所内の防火管理業務について、すべての責任を持つ。
なお、階段や通路等の共用部分等の管理についても、責任を持つ。

②　管理権原者は、ビル全体の安全性を高めることに努める。

（防火管理者）

4．防火管理者は、この計画の作成及び実行に関するすべての権限を持って業務を行う。

（消防機関への連絡等）

5．管理権原者又は防火管理者等は、次の各号に掲げる業務について届出、報告及び連絡を行う。

（1）防火管理者選任（解任）届出
（2）消防計画作成（変更）届出
（3）防火対象物の点検結果報告書
（4）消防用設備等点検結果報告書
（5）消防訓練実施の連絡
（6）工事中の消防計画
（7）その他

（防火管理資料の保管等）

6．防火管理者は、前条で報告又は届け出た書類等の写し、その他防火管理業務に必要な書類等を一括して編冊し、保管する。

（火災予防上の自主検査等）

7．火災予防上の自主検査等は、火元責任者又は防火管理者が指定する者が、**別表3**及び**別表4**に基づき実施すること。

②　検査実施者は、検査の結果を定期的に防火管理者に報告すること。

（消防用設備等の法定点検）

8．消防用設備等の法定点検は、次に示す点検業者に委託して、点検実施計画に基づき実施する。

設備名		点検時期	機器点検 月 月
点検委託業者	tel		総合点検 月

② 防火管理者は、消防用設備等の点検を実施するときは立ち会うこと。
③ 点検の結果は、防火管理者が管理権原者に報告し、不備事項については、改修計画を早期に作成し整備すること。
④ 点検結果の記録は、防火管理台帳に編冊しておくこと。

（従業員等の守るべき事項）
9．避難口、階段、避難通路等に、避難障害となる設備を設けたり、物品を置かないこと。
② 防火戸の付近には、常に閉鎖の障害となる物品を置かないこと。
③ 喫煙は、指定された場所で行う。
④ 火気使用設備・器具を使用する場合は、周囲を整理、整頓し、可燃物に接近して使用しないこと。

（工事中の防火管理）
10．防火管理者は、模様替え等の工事を行うときは、工事人に対して次のことを行うよう指示すること。
（1）工事計画書を事前に提出すること。
（2）溶接や溶断を行う場合は、事前に消火器等を準備し、消火できる体制ですること。
（3）指定した場合以外では、喫煙及び火気の使用は行わないこと。
（4）工事場所ごとに火気の使用責任者を定めること。
（5）危険物を持ち込む場合は、その都度、防火管理者の承認を受けること。
（6）放火を防止するため、資機材等を整理、整頓すること。
（7）その他火災予防上必要な事項

（放火防止対策）
11．次の各号に留意し、放火防止対策を講じる。
（1）建物の外周部及び敷地内にはダンボール等の可燃物を放置しない。
（2）物置及び倉庫等の施錠を励行する。
（3）終業時には、火気及び施錠の確認を行う。
（4）挙動不審者を見かけたら、防火管理者に報告する。
（5）ゴミ類は、ゴミ収集日の朝に、ゴミ集積場に出すこと。

（自衛消防隊の編成及び任務等）
12．自衛消防隊の組織を**別表 10** のとおり定める。

（震災対策）
13．防火管理者は、地震時の災害を防止するため、日頃から備品、物品物の転倒、落下防止措置を講じ、負傷又は避難に支障が生ずることがないようにしておくこと。
② 地震時、防火管理者又は従業員は、身の安全を守ることを最優先に、すべての火気使用設備・器具の使用を停止すること。
③ 火気使用設備・器具の直近にいる　○○は、電源及び燃料の遮断等を行い、防火管理者に状況を報告すること。
④ 従業員及び来館者を広域避難場所（富士見公園一帯）まで避難誘導する場合は、順路、道路状況、地域の被害状況等について説明し、身の安全を図りながら、全員徒歩で避難する。
⑤ 避難する際は、分電盤を遮断すること。
⑥ 避難誘導は、協議事項に基づき、各事業所の避難誘導係と協力して行うこと。

※ 14 は、大規模地震特別措置法、南海トラフ地震及び日本海溝・千島海溝型地震の特別措置法の指定地域事業所用です。

（警戒宣言発令時の対応）
14．防火管理者は、警戒宣言が発せられた旨を事業所内に連絡する。

② 防火管理者は、今後の営業等の方針を連絡する。
③ 防火管理者等は、火気の使用禁止、施設及び設備の点検を実施し、被害の発生防止措置等を実施する。

（防災教育）
15. 防火管理者は、従業員、新入社員及びパート社員等に対して計画的に防災教育を実施する。
② 防災教育の内容は、概ね次の各号に掲げるものとする。
（1）消防計画について
（2）従業員等が守るべき事項について
（3）火災発生時及び地震発生時の対応について
（4）その他火災予防上必要な事項について

（消防訓練）
16. 防火管理者は、次により消防訓練を実施する。
ただし、消火訓練、避難訓練は年２回以上実施する。
（1）総合訓練　　月　　月
（2）部分訓練　　月　　月
② 総合訓練は、努めて大規模地震を想定した内容を訓練に加味するものとする。
③ 訓練を実施する場合は、事前に消防機関に実施内容を報告するものとする。

※防火管理の業務の一部を外部に委託している場合は、次の 17 を追加する。
（防火管理業務の一部委託）
17. 防火管理業務の一部をに委託する。
② 委託方式及び受託者が行う防火管理業務の範囲と方法は、**別表１**のとおりとする。
③ 委託を受けて防火管理業務に従事するものは、管理権原者、防火管理者等の指示、命令を受けて適正に業務を実施するものとする。

附　則
この計画は、平成____年____月____日から施行する。

※別表は前「甲種防火対象物用消防計画」を参考にしてください。

全体の消防計画作成例

（統括防火管理者の選任が必要となる対象物の「建物全体の消防計画作成例」）

注　▲箇所は、該当する場合に記載するものです。

第1章　総　則

第1節　計画の目的及び適用範囲等

（目　的）

第1条　この計画は、消防法第8条の2第1項に基づき、○○ビル全体の防火管理についての必要な事項を定め、火災の予防及び火災、地震、その他災害（以下「火災等」という。）による人命の安全及び被害の軽減を図ること目的とする。

（適用範囲）

第2条　この計画に定めた事項については、次の者及び部分に適用する。

（1）　○○ビル内に勤務し、出入りするすべての者

▲（2）　○○ビルの防火管理上必要な業務（以下「防火管理業務」という。）を受託している者

2　この計画を適用する範囲は、本建物及び敷地内のすべてとする。

（管理権原の及ぶ範囲）

第3条　管理権原の及ぶ範囲は、別図1のとおりとする。

なお、各事業所の消防計画においてもその範囲を明記するものとする。

2　各事業所（テナント）の管理権原者は、防火管理の実態を把握し、防火管理者に防火管理業務を適切に行わせなければならない。

第2節　管理権原著の責務等

（各管理権原者の責務）

第4条　各管理権原音は、この計画を遵守し、建物全体についての安全性を高めるように努め、次の事項について責務を有する。

（1）　管理権原者間の協議により、建物全体の防火管理業務を適正に遂行できる権限と知識を有する者を統括防火管理者に選任（解任）すること。

（2）　統括防火管理者に、建物全体についての消防計画の作成その他建物全体の防火管理業務を行わせること。

（3）　統括防火管理者を選任（解任）した場合、消防機関へ届け出ること。

（4）　統括防火管理者の届出などの消防機関との連絡等防火管理上必要な事項を行うとともに、相互に意志の疎通を図り、建物全体の安全性の確保に努めること。

（5）　建物の全体の防火管理業務の実施体制を確立し、維持すること。

（6）　火災等が発生した場合、自衛消防活動の全般についての責任を共同して負うこと。

（7）　火災等発生の情報を受けた場合、自衛消防本部の設置を自衛消防隊長に指示すること。

▲（8）一部委託した防火管理業務が確実に遵守されるように相互に協力すること。

★　法令上、統括防火管理者の選任に係る協議の方法は任意であることから、建物全体の防火管理に関する事項について協議を図る場合は、組織や会議等の設置が想定される。協議会が設置されている場合の例と関係条文を、以下に★印で示す。

★（協議の設置等）

第5条　○○ビルの建物全体の防火管理を行うため、別表1「共同防火管理協議会」の協議会構成員をもって、○○ビル共同防火管理協議会（以下「協議会」という。）を設置する。

2　協議会の事務局は、○○株式会社○○○に置くものとし、代表者（以下「会長」という。）及び統括防火管理者の指示のもとで、協議会の事務を行う。

3　協議会の会長は、○○株式会社代表取締役社長　○○○○とする。

4　副会長は、△△株式会社取締役社長　○○○○及び□□□□株式会社取締役社長　○○○○とする。

5　会長は、各管理権原者と協議して、統括防火管理者として選任（解任）し、消防機関へ届け出るものとする。

6　会長は、統括防火管理者に建物全体の消防計画の作成、及び建物全体についての防火管理業務を行わせるものとす

る。
7　会長は、各管理権原者（以下「協議会構成員」という。）と相互に意思の疎通を図り協議会の円滑な運営に努める。
8　副会長は、会長を補佐し会長が不在の場合は、その職務を代行する。

★（協議会の審議事項等）
第６条　協議会は、建物全体の防火管理を行うための基本的な次の事項について審議し、決定する。
（１）協議会の設置及び運用に関すること。
（２）協議会の代表者の選任に関すること。
（３）統括防火管理者に付与する建物全体の防火管理上の権限に関すること。
（４）建物全体の消防計画、及び建物全体の防火管理上必要な事項に関すること。
（５）建物全体の消防計画と各事業所の消防計画との整合に関すること。
2　協議会の会議は、定例会及び臨時会とする。
（１）定例会は、△月、△月の年２回開催する。
（２）臨時会は、会長が必要と認めるときに開催する。
（３）会長は、必要に応じて統括防火管理者を参加させるものとする。

▲（防火管理委員会の設置等）
第７条　統括防火管理者は、建物全体の防火管理業務の効果的な推進を図るため、防火管理委員会を設け、建物全体の消防計画の作成及び見直し等の調査・研究を行うものとする。
2　防火管理委員会の構成は、別表２「防火管理委員会構成表」のとおりとする。
3　防火管理委員会は、次の事項について調査・研究するものとする。
（１）防火・避難施設、消防用設備等の点検・維持管理に関すること。
（２）自衛消防の組織の運用体制・装備に関すること。
（３）自衛消防訓練に関すること。
（４）従業員等の教育訓練に関すること。
（５）その他防火管理上必要なこと。
4　防火管理委員会委員長は、会議を○月と○月に行い、次の場合、臨時に開催する。
（１）社会的影響の大きい災害が発生したとき
（２）防火管理者などからの報告、提案により必要と認めたとき
（３）本建物で火災等が発生したとき
5　統括防火管理者は、防火管理委員会の調査研究結果を各管理権原者に報告するとともに、必要に応じて建物全体の消防計画の見直しを行うものとする。

▲（防火管理業務の委託）
第８条　建物全体の防火管理業務の一部を委託を受けて行う者（以下「受託者」という）は、この計画に定めるところにより、管理権原者、統括防火管理者、防火管理者、自衛消防隊長の指示、指揮命令の下に適正に業務を実施する。
2　受託者は、受託した建物全体についての防火管理業務について、定期に統括防火管理者に報告する。
3　受託者の建物全体についての防火管理業務の実施範囲及び方法は、別表３「防火管理業務委託状況表」のとおりとする。

第３節　統括防火管理者と防火管理者等の責務等

（統括防火管理者の責務）
第９条　統括防火管理者は、建物全体についての防火管理業務について、次の事項について責務を有する。
（１）建物全体の消防計画の作成又は変更に関すること。
（２）建物全体の消防計画に基づく消火、通報及び避難誘導などの訓練の定期的な実施に関すること。
（３）廊下、階段、避難口、安全区画、防煙区画その他の避難施設の維持管理に関すること。
（４）火災等が発生した場合における共同の自衛消防の組織による活動体制に関すること。
（５）火災等の発生時の消防隊に対する必要な情報提供等に関すること。
（６）建物全体についての消防計画の管理権原者への周知に関すること。
（７）その他防火管理上必要と認める事項に関すること。

2　統括防火管理者は、建物全体の防火管理上必要な業務を行う場合、各事業所の防火管理者に対して必要な事項を指示することができる。

3　統括防火管理者は、消防機関等に対する全体の消防計画の届出、報告及び防火管理業務に関する記録等を編冊し、保管をしなければならない。

4　統括防火管理者は、別表４「防火対象物実態把握表」により建物の実態を把握するとともに、各事業所の防火管理者と相互の連絡を保ち建物全体の安全性の確保に努めなければならない。

（各防火管理者の責務）

第10条　各事業所の防火管理者は、統括防火管理者の指示、命令を遵守するとともに、次に掲げる防火管理上必要な事項について統括防火管理者に報告する。

（１）防火管理者を選任（解任）したとき

（２）消防計画を作成又は変更するとき

（３）統括防火管理者から指示、命令された事項の結果

（４）防火対象物及び消防用設備等・特殊消防用設備等の法定点検を実施及び結果

（５）用途及び消防用設備等・特殊消防用設備等を変更するとき

（６）内装の改修などの工事を行うとき

（７）大量の可燃物の搬入・搬出又は危険物及び引火性物品を貯蔵・取扱うとき

（８）臨時に火気を使用するとき

（９）火気を使用する設備器具（以下「火気使用設備器具」という。）又は電気設備の新設、移設、改修等を行うとき

（10）消防計画に定める消防機関への報告及び届出を行うとき

（11）防火上の建物構造の不備や消防用設備等の不備欠陥が発見されたとき及びそれらを改修するとき

（12）防火管理業務の一部を委託するとき

（13）催物を開催するとき

（14）消防計画に定めた訓練を実施するとき

（15）その他防火管理上必要な事項

2　各事業所の防火管理者は、この計画と整合を図り、事業所ごとに消防計画を作成し、防火管理業務を行う。

3　各事業所の防火管理者は、他の防火管理者と相互に連絡を保ち、協力して防火管理業務を推進する。

第２章・火災予防事項

第１節　予防管理

（防火管理状況の把握）

第11条　統括防火管理者は、各事業所の防火管理者等と連携を図り、建物全体の防火管理業務に必要な実態を、別表５「予防管理表」により調査し、全体を把握するものとする。

（点検・検査）

第12条　防火対象物及び消防用設備等・特殊消防用設備等の法定点検は、次による。

（１）防火対象物の法定点検

ア　防火対象物の法定点検は、共用部分は○○の責任により行い、各事業所の占有部分は各事業所の管理権原者の責任により行う。

イ　統括防火管理者及び当該事業所の防火管理者は、法定点検に立ち会う。

（２）消防用設備等・特殊消防用設備等の法定点検

ア　消防用設備等・特殊消防用設備等の法定点検は、○○の責任により行う。

ただし、事業所が独自に設置した消防用設備等・特殊消防用設備等は、当該設置事業所の責任により行う。

イ　消防用設備等・特殊消防用設備等の法定点検は、資格者又は点検設備業者に委託して、○月と○月の年２回実施する。

ウ　統括防火管理者及び当該事業所の防火管理者は、法定点検に立ち会う。

2　消防用設備等・特殊消防用設備等及び防火・避難施設等の自主点検は、次による。

（1）消防用設備等・特殊消防用設備等の自主点検

ア　消防用設備等・特殊消防用設備等の自主点検は、○○が**別表６**「消防用設備等自主点検チェック表」（定期）により、定期的な法定点検（６ケ月ごとに１回）の間に、概ね２回以上行う。

イ　各事業所の占有部分に設置されている消防用設備等・特殊消防用設備等の自主点検については、各事業所の消防計画に定め行うものとする。

ウ　統括防火管理者は、消防用設備等に特例が適用されている場合の特例適用条件の適否についても、合わせて実施しなければならない。

（2）防火・避難施設等の自主検査等

ア　建物、避難施設、防火設備、排煙施設（設備）及び火気使用設備器具等の自主検査は、○○が**別表７**「防火・避難施設等自主検査チェック表」（定期）により定期的に行う。

イ　各事業所の占有部分の自主検査については、各事業所の消防計画に定め行うものとする。

なお、各事業所の自主検査の実施範囲には、各事業所が日常使用する廊下、階段等の避難上必要な施設を含めるものとする。

（不備欠陥箇所の改修）

第13条　防火対象物、消防用設備等・特殊消防用設備等、防火・避難施設等の法定点検・検査及び自主点検・検査を実施した結果、不備欠陥又は改修する事項がある場合、各管理権原者の責任の範囲により、統括防火管理者又は防火管理者が改修計画を策定する。

２　防火対象物、消防用設備等・特殊消防用設備等、防火・避難施設等の法定点検・検査及び自主点検・検査で発見された不備欠陥箇所の改修等は、改修計画に基づき各管理権原者の責任の範囲により行う。

（工事中の安全対策）

第14条　建物内の消防用設備等の改修工事、用途変更等及び催物の開催など不定期に行われる工事等において、関係法令の適合の確認や工事中の火気管理等の確認など防火上の安全対策に関する事項は、建物全体の消防計画に定める事項を遵守するとともに、共用部分については統括防火管理者、事業所の占有部分については各事業所の防火管理者が工事中の安全対策を策定する。

２　統括防火管理者は、複数の事業所にわたる増築、模様替え等の工事が行われる場合、当該工事を行う各事業所の防火管理者と協議し「工事中の消防計画」を届出させるものとする。

３　統括防火管理者・各防火管理者は、各事業所が行う用途変更・間仕切変更・内装等の変更工事等又は催物の開催など不定期に行われる工事等に関し、必要に応じて、工事・催物等の計画内容等の確認や現場確認を行い、関係法令の適合の確認や火気管理等の防火上の確認を行うものとする。

▲（内装制限等の遵守）

第15条　本建物において改修等で使用する内装材は、関係法令で定める仕様以上としなければならない。

２　本建物内で使用するカーテン、じゅうたん等は、防炎物品としなければならない。

（避難経路図の掲示）

第16条　統括防火管理者は人命の安全を確保するため見やすい場所に、避難経路図を掲示するものとする。

（定員・収容人員の管理）

第17条　統括防火管理者は本建物内で催物等により、共用部分等において臨時に混雑が予測される場合は、あらかじめ入場制限等の措置を講じるとともに避難経路の確保や避難誘導員の配置等必要な措置を行う。

２　各事業所の防火管理者は用途区分ごとに定められた定員を遵守するとともに、定員を超えるような混雑が予想される場合は掲示板、案内板、放送等により入場制限を行うものとする。

（休日・夜間等の対応）

第18条　統括防火管理者は、休日・夜間等の建物内の状況を把握し、別表８「休日・夜間等の防火管理体制」の防火管理体制により対応するものとする。

２　各事業所の防火管理者は消防計画に事業所の休日・夜間等における防火管理体制について定めるとともに、特異事項については、統括防火管理者に報告する。

（関係機関との連絡）

第19条　統括防火管理者は各種報告・届出及び自衛消防訓練等について消防機関等と事前相談等連絡を十分に行い、防火管理業務の適正な遂行に努めるものとする。

（防火管理維持台帳への記録）

第20条　統括防火管理者は建物全体（各事業所の占有部分を除く。）の防火管理業務の実施結果及び防火管理業務に必要な書類等を取りまとめ、防火管理維持台帳に編冊、整理及び保管しておく。

2　各事業所の管理権原者は事業所の占有部分の防火管理業務の実施結果及び防火管理業務に必要な書類等を取りまとめて防火管理維持台帳に編冊、整理及び保管しておく。

第２節　出火防止の管理

（出火防止対策）

第21条　建物全体の火気使用設備器具等、喫煙管理及び放火防止対策など出火防止業務に関する事項は、この計画に定める対策を遵守するとともに、共用部分については統括防火管理者、事業所の占有部分については各事業所の防火管理者が責任を持って行うものとし、各事業所の消防計画に定めるものとする。

（従業員等の遵守事項）

第22条　本建物内の従業員等が火気を使用する場合及び防火・避難施設に対する遵守事項等については、各事業所の消防計画によるものとする。

（放火防止対策）

第23条　統括防火管理者は、放火防止対策について、各事業所の消防計画に定めるほか、次の対策を推進する。

（１）死角となりやすい通路、階段室、洗面所等に可燃物を置かない。

（２）物置、ゴミ集積所等の施錠管理を徹底する。

（３）階段室、トイレ等死角となる場所の挙動不審者の監視を行う。

（４）監視カメラ等による死角の解消及び死角となる場所の不定期的な巡回監視を行う。

（５）夜間通用口における入館者チェックを徹底する。

（危険物品等の管理）

第24条　本建物内へは、原則として危険物品の持ち込みを禁止とする。

ただし、本建物内への持ち込みが禁止されている危険物品の使用が申請等により認められた場合は、次の事項を遵守し、安全管理を行うものとする。

（１）危険物を貯蔵し又は取り扱う場所において、火気を使用しないこと。

（２）危険物を貯蔵し又は取り扱う場所において、常に整理・清掃を行うとともに、みだりに不必要なものを置かないこと。

（３）危険物がもれ、あふれ又は飛散しないようにすること。

（４）指定可燃物及び高圧ガス等の危険物品等については、それぞれの関係法令に基づき、貯蔵、取扱うこと。

（５）定期的に点検し、その結果を記録保存し安全管理に活用すること。

第３節　避難施設等の管理

（防火・避難施設等に対する管理及び遵守事項）

第25条　統括防火管理者は、避難施設及び防火設備の機能を有効に保持するため、次の事項を徹底する。

（１）避難通路、避難口、廊下、階段その他の避難施設

ア　避難の障害となる設備を設け又は物品を置かないこと。

イ　床面は避難に際し、つまずき、すべり等を生じないよう維持管理すること。

ウ　避難口等に設ける扉は、容易に解錠し開放できるものとし、開放した場合は廊下、階段等の幅員を有効に保持すること。

（２）火災の延焼を防止するための防火設備

ア　防火戸や防火シャッターは、常時閉鎖できるようにその機能を有効に保持し閉鎖の障害となる物品を置かないこと。

なお、防火戸や防火シャッターの開閉位置と他の部分とを色別しておくこと。

イ　防火戸や防火シャッターに近接して延焼の媒体となる可燃性物品を置かないこと。

2　各事業所の廊下、階段、避難口、避難通路、安全区画及び防煙区画の確保など、避難上必要な施設等の維持管理に関する事項は、各事業所の消防計画に定めるものとする。

3　各事業所の防火管理者は、避難施設、防火設備の役割を従業員等に十分認識させるとともに、定期的に点検、検査を実施し、施設、設備の機能確保に努めるものとする。

第3章　災害活動事項

第1節　自衛消防の組織の編成と任務

（自衛消防の組織の編成等）

第26条　火災等による人的又は物的な被害を最小限に止めるため、自衛消防の組織の本部を防災センター等に設置し、活動拠点とするとともに、建物全体の共同の自衛消防の組織を編成する。

2　自衛消防の組織は、自衛消防隊長（統括防火管理者）が統括指揮する。

3　自衛消防の組織は、本部隊及び地区隊をもって編成するものとする。

4　本部隊には、指揮班、通報連絡（情報）班、初期消火班、避難誘導班等を置き各班には班長を置く。
　本部隊に必要な人員は各事業所が分担する。

5　地区隊は、各事業所の自衛消防の組織をもって編成し、その組織及び任務は、各事業所の消防計画に定める。

6　自衛消防隊長は、情報の収集及び地区隊長の報告等により、自衛消防活動の開始を決定する。

7　自衛消防隊長は、消防機関が到着したときは、自衛消防の組織の活動状況、被災状況の情報等を提供するとともに消防機関の協力を行うものとする。

8　自衛消防の組織には、自衛消防隊長が不在時の任務の代行者（以下「自衛消防隊長の代行者」という）を定める。

9　自衛消防の組織の編成及び主たる任務は、別表９「自衛消防の組織の編成表」のとおりとする。

▲（自衛消防の組織の活動範囲）

第27条　自衛消防の組織の活動範囲は、原則として○○ビル全体とする。

2　隣接する建物等からの火災により本建物に延焼の危険がある場合は、本建物に設置されている消防用設備等を有効に活用できる範囲内において、自衛消防隊長の判断に基づき活動する。

（本部隊の任務）

第28条　本部隊は、火災発生時における初動対応及び建物全体の統制を行うものとする。

2　本部隊の各班は、別表９の任務に基づき活動を行うものとする。

3　自衛消防隊長は、地区隊長が不在となった区域で火災等が発生した場合、現場に駆け付ける現場員のうち１名を指揮担当に指定し、その他の現場員の活動指揮にあたらせる。

4　現場員は、地区隊長が不在となった区域で火災等が発生した場合、指揮担当の指揮下で、情報収集、初期消火、避難誘導等の任務にあたる。

（地区隊の任務）

第29条　地区隊は、当該地区隊の管理する区域内の火災等においては、当該地区隊長の指揮のもとに別表９に定める地区隊の任務を行うものとし、その活動は、各事業所の消防計画に定める。

2　火災等発生場所を管理する当該地区隊以外の地区隊の活動は、自衛消防隊長の命令により行うものとする。

（自衛消防の組織の体制）

第30条　自衛消防隊長は、自衛消防の組織を勤務体制の変動に合わせ、柔軟に編成替えを行うとともに、従業員等に割り当てた任務の周知徹底を図るものとする。
　自衛消防隊長は、自衛消防の組織の基本編成による活動では困難と認められる場合は、本部隊・地区隊の各班の人員を増強又は移動するなどの対応により、効果的な自衛消防活動を行うものとする。

2　休日・夜間等における自衛消防活動体制は、別表８によるものとし、火災等が発生した場合は、次の措置を行うものとする。

（1）火災を覚知した場合は、直ちに消防機関に通報後、初期消火活動を行うとともに、建物内残留者等に火災の発生を知らせ、自衛消防隊長（統括防火管理者）、各事業所の防火管理者等関係者に別に定める緊急連絡網により連絡する。

（2）消防隊に対しては、火災発見の状況、延焼状況等の情報及び資料等を提供するとともに、火災現場への誘導を行う。

（自衛消防の組織の装備）
第31条　自衛消防活動要員等に必要な装備品等は、別表 10「自衛消防活動等装備品リスト」に定める。
2　本部隊の装備品は、防災センター等に保管し、必要な点検を行い、常時使用できる状態に維持管理する。
3　地区隊の装備品は、各事業所の消防計画に定める。

第２節　火災時の活動（火災発見時の措置）

第32条　火災の発見者は、消防機関（119 番）への通報及び防災センターに出火の場所、状況等を速報するとともに、周辺に火災を知らせるものとする。
2　防災センター等の勤務員は火災を確認後、直ちに消防機関（119 番）へ通報するとともに、自衛消防隊長に報告し、必要により放送設備等により周知する。

（通報連絡）
第33条　本部隊の通報連絡（情報）班は、次の活動を行うものとする。
（1）現場確認者等から火災の連絡を受けた時は、直ちに 119 番通報する。
（2）火災発生確認後、避難が必要な階の在館者への避難の放送を行う。
（3）自衛消防隊長、地区隊長及び関係者への火災発生の連絡を行う。
（4）避難が必要な階以外の階への火災発生及び延焼状況の連絡を行う。
（5）情報収集内容の記録
2　地区隊の通報連絡（情報）担当は、次の活動を行うものとする。
（1）出火場所、火災規模、燃えているもの、延焼危険の確認
（2）逃げ遅れ者、負傷者の有無及び状況の確認
（3）消火活動状況、活動人員の確認
（4）防火区画の閉鎖状況（防火戸等）の確認
（5）危険物品等の有無の確認
（6）前（1）—（5）の情報の自衛消防隊長及び地区隊長への報告
（7）情報収集内容の記録

（消火活動）
第34条　本部隊の初期消火班は、地区隊と協力し、消火器又は屋内消火栓設備を活用して初期消火を行うとともに防火戸、防火シャッター等を閉鎖し、火災の拡大防止にあたる。
2　地区隊の消火活動は、初動措置に主眼をおき活動する。
なお、自己地区隊の担当区域外で発生した場合は、臨機の措置を行うとともに、自衛消防隊長の指示により行動するものとする。

（避難誘導）
第35条　本部隊の避難誘導班は、地区隊と協力し出火階及びその直上階（出火階が１階又は地下階の場合は、１階及び地下階）を優先して避難誘導する。
2　エレベーター・エスカレーターによる避難は原則として行わない。
3　避難誘導班は、非常口、特別避難階段附室前及び行き止まり通路等に部署する。
また、忘れ物等のため、再び入る者のないように万全を期すること。
4　避難誘導の開始の指示命令は、自衛消防隊長が出火場所、火災の程度、消火活動状況等を総合的に、かつ、短時間のうちに判断し責任を持って行うものとする。
5　避難誘導にあたっては、携帯拡声器、懐中電灯、警笛、ロープ等を活用して避難者に避難方向や火災の状況を知らせ、混乱の防止に留意し避難させなければならない。
また、聴覚障害者、外国人については、担当者を指定して避難させること。
6　避難放送にあたっては、落ち着いて、明瞭で聞き取れるように、同一内容を２回程度繰り返して行い、パニック防止に努めるものとする。
7　負傷者及び逃げ遅れ者等についての情報を得たときは、直ちに自衛消防本部（防災センター等）に連絡しなければならない。
8　避難終了後、人員点呼を行い、逃げ遅れた者の有無を確課し、自衛消防本部（防災センター等）に報告すること。

9　地区隊の避難誘導担当は、担当地区の避難者に対し、前各項に従い、誘導にあたるものとする。

▲（安全防護）

第36条　本部隊・地区隊の安全防護班は、火災が発生した場合、相互に協力して排煙設備の操作を行うとともに防火戸、防火シャッター、防火ダンパー等の閉鎖を行うこと。

2　出火階の防火戸及び防火シャッターは、他の階に優先して閉鎖すること。

3　自動閉鎖式の防火戸であっても、自動閉鎖を待つことなく、手動で閉鎖すること。

4　空調設備は、空調ダクトに火・煙が流入し、煙の拡散等危険性が拡大するので、原則として停止させること。

5　危険物等消防活動に支障となる物件が、火災発生の現場の近くにある場合は、できるだけ早く除去すること。

6　エレベーター及びエスカレーターは、昇降路が煙道となる危険があるため、原則として停止すること。

7　消火活動終了後は、スプリンクラー制御弁を停止し、水損防止を行うこと。

▲（救出救護）

第37条　本部隊の応急救護班は、救護所を消防隊の活動の支障のない安全な場所に設置するものとする。

2　本部隊・地区隊の応急救護班員は相互に協力して負傷者の応急手当を行い、救急隊と連絡をとり、病院に搬送できるように適切な対応を行うものとする。

3　応急救護班は、負傷者の所属する事業所名、氏名、年齢及び負傷箇所等必要な事項を記録すること。

4　応急救護班は、逃げ遅れた者の情報を得た場合は、現場に急行し、特別避難階段附室等安全な場所へ救出すること。

（消防機関への情報提供等）

第38条　本部隊は、消防機関の活動が効果的に行われるよう、次の情報提供等を行うものとする。

（1）自衛消防の組織の活動状況

（2）消防隊の進入路及びはしご等の停車位置の確保

（3）火災現場への誘導

（4）出火場所、延焼範囲、逃げ遅れ者の有無、避難誘導状況、消防活動上支障となるものの有無などの情報の提供

（5）自衛消防隊本部等の設置場所

第３節　地震時の活動

（発生時の初期対応）

第39条　地震発生時は、身の安全を確保し、揺れがおさまった後、自衛消防隊長は、建物全体の被害状況を把握し、館内放送等により在館者等に情報を提供する。

2　地区隊長は、被害の状況や火気使用設備器具などの点検結果を自衛消防隊長に報告する。

3　初期情報の収集と管理

（1）自衛消防本部（防災センター等）は被害状況等の情報を一元化し収集・管理する。

▲（2）防災センター等の勤務員は気象庁の地震情報、津波情報及び緊急地震速報等の情報収集を行う。

4　出火防止

（1）火気使用設備器具の直近にいる者は、揺れを感じたとき又は大きな揺れがおさまった後、電源や燃料バルブ、ガスの元栓を遮断する。

（2）二次災害の発生を防止するため、火気使用設備器具、危険物施設等について点検を実施し、出火防止に努める。

▲（緊急地震速報受信時の対応）

第40条　防災センター等の勤務員は、緊急地震速報を受信した場合は、次の活動を行うとともに統括防火管理者（自衛消防隊長）に報告する。

（1）避難口等及び防火戸等の電気錠を解錠し、避難経路を確保する。

（5）その他必要な事項

2　緊急を要する場合は、前第１項の協議を待たず、自衛消防隊長は警戒宣言等が発令された場合の必要な措置等について、各事業所の地区隊長（防火管理者）に指示・命令することができる。

▲（警戒本部の設置）

第41条　自衛消防隊長は、警戒宣言等が発令された場合は警戒本部を設置する。

2　警戒本部の構成員は自衛消防隊長及び各事業所の地区隊長

3　警戒本部に庶務班を設け、次の任務を行う。

（1）情報の把握

（2）各管理権原者への情報連絡

（3）その他庶務的事項　　（防火管理者）とする。

4　警戒本部の任務は、次のとおりとする。

（1）緊急点検及び被害防止措置等の進行管理に関すること。

（2）自衛消防組織要員に対する警戒宣言等の発令及び自衛消防の組織の編成及び任務に関すること。

（3）その他必要な事項に関すること

5　警戒本部には、各階の平面図、トランシーバー等の通信機器など本部活動に必要なものを準備する。

6　自衛消防隊長の代行者は自衛消防隊長を補佐し、自衛消防隊長に事故あるとき又は不在のときは、その職務を代理する。

▲（自衛消防の組織の編成及び任務）

第42条　警戒宣言等の発令が出された場合は、**別表9**に基づき自衛消防の組織の編成及び任務を組み替えるものとする。

▲（警戒宣言等発令の伝達）

第43条　警戒本部は、警戒宣言等の発令について各事業所の従業員等に放送等で伝達する場合、その他の在館者のパニック防止のため、あらかじめ建物内の従業員等のみが理解する放送文により行う。

2　在館者への伝達を放送等で行う場合は、避難誘導員等の配置が完了した後に行う。

▲（被害防止措置等）

第44条　統括防火管理者は、地震発生にともなう被害を防止するため次の事項を行う。

（1）エレベーターは、地震管制装置付きのものを除き運転を中止する。

（2）建築工事及び窓ふきその他高所作業を行う者に対して、工事資機材等の転倒・落下・移動防止等の安全措置を行わせ、工事等を中止させる。

（3）設備・機器等及び消防用設備等の点検及び固定等の確認

2　統括防火管理者は、各事業所の防火管理者に対し、次の事項の実施について指示する。

（1）火気等の使用制限及び禁止

火気使用設備器具の使用は原則として中止とする。やむを得ず使用する場合は、防火管理者が確認し、必ず従業員に監視させ、直ちに消火できる態勢を講じてから使用させる。

（2）転倒・落下・移動防止措置の確認及び処置

ア　窓ガラス等の落下

イ　照明器具等の落下

ウ　オフィス内事務機器、ロッカー等の転倒・移動防止

※南海トラフ地震及び日本海千島海溝周辺海溝型地震に係る推進地域の防火対象物においては、前第 41 条から第 44 条までを以下のように記載する。

▲第○○条　統括防火管理者は、南海トラフ地震（又は日本海溝・千島海溝周辺海溝型地震）に伴う地震、津波に関する情報を覚知した場合は、次の措置を詳ずるものとする。

（1）本部隊の通報連絡（情報）班に地震及び津波に関する情報の収集にあたらせること。

（2）南海トラフ地震（又は日本海溝・千島海溝周辺海溝型地震）が発生したことを各事業所の防火管理者に伝達するとともに、当該施設内にその旨及び必要な措置について周知すること。

（3）本部隊・地区隊の避難誘導班に、必要に応じ顧客等の避難誘導にあたらせること。

（4）本建物内の従業員等を必要に応じ○○（例えば「○号館前」など具体的に）に集合させ避難させること。

（5）前号に掲げるほか、津波からの避難に支障がない範囲で、地震による被害の発生防止又は軽減を図るために必要な措置を行わせること。

2　自衛消防隊長の代行者は自衛消防隊長を補佐し、自衛消防隊長に事故あるとき又は不在のときは、その職務を代理する。

3　従業員等は南海トラフ地震（又は日本海溝・千島海溝周辺海溝型地震）に伴う津波警報等が発表されたとき又は地震が発生したことを覚知した場合は、直ちに自衛消防隊長及び地区隊長にその旨を報告するものとする。

※強化地域及び推進地域の指定地域以外の防火対象物においては第 41 条から第 44 条までを以下のように記載する。
▲第○○条　統括防火管理者は警戒宣言等の発令が出された場合は、次の事項について必要な指示・命令を行う。
1　各管理権原著への伝達
2　自衛消防の組織に対する指示
3　本建物内の在館者等への伝達
4　火気等の使用に関する留意事項の伝達
5　各事業所で実施する被害防止措置
（1）窓ガラス等の落下・散乱防止措置
（2）照明器具等の落下防止と固定
（3）事業所内の事務機器等の落下・転倒・移動防止措置
（4）工事及び高所作業を行う者への工事資機材等の転倒・落下・移動防止等の安全措置
6　警戒宣言等に関する情報の収集
7　その他必要な事項

第４章　教育訓練

第１節　教育

（各管理権原者の取組み）
第45条　各管理権原者は、自らの防火管理に関する知識と認識を高めるため、防火に関するセミナー、建物全体で実施する講演会、自衛消防訓練等に参加し、各管理権原者との情報交換等を行い建物全体の安全・安心の確保に努めるものとする。
2　各管理権原者は、事業所の防火管理者等及びその他の防火業務に従事する者の防火教育について計画的に実施し、防火意識と行動力の向上を図るものとする。
（防火管理者の教育）
第46条　統括防火管理者及び各事業所の防火管理者は、消防機関等が開催する各種講習会や研究会に参加し防火管理に関する知識・技術の向上に努める。
2　統括防火管理者は、各事業所の防火管理者等の防火意識の高揚のための講習会及び研修会等を行う。
（従業員等の教育）
第47条　各事業所の従業員等に対する防火に関する教育は、各事業所の消防計画に定める。

第２節　訓練の実施

（従業員等の訓練）
第48条　統括防火管理者は、所定の行動ができるよう、次により訓練を定期的に実施するものとする。
1　総合訓練
2　部分訓練
（1）通報訓練
（2）消火訓練
（3）避難訓練
▲（4）その他安全防護訓練、
3　その他の訓練
（1）建物平面図、配置図、
各事業所の従業員等を対象とし、火災等が発生した場合、迅速かつ的確な救出救護訓練を設備図等を使用し、災害を想定した図上訓練
（2）自衛消防活動に供する設備機器及び装備等の取扱訓練

4　訓練の実施時期等

訓練の種別	実施時期	備　　考
総合訓練	○月　○月	・通報、消火、避難の訓練の要素を取り入れた総合訓練を実施する。 ・地震を想定した訓練も合わせて実施する。
部分訓練等	○月　○月	必要に応じ実施する。

（1）訓練は、訓練指導者を指定して実施するものとする。

（2）訓練参加者は、自衛消防の組織を含む全ての従業員とする。

（訓練時の安全対策）

第49条　統括防火管理者は、訓練時における訓練参加者の事故防止等を図るため、訓練実施前、訓練実施中、訓練実施後安全管理を実施するものとする。

（自衛消防訓練実施結果の検討）

第50条　統括防火管理者は、自衛消防訓練終了後直ちに訓練結果について検討会を開催する。

なお、検討会には、原則として訓練に参加した者が出席するものとする。

2　統括防火管理者は、別表11「自衛消防訓練実施結果記録書」に記録し、以後の訓練に反映させるものとする。

3　統括防火管理者は、訓練検討結束を基に防火管理委員会に報告するものとする。

（自衛消防訓練の通知）

第51条　統括防火管理者は、自衛消防訓練を実施しようとするときは、あらかじめ所轄消防署へ通報するものとし、実施日時、訓練内容等について事業所の防火管理者等に周知徹底する。

雑　　則

（経費の分担）

第52条　この計画に定める事業を行うときは、その都度協議し、経費の分担を定める。

附　則

この計画は、平成　　年　　月　　日から施行する。

〈甲種・乙種〉
防火管理者講習テキスト

定価1,870円
(本体1,700円＋税10%)
(送料実費)

編 著　防火管理研究会 2023©
発 行　平成27年 5月 9日 (初　版第1刷)
平成28年 4月15日 (第二版第1刷)
平成29年 5月21日 (第三版第1刷)
平成30年 2月20日 (第四版第1刷)
平成31年 4月19日 (第五版第1刷)
令和2年 9月10日 (第六版第1刷)
令和3年 5月13日 (第七版第1刷)
令和4年 6月17日 (第八版第1刷)
令和5年 6月 8日 (第九版第1刷)

発行者　近代消防社
三井栄志

発行所
近代消防社

〒105-0021　東京都港区東新橋1丁目1番19号
(ヤクルト本社ビル内)
TEL　東京 (03) 5962－8831(代)
FAX　東京 (03) 5962－8835
URL＝https://www.ff-inc.co.jp
〈振替　00180－6－461　00180－5－1185〉

ISBN978－4－421－00977－4　〈乱丁・落丁の場合はお取替え致します。〉2023©